LA MORT
LE ROI ARTU

TEXTES LITTÉRAIRES FRANÇAIS

LA MORT
LE ROI ARTU

ROMAN DU XIIIe SIÈCLE

édité par

JEAN FRAPPIER

Professeur à la Sorbonne

Troisième édition

LIBRAIRIE DROZ S.A.
11 rue Massot
GENÈVE
1996

ISBN: 2-600-00183-2
ISSN: 0257-4063

INTRODUCTION

Pendant longtemps la *Mort le Roi Artu* (*Artur*) ou, plus brièvement, la *Mort Artu,* n'a été accessible que dans les manuscrits ou dans les éditions du XVᵉ et du XVIᵉ siècle ; elle n'a été vraiment tirée d'un oubli injuste que grâce aux trois éditions qui en ont paru dans la première moitié de notre siècle : celle de J.-D. Bruce, celle de H.-O. Sommer et celle que j'ai publiée moi-même [1]. Elles sont aujourd'hui épuisées ; j'ai pensé qu'il importait de faciliter de nouveau la connaissance d'un des plus beaux romans du Moyen Age.

I. — L'OEUVRE

LA *MORT ARTU* ET LE *LANCELOT EN PROSE ;* LA DATE, LES AUTEURS. — Bien que formant un tout à elle seule, la *Mort Artu* n'est pas un roman indépendant ; elle se présente expressément comme la suite de la *Queste del Saint Graal* et la conclusion de toute l'*Estoire de Lancelot,* ou *Lancelot en prose,* nom sous lequel est désigné d'ordinaire le vaste ensemble comprenant le *Lancelot propre* [2], la *Queste* et la *Mort Artu ;* dans un souci de clarté il vaut mieux réserver le titre de *Lancelot-Graal* au plus vaste ensemble que constituent avec lui, en le précédant, une *Estoire del Saint Graal*

---

[1] *Mort Artu,* An Old French Prose Romance of the XIIIth century, being the last division of Lancelot du Lac, now first edited by J. Douglas Bruce (Halle a. S., 1910). - H. Oskar Sommer, *The Vulgate Version of the Arthurian Romances,* edited from Manuscripts in the British Museum, vol. VI, p. 201-391 (The Carnegie Institution, Washington, 1913). - *La Mort le Roi Artu,* Roman du XIIIᵉ siècle, édité par Jean Frappier (Paris, E. Droz, 1936).

[2] La critique moderne appelle la dernière partie du *Lancelot propre* tantôt l'*Agravain,* tantôt la *Préparation à la Quête,* sans que ces deux appellations englobent la même étendue du récit.

et un *Merlin* (pourvu de suites), œuvres d'extension cyclique, composées, remaniées ou adaptées postérieurement [1].

Aucune donnée chronologique ne permet de fixer avec la précision souhaitable la date du *Lancelot en prose* ; mais il paraît raisonnable de considérer que la rédaction de ses diverses parties, dans l'ordre *Lancelot propre, Queste, Mort Artu,* s'est échelonnée sur une quinzaine d'années, et comme plusieurs arguments, qui donnent lieu à des débats épineux, conduisent à placer la composition du *Lancelot propre* vers 1215 ou 1220, il est vraisemblable que la *Queste* est des environs de 1225 et qu'on peut adopter la date moyenne de 1230 pour la *Mort Artu.*

Les premières lignes de ce roman déclarent que l'auteur en est Gautier Map ; la dernière phrase le nomme encore, cette fois comme l'auteur de tout le *Lancelot en prose* : « Si se test ore atant mestre Gautiers Map de l'*Estoire de Lancelot...* » Cette attribution du *Lancelot en prose* ou d'une de ses parties à Gautier Map [2], archidiacre d'Oxford, auteur du *De Nugis Curialium* et familier du roi d'Angleterre Henri II Plantagenet, est une supercherie, comme suffirait à le prouver la date de sa mort (vers 1209). En réalité, les auteurs du *Lancelot propre,* de la *Queste* et de la *Mort Artu* sont inconnus ; de légers indices, les allusions à la fête de la Madeleine dans le *Lancelot propre* et la *Queste,* la mention de Meaux dans la *Mort Artu,* invitent à croire à une origine champenoise, qui serait commune à ces trois auteurs ; il n'est pas facile non plus de déterminer leur condition sociale ; ils étaient clercs

---

[1] Le tout a été publié par Sommer dans la *Vulgate Version of the Arthurian Romances*: vol. I (1909), l'*Estoire del Saint Graal*; vol. II (1908), l'*Estoire de Merlin*; vols. III (1910), IV (1911), V (1912), le *Livre de Lancelot del Lac*; vol. VI (1913), les *Aventures* ou la *Queste del Saint Graal*; la *Mort le Roi Artus.* Un septième volume (1913) contient le *Livre d'Artus,* nouvelle continuation du *Merlin* qui visait à remplacer celle de la *Vulgate.* Un *Index of Names and Places* a paru en 1916.

[2] Le *Lancelot propre* ne fait aucune allusion à Gautier Map, et la *Queste* le présente simplement comme un traducteur de l'original latin gardé *en l'almiere de Salebieres,* c'est-à-dire dans la bibliothèque de Salisbury.

sans doute, mais ce terme général recouvre des états variés dont beaucoup n'étaient nullement incompatibles avec la vie du siècle.

La plus grande énigme du *Lancelot en prose* est cependant celle de sa composition et des rapports qui lient ensemble ses trois parties ; leur interdépendance est assurée par une incontestable unité de plan, et même de structure ; mais des différences d'esprit les séparent, et elles s'accusent jusqu'à l'antinomie entre le *Lancelot propre* et la *Queste* ; celle-ci condamne ce que celui-là exaltait, ou semblait exalter. A vrai dire, la contradiction n'est pas aussi absolue qu'entraîne à le penser une vue trop rapide. Chaque roman de la trilogie correspond à une époque différente de l'histoire de Lancelot, tout entière construite sur une confrontation de l'idéal courtois et de l'idéal religieux, de la chevalerie « terrienne » et de la chevalerie « celestielle ». Son architecture est à la fois grandiose et simple, si dans le *Lancelot propre* la frondaison touffue des aventures la cache souvent à demi ; elle a été bien dégagée par F. Lot [1] dans la sobre analyse que voici : « Le sujet... est l'histoire d'un jeune héros, compagnon de la Table Ronde, que ses exploits, dus moins encore à sa force physique qu'à ses qualités morales, ont fait le premier chevalier du monde. A lui seul paraît réservé l'honneur d'achever la plus mystérieuse et la plus haute des « aventures », la conquête du saint graal, vase sacré où « nostre sire Jésus Christ mangea l'agneau le jour de Pâques en la maison de Simon le lépreux ». Malheureusement, Lancelot s'est souillé d'un péché irréparable, son adultère avec la reine Guenièvre, femme du plus grand des rois, Arthur, qui règne sur la Grande-Bretagne. Dès le premier instant qu'il a vu la reine, Lancelot est tombé pour la vie en son pouvoir. Esclave de la femme adultère, Lancelot ne sera pas le héros de la conquête du graal. Mais Dieu lui fera la grâce d'accorder cette suprême faveur au fils, né de relations, où la volonté n'a pas eu de part, avec la fille du Roi Pêcheur, gardien du saint graal — Galaad. La *Quête du saint graal* par le héros pur et parfait, Galaad, fait suite au récit des exploits du *Lancelot*. Mais l'histoire ne saurait s'ar-

---

[1] *Etude sur le Lancelot en prose* (1918), p. 9-10.

rêter à la fin surnaturelle de Galaad. Lancelot et Guenièvre
doivent être punis de leurs longs égarements. Leur châtiment,
c'est d'être dans l'arrière-saison de leur existence, la cause
involontaire des discordes finales qui déchirent la cour
d'Arthur et font périr les compagnon de la Table Ronde dans
une lutte fratricide où succombe leur maître à tous, l'incom-
parable Arthur. Après avoir vengé sur Mordret le héros qu'il
a trahi de son vivant, tout en l'admirant et en l'aimant, Lan-
celot meurt en odeur de sainteté. Avec lui et ses parents dispa-
raît le monde chevaleresque... »

La continuité du sujet est évidente ; elle est renforcée, d'une
partie à l'autre, par un système de préparations et de concor-
dances, de prophéties et de rappels. Pourtant le tour d'esprit,
la manière et le style changent du *Lancelot propre* à la *Queste,*
et de la *Queste* à la *Mort Artu.* Cette conjonction de l'unité et
de la diversité peut sembler un cas paradoxal. Comment l'ex-
pliquer ? Certains critiques (Brugger, Bruce, Pauphilet) s'ac-
cordent malgré leurs divergences à voir dans l'organisation de
l'ensemble le résultat de remaniements tardifs et cycliques ;
cette hypothèse se heurte selon nous à des objections insur-
montables. A l'opposé F. Lot a soutenu qu'un auteur unique
avait composé tout le *Lancelot-Graal* à l'exception du *Merlin*
et de ses suites. Il faut au moins garder de cette théorie l'idée
qu'une volonté initiale a présidé à l'agencement du *Lancelot
en prose* ; il nous apparaît impossible en revanche de l'attribuer
tout entier à un seul auteur. Nous pensons pour notre part
qu'un créateur de génie, celui que nous avons appelé « l'Archi-
tecte », a conçu la trilogie *Lancelot propre — Queste — Mort
Artu* et qu'il en a au moins tracé un canevas ; il est probable
que cet architecte a rédigé le *Lancelot propre* ou la majeure
partie de ce vaste récit ; mais la *Queste* et la *Mort Artu* ont
été écrites chacune par un auteur particulier [1].

ANALYSE. — Sur le conseil du roi Henri son seigneur,
maître Gautier Map, après avoir traité des *Aventures du Saint
Graal,* entreprend d'écrire la *Mort du roi Arthur.*

---

[1] Voir J. FRAPPIER, *Etude sur la Mort le Roi Artu* (1936), chap. I,
p. 27-146 (*Unité et Diversité du Lancelot en prose*).

Revenu de terres aussi lointaines que celles de Jérusalem, Bohort, l'un des trois élus de la *Queste,* annonce à la cour, réunie à Kamaalot, la mort de ses compagnons Galaad et Perceval. Arthur s'afflige d'avoir perdu trente-deux de ses chevaliers, et, dans l'espoir de faire renaître les aventures, il décide qu'un tournoi aura lieu prochainement à Wincestre.

Cependant Lancelot est retombé dans son péché avec la reine Guenièvre ; les amants dissimulent si mal leur amour qu'Agravain, frère de Gauvain, connaît leur secret et le révèle à son oncle. Arthur ne veut pas croire à la trahison, mais le soupçon est entré dans son cœur. Au tournoi de Wincestre, où il s'est rendu incognito, Lancelot est blessé par son cousin Bohort ; sa blessure le retiendra éloigné de la cour pendant deux mois environ. Une suite de circonstances pousse Arthur et Gauvain à croire que Lancelot est amoureux de la belle demoiselle d'Escalot qui elle-même s'est éprise d'une passion violente pour le héros ; de son côté, Guenièvre, certaine de l'infidélité de son amant, est déchirée par la jalousie jusqu'au jour où une nacelle mystérieuse aborde sous la tour du palais à Kamaalot. Dans cette nacelle on trouve le corps de la demoiselle, morte depuis peu, et une lettre où elle reproche à Lancelot d'avoir causé sa fin prématurée en ne répondant pas à son amour loyal. Entre-temps les soupçons du roi se sont aggravés au cours d'une visite imprévue au château de sa sœur, la fée Morgain ; il a vu les images qu'autrefois Lancelot prisonnier a peintes sur les murs de sa chambre en retraçant, pour calmer son tourment, l'histoire de ses chevaleries et de son amour. De plus, un terrible danger pèse sur la reine injustement accusée d'avoir fait périr un chevalier en lui offrant un fruit empoisonné. Elle est sauvée par l'arrivée de Lancelot, vainqueur dans le combat judiciaire qui l'oppose à Mador de la Porte, le frère du mort.

La passion des amants réunis de nouveau ne se modère plus ; une machination d'Agravain, à laquelle se prête Arthur, permet de les surprendre. Lancelot réussit à s'échapper et à délivrer la reine conduite au bûcher. Il se réfugie avec elle et avec ses amis au château de la Joyeuse Garde. Le roi vient l'assiéger : des mêlées terribles n'aboutissent à rien. Sur l'intervention du pape, Arthur consent à reprendre la reine, mais il

entend poursuivre la guerre contre Lancelot, qui se retire avec
son frère Hector et ses cousins Bohort et Lionel dans son
royaume de Gaunes au-delà de la mer. Au printemps suivant,
le roi confie la garde de la reine et de ses trésors à Mordret,
frère de Gauvain, et il passe la mer avec une puissante armée ;
il met le siège devant la cité de Gaunes, vaguement située
dans l'ouest de la Gaule. Cette guerre se termine par un com-
bat singulier entre Lancelot et Gauvain, qu'anime contre son
ancien ami une haine implacable depuis la mort de son frère
Gaheriet, tué par Lancelot dans la bataille livrée autour du
bûcher de la reine [1]. Gauvain est vaincu et si grièvement
blessé qu'on craint de le voir mourir. Le roi lève le siège de
Gaunes et va séjourner à Meaux pour attendre la guérison de
son neveu. Soudain, un messager apporte la nouvelle que les
Romains s'avancent contre lui et ont déjà envahi la Bourgo-
gne. Arthur marche contre eux et il est vainqueur, mais, au
moment même où il se réjouit de son triomphe, un message de
Guenièvre lui apprend que le traître Mordret est parvenu à
se faire proclamer roi. Arthur se hâte d'aller combattre
l'usurpateur, qui est en réalité son fils, né de l'inceste, et non
son neveu ; il débarque à Douvres. Gauvain, dont la blessure
s'est rouverte au cours de la bataille contre les Romains, meurt
en arrivant.

Le roi s'avance vers l'armée de Mordret ; les plus sinistres
avertissements n'entament en rien sa volonté de vengeance.
Dans la plaine de Salesbieres s'engage la bataille qui va con-
sommer la destruction du monde arthurien. La plaine est
jonchée de morts ; les plus vaillants chevaliers succombent.
Enfin, Mordret et Arthur se trouvent face à face : de sa lance
le roi transperce le traître de part en part, mais Mordret, avant
de mourir, blesse Arthur, mortellement, à la tête. Malgré sa
blessure, le vieux roi a la force de remonter à cheval et il
s'éloigne du champ de bataille en se dirigeant vers le rivage
de la mer qu'il atteint le lendemain, à midi, en compagnie de
Girflet. Sur l'ordre de son seigneur, Girflet va jeter dans un lac
l'épée Escalibor qu'une main sortie de l'eau saisit et emporte.

---

[1] Deux autres frères de Gauvain, Agravain et Guerrehet, ont
péri dans cette bataille.

Puis une nef, où sont d'autres *dames* avec Morgain, s'approche du rivage ; Arthur monte à bord avec son cheval et ses armes et la nef regagne aussitôt le large.

Quelques jours après, Girflet trouve à la Noire Chapelle la tombe d'Arthur, dont le corps a été apporté par les dames mystérieuses. Les fils de Mordret s'emparent sans opposition du royaume ; par crainte de leur vengeance, Guenièvre prend *les draps de la religion* dans l'abbaye où elle s'était déjà réfugiée. Elle y meurt bientôt dans le repentir. Avertis des événements qui se sont passés au royaume de Logres, Lancelot et ses amis franchissent la mer et combattent les fils de Mordret, qui sont tués tous les deux, tandis que Lionel est abattu lui aussi. Lancelot, Hector et Bohort achèvent très pieusement leur vie dans un ermitage.

LA COMPOSITION. — Tel est, résumé à grands traits, le sujet de la *Mort Artu*. Aucun autre roman du Moyen Age ne possède une contexture aussi serrée. Avant l'épisode où l'adultère est découvert, l'auteur excelle à faire rebondir l'intérêt, parfois au détriment de la vraisemblance : quand Arthur est rassuré par des apparences trompeuses, Guenièvre est tourmentée par l'infidélité possible de Lancelot, de sorte qu'on penserait par instants à une intrigue de vaudeville, si les événements n'étaient déjà lourds d'une tragique menace. Dans cette première partie, l'emploi de l'*entrelacement* [1] va de pair avec une chronologie précise des aventures ; ensuite l'action devient plus simple, presque rectiligne, et, par des crises successives, s'accélère vers la catastrophe inéluctable. Si la composition du *Lancelot propre* est amplement narrative, si celle de la *Queste* est symbolique et didactique, celle de la *Mort Artu* est dramatique. Les causes et les effets s'enchaînent avec rigueur : la ruine de la Table Ronde a pour cause profonde le péché de Lancelot et de la reine ; cette cause initiale engen-

---

[1] Le procédé de l'*entrelacement* consiste dans le parallélisme d'une double ou d'une triple action: chaque épisode, gardé provisoirement en suspens, laisse la place à un autre, qui est lui-même interrompu à son tour pour permettre la continuation de l'épisode antérieur; c'est surtout dans le *Lancelot propre* que ce principe de composition est appliqué avec beaucoup de dextérité.

dre une deuxième cause, la mort de Gaheriet et la démesure
de Gauvain, acharné à venger son frère ; cette deuxième cause
en entraîne elle-même une troisième, la trahison de Mordret
qu'enflamme un amour insensé pour Guenièvre. Cet engrenage
ne peut s'expliquer que par un dessein concerté, et il suffirait
à éliminer les théories qui nient l'unité de la *Mort Artu*.
L'action progresse surtout par les passions des personnages ; les
fatalités intérieures de l'amour et de la haine déclenchent et
soutiennent le crescendo de la mort à travers tout le roman.

LES SOURCES. — Un tel rythme, à lui seul, suppose que
l'auteur n'est pas resté assujetti à ses emprunts ; la comparaison
de la *Mort Artu* et de ses sources prouve qu'il en est ainsi.
Importantes ou menues, elles n'ont pas empêché l'invention
personnelle. Outre la maîtrise avec laquelle ont été soudées
deux données aussi hétérogènes que l'histoire de Lancelot et le
récit classique, depuis Geoffroy de Monmouth, de la chute du
monde arthurien consécutive à la trahison de Mordret — le
mérite de cet assemblage, de portée générale, revient plus pro-
bablement à l'architecte du *Lancelot en prose* —, le roman-
cier de la *Mort Artu,* tout en créant librement en plus d'un
endroit, a retouché ou combiné ses modèles pour les accorder
avec la tonalité dramatique de son œuvre, que l'on considère
l'un ou l'autre des thèmes fondamentaux : la *force d'amors*
et l'évanouissement de la gloire arthurienne.

C'est la *force d'amors* qui pousse Lancelot et la reine au
recommencement de leur péché ; elle domine aussi la passion
désespérée de la demoiselle d'Escalot et le criminel désir de
Mordret. Pour le récit des coupables amours de Lancelot et de
Guenièvre, l'histoire de Tristan et d'Iseut offrait à l'auteur
un scénario tout prêt : s'inspirant de Béroul plus que de Tho-
mas, il en a reproduit les épisodes marquants (les amants épiés,
surpris, la reine condamnée et conduite au bûcher, puis sauvée
et plus tard rendue au roi) ; le plus souvent il les a modifiés
dans un sens courtois et humain, bien qu'il ne se soit pas tou-
jours affranchi autant qu'il l'aurait fallu de son fascinant
modèle. A l'influence capitale du *Tristan* se mêlent plusieurs
emprunts secondaires ; ils servent à accélérer, non sans brus-
querie, le mouvement de l'intrigue : l'interdit que jette le pape
sur le royaume d'Arthur est un souvenir de l'épisode de la

Fausse Guenièvre dans le *Lancelot propre* ; l'incident du fruit empoisonné vient peut-être de *Gaydon* ou de *Parise la Duchesse,* à moins qu'il ne s'agisse d'un lieu commun de la littérature épique et romanesque. L'usage de ces ressorts trop opportuns, auxquels on peut ajouter le procédé de l'incognito, est compensé par l'intérêt psychologique des drames que noue et conduit la *force d'amors* : les tourments du soupçon dans l'esprit d'Arthur, la jalousie dans le cœur de Guenièvre, les tristesses de Lancelot. Dans l'histoire de la demoiselle d'Escalot on discerne quelques réminiscences : des motifs comme le séjour chez le vavasseur, l'écu emprunté, la manche portée au tournoi, la demoiselle vainement amoureuse du héros se rencontrent en proportions variées dans divers passages du *Lancelot propre* ou dans un épisode du *Didot-Perceval,* le tournoi du Blanc Castel ; la nef merveilleuse qui apporte le corps et le message de la jeune fille n'est pas sans rappeler le *chalant* que tire un cygne, vers la fin de la *Première Continuation de Perceval,* ainsi que la nef où, dans la *Queste,* la sœur de Perceval est couchée après sa mort ; cependant les différences l'emportent chaque fois sur les analogies, et l'atmosphère de fatalité n'existe que dans la *Mort Artu.* Quant au violent amour de Mordret pour Guenièvre, l'idée en a été prise au *Brut* ; mais tandis que chez Wace Mordret aimait depuis longtemps en silence, maintenant la passion s'empare de lui lorsqu'il vit sans cesse dans le voisinage immédiat de la reine, après le départ du roi ; ce changement, léger et pourtant significatif, est d'un psychologue et tend à augmenter la force dramatique des péripéties.

Il est aisé de multiplier les exemples du même ordre, si l'on compare dans le détail la dernière partie du roman (du jour où le roi s'éloigne de son royaume jusqu'à celui où Lancelot extermine les fils de Mordret) avec le *Brut,* le modèle dont l'auteur s'est généralement inspiré, tout en remontant quelquefois à l'*Historia Regum Britanniae* et même à la *Vita Merlini :* il ne cesse guère de retrancher, d'ajouter et d'adapter. Outre le nombre de ses retouches, l'aspect le plus frappant de son imitation est la recherche des contrastes saisissants et le resserrement de l'action. Dans l'épisode de la guerre contre les Romains, il allège et précipite sa narration pour mieux mettre en valeur le retournement du destin, le jour même de la victoire, tandis que chez Geoffroy de Monmouth et chez Wace il s'écoulait encore tout un hiver avant la nouvelle de la trahison. Un effort analogue de concentration a ramené à une seule, de couleur et de proportions épiques, les trois batailles espacées qu'Arthur et Mordret se livraient dans l'*Historia* et le *Brut,* et aussi dans le récit rapide qui retraçait, à la fin du *Didot-Perceval,* la gloire d'Arthur et l'effondrement de sa puissance.

Nulle part ne se trouvait dans la tradition issue de Geoffroy le thème de la naissance incestueuse de Mordret, à la fois fils et neveu d'Arthur ; à vrai dire, ce thème, qui double l'horreur de la bataille de Salesbières, ne concerne pas seulement la *Mort Artu ;* il apparaît déjà dans le *Lancelot propre,* exactement dans l'*Agravain,* sous la forme de prophéties èt de révélations partielles ; contrairement à ce que j'ai soutenu autrefois [1] en me ralliant à l'opinion de J.-D. Bruce, je considère aujourd'hui qu'il a été inventé par l'architecte de la trilogie, à l'intérieur du plan d'ensemble, tout comme l'épisode de la chambre aux images, en correspondance étroite lui aussi avec la *Mort Artu ;* l'hypothèse d'une interpolation, que l'auteur de ce dernier roman aurait introduite après coup dans l'*Agravain* [2], n'est pas confirmée par l'état de la tradition manuscrite et se heurte à l'objection d'une quasi-impossibilité matérielle, tandis que les arguments que j'ai fait valoir en sa faveur ne sont pas décisifs et peuvent être réduits par une plus juste interprétation du retour tardif du thème dans la *Mort Artu.* L'architecte du *Lancelot en prose* a-t-il imaginé l'inceste du roi Arthur en s'inspirant d'une tradition épique [3], que nous connaissons notamment par la *Karlamagnussaga* (branche I,

---

[1] *Etude sur la Mort le Roi Artu,* p. 32-37.

[2] L'*Agravain* (éd. Sommer, t. V, p. 285) indique sans plus qu'Arthur engendra Mordret « en la femme le roy Loth d'Orcanie »; la *Vulgate du Merlin* (*ibid.,* t. II, p. 128-129), développant cette indication, rapportera dans quelles circonstances Arthur avait commis l'inceste avec sa sœur.

[3] Voir A. Micha, *Deux sources de la « Mort Artu »,* dans *Zeitschrift für romanische Philologie,* LXVI (1950), p. 371-372.

chap. 36), et par le *Ronsasvals* provençal, sur Charlemagne
père de Roland ? Ce n'est pas impossible, mais le doute subsiste. D'un tragique intense dans l'*Agravain - Mort Artu*, et
d'un caractère plutôt artificiel dans la légende de Charlemagne, le thème de l'inceste remonte probablement dans les deux
cas à une origine mythique antérieure et aux chansons de geste
et aux romans arthuriens. Les contes sur les incestes royaux,
ou commis dans les lignées royales, et sur les héros fils secrets
de l'inceste, viennent d'un passé lointain et sont universellement répandus. Leur fréquence est significative dans les légendes irlandaises du Cycle des Rois. Il n'est pas exclu qu'un
conte de provenance celtique ait transmis l'idée de la naissance incestueuse de Mordret, et il vaut mieux s'abstenir de
toute conclusion prématurée ; peut-être le terrain serait-il
moins incertain, si nous disposions d'une étude complète et
méthodique (elle manque encore) du thème de l'inceste dans
les littératures médiévales[1]. Même si Arthur n'est devenu un
personnage incestueux qu'à l'imitation de Charlemagne, ce
qui n'est pas prouvé, il resterait à expliquer en vertu de quel
tour d'esprit celui-ci a été chargé d'un péché aussi noir[2].

Le magnifique épisode de l'épée Escalibor jetée dans un
lac et saisie par une main mystérieuse présente une difficulté
du même ordre. Il est inconnu de Geoffroy, de Wace et aussi
de Layamon[3]. Il se peut que la scène ait été suggérée elle aussi
par la version aujourd'hui perdue du *Roland* qu'ont utilisée la
Karlamagnussaga (branche VIII) et ensuite le *Ronsasvals* :

---

[1] Une contribution intéressante est apportée à cette étude dans
l'ouvrage de Georges DUMÉZIL, *La Saga de Hadingus (Saxo Grammaticus* I, V-VIII), *Du Mythe au Roman*, Paris, Presses Universitaires de
France (1953) ; voir le chap. IV, spécialement la note 2 de la p. 57.

[2] La tradition hagiographique de saint Gilles et la légende du
péché, non spécifié, qui a été remis à Charlemagne ne fournissent en
réalité aucun éclaircissement à ce sujet (cf. *La Vie de Saint Gilles* par
Guillaume de Berneville, éd. par G. Paris et A. Bos, S A T F (1881),
Introd., p. LXXII-LXXXV).

[3] La comparaison de la *Mort Artu* et du *Brut* anglo-saxon de Layamon prouve que les deux œuvres ont eu comme source commune une
version du *Brut* de Wace plus étendue que celle qui nous est parvenue.
(Voir J. FRAPPIER, *Etude sur la Mort le Roi Artu*, p. 177-183).

Charlemagne, retourné à Roncevaux, est seul capable d'enlever de la main de son neveu mort Durendal qu'il jette dans une eau courante (*saga*) ou dans un lac (*Ronsasvals*), car personne n'est digne de la porter après Roland [1]. Arthur lui non plus ne veut pas laisser Escalibor à des héritiers odieux. D'autre part, l'opposition symétrique entre la main céleste qui enlève le Saint Graal ainsi que la lance à là fin de la *Queste* et la main sortie du lac pour saisir Escalibor à la fin de la *Mort Artu* n'est probablement pas accidentelle [2] ; mais cette grandiose correspondance ne reste qu'un détail, si beau soit-il, et le motif d'iconographie religieuse dont s'est inspiré l'auteur de la *Queste* n'a pas dû suffire à créer par contrecoup l'atmosphère de merveilleux dont s'environne le départ du roi Arthur. Même si la *Mort Artu* a combiné un souvenir du *Roland* et un souvenir de la *Queste,* les sources de l'épisode ne semblent pas encore épuisées ; il est peu vraisemblable que sa couleur mythique ait été produite spontanément par une imagination française du XIIIe siècle. Le prolongement d'une tradition celtique, fusionnée avec d'autres influences, est très probable cette fois encore : l'épée Escalibor, fabriquée à Avalon, appartient à l'Autre Monde et elle est reprise par lui quand la main mystérieuse l'emporte au fond du lac [3]. De même, si l'apparition de Morgain et des *dames* peut s'expliquer uniquement par la tradition littéraire que jalonnent Geoffroy, Wace et Chrétien de Troyes, la pluie soudaine et

---

[1] Cf. J. BÉDIER, *Les Légendes épiques,* III, p. 388, n. 1, et M. ROQUES, dans *Romania,* LXVI (1940-1941), p. 451-458, où sont signalées d'autres variantes du motif de l'épée jetée dans l'eau.

[2] Voir A. MICHA, *loc. cit.,* p. 369-371.

[3] La conception mythique de l'épée merveilleuse n'est pas cependant d'origine exclusivement celtique. Des traces de légendes, probablement d'origine germanique, sur les épées forgées par des démons aquatiques se rencontrent dans des romans épiques comme *Gui de Nanteuil* et *Doon de Mayence* (cf. M. ROQUES, *loc. cit.,* p. 451-452). Je n'écarte pas l'hypothèse que l'auteur de la *Mort Artu* doive quelque chose à cette tradition épico-légendaire, bien que la scène me paraisse s'accorder davantage avec les données de la mythologie celtique (cf. G. SCHOEPPERLE-LOOMIS, *Arthur in Avalon and the Banshee,* dans *Vassar Medieval Studies* (New Haven, 1923), p. 3-25, notamment p. 10-12).

violente qui annonce l'approche des fées et de leur nef magi-
que (tel est le sens de ce phénomène atmosphérique) est un
trait merveilleux transmis sans doute par quelque conte bre-
ton. Ces scènes n'ont pas été inventées de toutes pièces, mais
l'heureux arrangement d'emprunts variés ne va pas ici sans le
goût de la grandeur poétique ᵗ. On doit louer l'auteur d'avoir
laissé affleurer le mythe, bien qu'il ait adopté un compromis,
puisque les fées ramènent le corps d'Arthur en terre chré-
tienne à l'ermitage de la Noire Chapelle : scrupule d'ordre
religieux, ou, moins sûrement, souci de ne pas trop contre-
dire la renommée que depuis 1191 cherchaient à accréditer
les moines de Glastonbury en prétendant que leur abbaye
possédait la sépulture du roi légendaire.

LE DESTIN. — Au surplus, une concession à l'espoir bre-
ton et à l'idée d'un retour possible d'Arthur aurait rompu le
cercle de fatalité qui pèse sur son royaume terrestre. Elle
aurait été une faute contre l'harmonie de l'œuvre. Tout devait
converger vers l'impression dominante d'une tragédie sans
issue. Si l'ajustage d'éléments très divers ne produit pas l'effet
d'une mosaïque, c'est que le destin est comme l'âme du roman;
le thème en est traité avec assez de force et de profondeur
pour que la *Mort Artu* — si redoutable soit le rapproche-
ment — puisse faire penser par endroits aux tragiques grecs
ou au drame élisabéthain. Il ne faut pas s'arrêter à l'appa-
rence scolaire de Fortune et du songe où l'avant-veille de la
bataille de Salesbieres Arthur voit l'inévitable allégorie que
la rhétorique médiévale n'a cessé d'exploiter avec la satisfac-
tion de la routine. Cette scène n'échappe pas elle non plus à
la convention ni à l'esprit didactique, mais sa concision et le
dialogue rapide entre Arthur et l'impérieuse déesse la sauvent
de la banalité. Elle est aussi à sa place dans l'ordonnance du
récit. Comment Fortune aurait-elle pu être absente de l'his-
toire qui retraçait la fin du plus grand des rois et la dispari-
tion de la chevalerie la plus brillante du siècle ? Il était à
propos ou jamais, de préciser le sens, si familier fût-il à tous

---

¹ Autre trait de grande poésie (il se trouve à la fois dans l'*Agravain*
et dans la *Mort Artu*) : le rayon de soleil qui traverse la blessure ouverte
dans la poitrine de Mordret par la lance d'Arthur.

les clercs, de la roue allégorique : « Mes tel sont li orgueil terrien qu'il n'i a nul si haut assiz qu'il ne le coviegne cheoir de la poesté del monde ». La gloire arthurienne est soumise à la loi universelle de la destruction des empires. Cette loi régit les caprices apparents de la Fortune et elle répond au dessein impénétrable de Dieu. A cet égard tout le problème métaphysique et théologique devait être réglé pour l'auteur de la *Mort Artu* de la même façon que pour Dante [1] : la Fortune, promue au rang des créatures angéliques, est une déléguée de la Providence et son rôle est de régler l'horaire des vicissitudes terrestres. Cependant — est-ce dû à la force interne du sujet ou à une tout autre raison ? — on dirait parfois que dans la *Mort Artu* la Fortune acquiert une puissance indépendante et que les événements se déroulent en vertu d'un déterminisme psychologique, hors de toute action possible de la grâce divine. Tout ce que Dieu fait pour le roi Arthur avant la bataille de Salesbieres, c'est de l'avertir de sa destinée en lui envoyant la vision de Gauvain entré au paradis : si le roi combat Mordret, il mourra ; telle est la loi du destin. Il ne survivrait que s'il renonçait à châtier le traître ou que s'il appelait Lancelot à l'aide. Mais l'alternative n'offre que l'illusion du choix et de la liberté : dans un cas comme dans l'autre Arthur ne se conduirait pas en roi selon l'honneur. De plus, la certitude de sa mort est annoncée par la Fortune et par l'inscription prophétique de Merlin. Sans le savoir, l'auteur de la *Mort Artu* retrouvait ainsi le climat de la tragédie grecque : ses héros, dans le siècle, ne peuvent s'arracher à l'engrenage du destin. Mais si, en fin de compte, la roue de Fortune est le symbole de la fatalité qui détruit les puissances de chair sans qu'intervienne la notion de mérite ou de démérite, les âmes n'appartiennent qu'à Dieu : avec l'aide de la grâce, elles peuvent travailler à leur salut.

Quel que soit l'arrière-plan théologique de l'allégorie, la présence de Fortune ne se réduit pas au rappel d'une imagerie consacrée et d'un lieu commun traditionnel. Elle conduit en secret toute l'action du roman. L'auteur se révèle un maître du pathétique en agençant « les jeux de la Fortune » —

---

[1] Cf. *Inferno*, VII, vv. 67-96.

l'expression est de lui. Ainsi l'histoire de la demoiselle d'Esca-
lot commence en idylle, et, par une gradation aussi fine qu'im-
placable, s'achève en tragédie : de tristesse, elle se laisse glisser
vers le néant sans la moindre inquiétude religieuse —, « car il
m'est ensi destiné que je muire por lui... » Un instant, l'arri-
vée de la nacelle funèbre à Kamaalot éveille l'espoir que
l'âge aboli des aventures pourrait renaître ; mais l'illusion se
dissipe bientôt à la vue de la jeune morte. Il est d'autres
exemples de l'ambiguïté tragique et des ironies du destin :
telle la méprise de Gauvain ignorant encore que ses frères
viennent de périr et croyant que le deuil de la cité est causé
par la mort de la reine ; tandis qu'il monte vers le palais, les
gens le regardent et lui parlent avec une pitié énigmatique ;
de plus en plus il est envahi par le pressentiment d'un malheur
autre que celui qu'il attend, jusqu'à ce que son doute se
dénoue à la vue des trois cadavres offerts à sa douleur ; avec
raison, J.-D. Bruce trouvait à cette scène « une force et une
simplicité homériques » [1]. Ce sont encore jeux sarcastiques de
la Fortune que la joie naïve d'Arthur à revoir sa sœur, la
perfide Morgain, dans l'épisode de la chambre aux images,
que sa confiance en Mordret à qui il livre les clefs de ses
trésors, et que ses remerciements à Dieu, après sa victoire sur
les Romains, juste à l'heure où approche la nouvelle de la
trahison. Ailleurs le destin semble tendre un guet-apens comme
dans la scène où Arthur somme Agravain de lui dire la vérité
en le menaçant de son épée et cherche ensuite, trop tard, à
écarter cette vérité que nulle épée ne peut tuer.

LES PERSONNAGES. — Au pathétique né des événe-
ments et des situations s'ajoute — originalité plus profonde —
une psychologie de la fatalité. Le conflit qui s'engage entre
l'homme et son destin est surtout moral. Les personnages ne
sont pas contraints de lutter contre des forces étrangères à
eux-mêmes. La nature est complaisante à leurs desseins, la
mer favorise la mission des messagers et le voyage des armées.
L'aveuglement volontaire des héros est la cause de leur perte.
Depuis les « avisions » et les prophéties graduées de la *Prépa-
ration à la Quête,* ils ne sont plus dans une ignorance totale

---

[1] *The Evolution of Arthurian Romance* (2e éd., 1928), I, p. 432.

du sort qui les attend ; ils n'en ont eu sans doute qu'une révé-
lation incomplète, voilée et différente pour chacun d'eux ;
pourtant ils devraient être en garde contre les pièges du des-
tin. Or, dans la première partie de la *Mort Artu,* ils semblent
ne plus se souvenir des menaces et des péripéties annoncées
symboliquement jadis. Il ne faut pas voir là, de toute nécessité,
un artifice ou un défaut d'ajustage dans la composition du
Lancelot en prose. A mon sens, la rupture psychologique n'est
qu'apparente. Les personnages ont refoulé le secret lourd et
incertain au fond d'eux-mêmes. Scepticisme à l'égard de pro-
phéties anciennes, espérance invincible d'un renouveau de
gloire et de bonheur ? La véritable raison reste latente, mais
la volonté d'ignorance est plus probable que l'oubli réel ; on
peut le penser d'après cette phrase de l'*Agravain* sur le silence
de Guenièvre informée par Lancelot du rôle futur de Mordret :
« mes pur ço que ele ne crut pas l'aventure avant que ele
avint, si s'en tut. » [1] Cette interprétation ne laisse plus de
place au doute à partir du moment où, dans la *Mort Artu,* des
messagères, confidentes du destin, rappellent à Gauvain et à
Arthur les fatales prédictions : une demoiselle, devant la
Joyeuse Garde, et plus tard, près de la cité de Gaunes, une
« dame vieille », montée sur un palefroi blanc, reprochent
durement leur folie au roi et à son neveu : « Et vos, messire
Gauvain, qui deüssiez estre li plus sages..., ne vos souvient de
ce que vos veïstes jadis el Palés Aventurex chiés le Riche Roi
Pescheor, en celui point que vos veïstes la bataille del serpent
et del liepart ? S'il vos souvenist bien des merveilles que vos i
veïstes et de la senefiance que li hermites vos devisa, ja ceste
guerre ne fust, tant com vos la poïssiez destorner. Mes vostre
maus cuers et vostre granz mescheance vos chace en ceste
emprise. Si vos en repentiroiz la ou vos ne le porroiz amender.»
— «Et vos, messire Gauvains, ... si poez dire veraiement que ore
est li termes aprochiez qui jadis vos fu promis quant vos vos
partistes de chiés le Riche Roi Pescheor ou vos eüstes assez
honte et laidure. » Gauvain ne peut plus feindre désormais
d'avoir oublié son « avision » du Palais Aventureux : obstiné-
ment sourd, poussé, *chassé* par son « outrage », il n'en suit pas

---

[1] Ed. Sommer, vol. V, p. 334, l. 35-36.

moins sa route à lui, sans fléchir, et même avec une joie secrète, dans l'exaltation de son droit et de son devoir. Arthur, en dépit de l'avertissement prophétique trois fois renouvelé à la veille de la bataille de Salesbieres, refuse de sacrifier sa vengeance et son honneur à la loi du destin, alors que celui-ci noue son dernier nœud. Ainsi les fatalités intérieures des héros collaborent avec l'action de la Fortune. Instruits de leur sort, ils refusent de le reconnaître jusqu'à l'heure où l'événement est déjà assez avancé pour qu'il ne soit plus possible d'arrêter la catastrophe [1]. Telle est la trouvaille du romancier, qui a su

---

[1] Ainsi, sans qu'il soit nécessaire de recourir à l'hypothèse d'une interpolation, s'explique, par rapport à la perspective qu'ont créée les prédictions de l'*Agravain*, le retour tardif du thème de la naissance incestueuse de Mordret. Au surplus, la conduite des divers personnages s'accorde sans réelle difficulté, dans la *Mort Artu*, avec le degré de révélation que les prophéties de la *Préparation à la Quête* ont apporté à chacun d'eux. Ni Gauvain ni Bohort, qui ont vu les *avisions* du Palais Aventureux, ni Arthur, qui en a été informé par Gauvain, ne soupçonnaient que le léopard-chevalier est Lancelot et que les serpenteaux sortis du serpent (Arthur) signifiaient Mordret et ses complices (éd. Sommer, IV, p. 348-349; V, p. 192 et p. 299-300). Le roi est cependant hanté par la trahison possible de Mordret, car il a rêvé la nuit même où il l'engendra qu'il donnait le jour à un serpent qui mettait sa terre à feu et à sang et causait sa mort tout en périssant lui aussi(*ibid.*, V, p. 284, l. 26-34); il n'est pas surprenant qu'il cache cette crainte au fond de lui-même jusqu'à l'heure où la nouvelle de l'événement accompli lui arrache l'aveu public et du songe ancien, dont le sens s'éclaire tout à fait pour lui, et de son inceste. - Mordret méprisait la prophétie du prudhomme (*ibid.*, V, p. 284-285), ce qui ne signifie point qu'il l'ait chassée de sa mémoire; le nom de son père ne lui a pas été révélé, mais il en a assez appris pour qu'il puisse supposer qu'il s'agit d'Arthur; dans la *Mort Artu* il semble se rappeler brusquement les accusations du prudhomme, non pour y ajouter foi et s'en tourmenter, mais pour en tirer un parti machiavélique en laissant entendre seulement qu'il n'est pas le neveu d'Arthur, dans l'intention probable d'empêcher qu'on objecte à son projet de mariage avec la reine sa parenté trop proche avec le roi défunt. - Lancelot sait, par le « brief » du prudhomme, que Mordret est le fils incestueux d'Arthur et que sa trahison entraînera la destruction de la Table Ronde (*ibid.*, V, p. 284-285); le silence qu'il garde à ce sujet dans la *Mort Artu* ne heurte pas la vraisemblance, car il est retiré au royaume

en outre varier l'éclairage des caractères, car des trois principaux adversaires du destin, Mordret est le plus énergique et le plus rusé, Gauvain le plus généreux, Arthur le plus faible et le plus émouvant.

En somme la *Mort Artu* a été écrite par un psychologue d'une qualité rare pour son époque [1] ; sans doute la première chance de son talent a-t-elle été l'art des agencements dramatiques : la solide armature de l'œuvre impliquait des rapports organiques entre l'intrigue et la peinture des conflits moraux ; encore fallait-il, au terme de l'imposant ensemble, adapter à la nature tragique du sujet des personnages connus et leur donner un intérêt nouveau sans briser complètement l'image qu'en léguaient à la fois, non sans certaines discordances, le *Lancelot propre* et la *Queste*. Le sentiment des nuances était assez vif chez notre auteur pour qu'il se soit tiré le plus souvent avec bonheur de cette difficulté bien réelle. Le *Lancelot* de la *Mort Artu* est une création originale : déserté par la grâce, retombé dans son péché un mois à peine après son retour de la quête du Saint Graal, il reste, malgré des « mescheances » qui l'écartent deux fois des tournois, le meilleur chevalier de la chevalerie terrienne, mais il ne bénéficie plus des complicités romanesques d'une cour qui désormais refuse d'ignorer la trahison de l'adultère ; lui-même, emporté par sa passion, ne la cache pas « sagement » comme autrefois et ne respecte plus la règle courtoise de mesure et de discrétion. Découverte la folie des amants, déclenchée la catastrophe, Lancelot, en proie à des sentiments contradictoires, son amitié

---

de Gaunes quand se produisent la trahison de Mordret et la catastrophe finale, dont la nouvelle lui est apportée par un messager. - Lancelot a révélé à Guenièvre (*ibid.*, V, p. 334, l. 23-33) la future trahison de Mordret tout en lui cachant l'inceste d'Arthur, « pur ço qu'il amoit tant lo roi que en nule manere ne vuloit dire sa honte »; toutefois les paroles de Lancelot sur « la senefiance del serpent » vu en songe par le roi avaient de quoi faire deviner à la reine qu'Arthur était le père de Mordret; elle dévoile le secret de cette naissance à son cousin Labor dans la *Mort Artu.*

[1] Tel était aussi l'avis, très nettement exprimé, de J. D. BRUCE (*op. cit.*, I, p. 432-433).

pour le roi [1] et son amour pour la reine, sacrifie son bonheur personnel et trouve ainsi la voie de son renouveau spirituel. Plus émouvant que son abjuration sèche et trop exemplaire de la *Queste,* son renoncement à Guenièvre est une victoire sur lui-même. Il s'éloigne à tout jamais de celle qu'il continue à aimer d'un amour purifié de toute souillure [2]. Dès lors tout son prestige est restitué au héros préféré ; sa générosité et sa clémence s'opposent à la démesure de Gauvain. Celui qui était l'offenseur prend ainsi figure d'offensé magnanime. Sa grandeur, faite de son abdication du moi et même d'humilité, est en partie incomprise de son entourage. Il aime ses ennemis : « il ne me savra jà tant haïr que je ne l'aime », dit-il de Gauvain ; son élégance de parfait gentilhomme et sa courtoisie évangélique préludent à sa sainteté finale. Après avoir été l'instrument du destin, il est pourvu d'une grâce exceptionnelle puisque son intervention serait seule capable de rompre le cours de la fatalité et d'empêcher la ruine du royaume de Logres. Enfin, comme le dit Dante [3], Lancelot « baisse les

---

[1] L'attitude de Lancelot à l'égard du roi est évidemment très fausse, et ses protestations d'innocence, lorsqu'il rend Guenièvre, jettent une ombre sur la noblesse du héros, mais il fallait sauvegarder à tout prix l'honneur de la reine; du moins l'auteur a-t-il évité l'insigne maladresse que lui a attribuée à tort A. Micha en écrivant, dans un article sur *le mari jaloux dans la littérature romanesque des XIIe et XIIIe siècles,* que « Lancelot va jusqu'à affirmer son innocence par serment sur les reliques... » (*Studi Medievali,* XVII, fasc. II, 1951, p. 311). Lancelot offre seulement de jurer sur les reliques qu'il n'a pas tué Gaheriet *a son escient,* ce qui est vrai.

[2] Lancelot ne va pas jusqu'à éprouver des remords d'avoir trahi Arthur et à se repentir de son amour coupable, tellement il est pour lui vital et comme naturel (l'amoralisme naïf du *Tristan* persiste ici); cependant il souffre des conséquences tragiques d'un péché que, paradoxe humain, il ne peut renier; en sacrifiant son bonheur égoïste à l'honneur de la reine, par une purification, une catharsis de son amour et non par une volte-face d'une médiocre vraisemblance psychologique, comme dans la *Queste,* il sort douloureusement de l'impasse; cette abnégation est le ferment de son ascension religieuse dans la dernière partie du roman.

[3] *Convivio,* IV, 28.

voiles de ses occupations mondaines » ; une fois achevées les
destinées terrestres du monde arthurien, il est accueilli dans un
ermitage comme l'enfant prodigue de la religion ; au bout
de quatre années d'une vie ascétique, il meurt, et un songe
révèle que les anges ont enlevé son âme au paradis. Le sens
du renouvellement psychologique se manifeste aussi dans les
autres rôles : l'obsession de la vengeance fraternelle et la
peinture de son outrage transforment le caractère de Gau-
vain [1], l'un des plus usés du roman arthurien ; les ravages de
la jalousie dans l'esprit et dans le cœur de Guenièvre sont
retracés avec précision ; Arthur, oscillant entre la confiance
et le soupçon, devient pathétique ; Bohort, si curieusement dif-
férent de l'élu de la *Queste,* tout en le rappelant quelquefois,
unit un bon sens assez gros au culte presque idolâtre de Lan-
celot. Enfin, beaucoup de personnages secondaires, silhouettés
d'un trait sûr, possèdent eux aussi leurs traits distinctifs.

Les analyses ne sont pas le procédé favori du romancier ;
assez nombreuses, mais brèves, d'une netteté sèche et lucide,
elles ne ralentissent pas le récit. Les sentiments sont révélés
surtout par les paroles et par les actes. Les monologues, dont
aucun n'est délibératif, sont eux-mêmes rares et sobres : le plus
intéressant est une introspection de Guenièvre à l'heure où
elle ne peut plus douter de la fidélité de Lancelot. Des soli-
loques rapides, prononcés devant témoins sous l'empire d'une
émotion violente, extériorisent dramatiquement les pensées
secrètes. Les dialogues sont fréquents, variés et traduisent les
mouvements de l'âme. Pas de portraits ; en revanche, des
tableaux qui fixent un sentiment dans une attitude ou un geste.
L'auteur n'a pas ignoré non plus l'art des contrastes.

L'ESPRIT DE L'ŒUVRE. — Sans prodiguer les notations
concrètes, ce psychologue est cependant un réaliste ; il écarte
presque complètement le fantastique et le merveilleux, ainsi
que le symbolisme mystique ; il n'use que très peu des allégo-
ries et des personnifications. Il n'hésite pas à montrer l'envers
des embellissements courtois : de là cet accent de vérité dans
la scène où Guenièvre, à la Joyeuse Garde, soumet à Lance-

---

[1] La prédilection de Gauvain pour son frère Gaheriet, indiquée
déjà dans le *Lancelot propre*, préparait de loin ce changement.

lot l'offre qu'a faite Arthur de la reprendre comme reine légitime et où se mêlent les calculs, la lassitude, l'intérêt politique, la peur de l'opinion, la passion pure et l'acceptation du sacrifice ; de là cette scène du flagrant délit qui rompt irrémédiablement la belle ordonnance des amours coupables. Les personnages ne se classent plus en élus et en réprouvés ; ils n'ont plus cette valeur d'exemples que la *Queste* conférait aux différents chercheurs du Saint Graal ; à travers des alternances de grandeur et de faiblesse, ils sont bons et mauvais à la fois, en eux-mêmes, sans correspondance symbolique avec des essences supra-terrestres. La *Mort Artu* se cantonne dans la peinture d'une réalité morale qui ne dépasse pas l'homme.

Cette observation réaliste d'un monde atteint de caducité et voué à la mort par la jalousie et la haine interdit de croire que l'auteur ne fait que reprendre, par-dessus la *Queste,* l'inspiration du *Lancelot propre* ; comment confondre le songe utopique où, malgré des ombres et des menaces, le bonheur des amants est toujours protégé avec l'atmosphère sans mirages de la *Mort Artu* ? Celle-ci possède son esprit original : éloignée de la stylisation et de l'idéalisme courtois du *Lancelot propre,* elle rappelle moins encore le mysticisme et les intransigeances doctrinales de la *Queste.* Pourtant une théologie peut se déceler à travers le roman : l'évolution d'un Lancelot est soutenue par l'action cachée de la grâce, qui lui a d'abord manqué et lui est ensuite donnée. La mansuétude divine épargne à Guenièvre de mourir dans l'impénitence finale. Gauvain, le réprouvé de la *Queste,* est sauvé par sa charité : tout un peuple de pauvres lui ouvre les portes du ciel [1]. Dénouement conventionnel, dira-t-on, conclusion d'un auteur qui ne veut pas terminer sur une note trop sombre. Il vaut mieux ne pas s'accommoder de cette explication sommaire. Dans un pénétrant article Alfred Adler [2] a justement signalé

---

[1] La charité de Gauvain envers les pauvres est célébrée pour la première fois par Chrétien de Troyes dans le *Conte du Graal* (éd. Hilka, vv. 9206-9214), et cette vertu n'est pas oubliée dans le *Lancelot propre* (éd. Sommer, IV, p. 358, l. 31-33).

[2] *Problems of Aesthetic versus Historical Criticism in La Mort Le Roi Artu (Publications of the Modern Language Association of America,* LXV

des affinités entre le courant de l'aristotélisme médiéval et la perspective psychologique et théologique de la *Mort Artu* : au lieu de refléter, comme la *Queste,* un « figuralisme » dérivé de l'augustinisme néoplatonicien, elle s'accorde avec la conception aristotélicienne d'un « pluralisme » en vertu duquel chaque être créé possède son existence propre, sa qualité distincte, est autre chose que le signe ou l'ombre d'un archétype divin. Cette pluralité infiniment variée des créatures manifeste la puissance infinie du Créateur et elle produit dans chaque individu une complexité du bien et du mal, de sorte que les imperfections de l'homme ne détruisent pas ses mérites. Ainsi la grandeur de Lancelot coexiste avec son péché. A cet intérêt pour l'homme tel qu'il est s'ajoute un optimisme métaphysique ignoré des ermites de la *Queste.* La charité d'un Gauvain rachète sa démesure et sa mondanité. Le conflit de la tradition augustinienne et de l'aristotélisme (ce dernier se répandait de plus en plus depuis le début du siècle) traversait l'une de ses phases aiguës vers 1230. C'est à cette date que selon toute probabilité fut composée la *Mort Artu,* à un tournant idéologique du Moyen Age. Voilà peut-être pourquoi, comparée à la *Queste,* elle paraît en avance sur son époque et inclure une notion « moderne » comme celle du temps objectif [1].

Ainsi s'évanouissent dramatiquement, condamnés et pardonnés à la fois, le monde glorieux de la Table Ronde et le rêve d'amour et de chevalerie dont il était le symbole. Le thème est magnifique ; son exécution peut nous paraître grêle. Pourtant la prose de la *Mort Artu,* comme celle du

---

(1950), p. 930-943). L'opposition entre le « pluralisme » aristotélicien de la *Mort Artu* et le «figuralisme » augustinien de la *Queste* est une vue juste et féconde. Contestables et trop subtiles me paraissent cependant certaines considérations d'A. Adler sur les thèmes conjugués de la mort et de la vie, de la génération et de la corruption, des ruines et des renaissances ; dans la mesure où ils existent, il n'est peut-être pas nécessaire de recourir à Aristote pour expliquer leur présence.

[1] Cf. Paul IMBS, *La journée dans la Queste del Saint Graal et la Mort le Roi Artu* (*Mélanges de Philologie romane et de Littérature médiévale offerts à Ernest Hoepffner,* Paris, Les Belles-Lettres (1949), p. 279-293).

Lancelot propre et de la *Queste,* compte parmi les meilleures du XIIIe siècle : le vocabulaire est précis, et même nuancé, sans être étendu ; malgré la monotonie de termes et de tours trop souvent repris, le style a de l'élégance et de la concision ; les dialogues ne manquent pas de naturel et de vivacité. On souhaiterait pour ce Crépuscule des Héros le jeu des grandes orgues ou toutes les ressources d'un orchestre. On doit se contenter d'entendre un chalumeau. Mais, de l'instrument dont il disposait, l'auteur a su tirer des modulations justes et émouvantes.

II. — LE CLASSEMENT DES MANUSCRITS ET L'ÉTABLISSEMENT DU TEXTE

L'édition Bruce (1910) et l'édition Sommer (1913) ne sont pas sans mérites, mais elles se bornent, ou peu s'en faut, à reproduire un manuscrit arbitrairement choisi. Elles ne sont fondées ni l'une ni l'autre sur une étude critique de la tradition manuscrite. C'est pour son ancienneté que le ms. fr. 342 de la B. N., daté de 1274, a été préféré par Bruce ; mais l'ancienneté d'un manuscrit n'est pas une garantie de sa valeur ; de fait, le texte de l'édition Bruce est souvent médiocre, parfois mauvais, et il est alourdi par des additions maladroites et par du délayage. Sommer a choisi son manuscrit de base, Add. 10.294 du British Museum, pour une simple raison d'opportunité ; ce manuscrit est à classer dans un groupe où la version ordinaire a été soumise à un abrègement systématique ; Sommer a tenté de remédier à ce défaut en se contentant de faire des emprunts nombreux, et copieux par endroits, à un autre manuscrit qu'il avait sous la main. L'insuffisance manifeste des éditions de Bruce et de Sommer m'a décidé, voilà vingt-cinq ans, à préparer le texte critique ou relativement sûr que je jugeais indispensable à une étude littéraire de la *Mort Artu* [1].

---

[1] Albert Pauphilet avait eu un moment l'intention d'éditer la *Mort Artu* d'après « les principes tout empiriques » qui l'avaient

MANUSCRITS. — On connaît actuellement près de cinquante manuscrits, complets ou fragmentaires, de la *Mort Artu* [1] :

PARIS, BIBLIOTHÈQUE NATIONALE (20 manuscrits). Ms. fr. n° 98 (ffos 685-722), XVe s. ; contient tout le cycle de Gautier Map ou du *Lancelot-Graal* (*L'Estoire del Saint Graal, L'Estoire de Merlin,* le *Lancelot propre,* la *Queste del Saint Graal,* la *Mort Artu) ;* désigné par le sigle *M.* — Fr. 110 (ffos 441-457, lacunes) ; ms. cyclique du XIIIe s. (*P*). — Fr. 111 (ffos 268-299), XVe s. ; *Lancelot propre, Queste, Mort Artu,* ensemble qui constitue l'*Estoire de Lancelot du Lac* ou *Lancelot en prose* (*Q*). — Fr. 112 (ffos 182-233, lacune), daté de 1470 ; dans ce volumineux manuscrit la *Mort Artu* est précédée d'un *Lancelot propre* et d'une *Queste* où se mêlent des fragments du *Tristan en prose* et du *Palamède* ainsi que nombre d'épisodes ou de récits inconnus par ailleurs (*Y* [1]). — Fr. 116 (ffos 678-735), quatrième tome d'un manuscrit cyclique (113-116) à pagination continue, XVe s. (*N*). — Fr. 120 (ffos 565bis-602), quatrième tome d'un manuscrit cyclique (117-120) à pagination continue ; XIVe s. (*O*). — Fr. 122 (ffos 272-322) ; *Lancelot propre* (incomplet au début), *Queste, Mort Artu ;* daté de 1344 (*L*). — Fr. 123 (ffos 229-264) ; *Lancelot propre* (incomplet au début), *Queste, Mort Artu,* XIVe s. (*C*[1]). — Fr. 339 (ffos 264-283) ; *Lancelot propre, Queste, Mort Artu* (lacunes ; la fin manque) ; XIIIe s. (*I*). — Fr. 342 (ffos 150-234) ; fin de l'*Agravain* (troisième partie du *Lancelot propre*), *Queste, Mort Artu* (texte de ce dernier roman édité par J. D. Bruce) ; daté de 1274 (*D*). — Fr. 343 (ffos 105-112) ; *Queste, Mort*

---

guidé dans son édition de la *Queste del Saint Graal* (publiée dans la collection des *Classiques français du Moyen Age*): voir son article des *Mélanges de Philologie et d'Histoire offerts à A. Thomas* (Paris, Champion, 1927), p. 341-346, *Sur des manuscrits de La Mort d'Artus.* Mes recherches personnelles n'ont pas tardé à me convaincre que la méthode envisagée par A. Pauphilet était pour le moins fort aléatoire.

[1] Pour une description détaillée de ces mss., v. ma précédente édition, *Introduction,* p. IX-XXXVII.

Artu (très mutilée) ; XIVe s. — Fr. 344 (ffos 518-548) ;
cycle du *Lancelot-Graal ;* la fin de la *Queste* et le début de la
Mort Artu manquent ; XIIIe s. (*R*). — Fr. 751 (ffos 415-
488, lacune) ; *Lancelot propre, Queste, Mort Artu ;* XIIIe s.
(*F*). — Fr. 758 (ffos 383-447) ; intitulé *Roman de Tristan ;*
contient un *Tristan abrégé,* une *Queste* interpolée d'épisodes
du *Tristan,* la *Mort Artu ;* du XIIIe s. pour le *Tristan* et la
Queste, du XIVe pour la *Mort Artu* (*G*). — Fr. 1424
(ffos 55-128); troisième tome d'un manuscrit (1422-1424) con-
tenant l'*Agravain,* la *Queste,* la *Mort Artu* ; XIIIe s. (*Y*). —
Fr. 12.573 (ffos 257-326) ; *Agravain, Queste, Mort Artu* ; fin
du XIIIe s. (*T*). — Fr. 12.580 (ffos 223-244, lacunes) ; *Agra-
vain, Queste, Mort Artu* (inachevée) ; XIIIe s. (*U*). —
Fr. 24.367 (ffos 1-88); *Mort Artu;* XIIIe s. (*U* 1). — Nlles
acq. fr. 4380 (ffos 1-120); *Mort Artu;* XIIIe s. (*H*). — Nlles
acq. fr. 1119 (ffos 192-246) ; *Agravain, Queste, Mort Artu* ;
XIIIe s. (*Z*).

PARIS, BIBLIOTHÈQUE DE L'ARSENAL (3 manus-
crits). Ms. 3347 (ffos 294-349) ; *Agravain, Queste, Mort Artu* ;
XIIIe s. (*A*). — Ms. 3480 (pp. 591-678) ; forme avec le ms.
3479 un cycle complet du *Lancelot-Graal ;* début du XVe s.
(*Ac*). — Ms. 3482 (pp. 539-652, lacune) ; *Agravain, Queste,
Mort Artu ;* XIVe s. (*Ad*).

CHANTILLY, MUSÉE CONDÉ. Ms. no 649 (ffos 1-74) ;
Mort Artu ; dernier quart du XIIIe s. (*J*). — Ms. no 476
(ffos 236-242, fragment peu important de la *Mort Artu*) ;
XIIIe s.

LYON, PALAIS DES ARTS. Ms. no 77 (ffos 225-263) ;
Agravain, Queste (la fin manque), *Mort Artu* (le début man-
que) ; fin du XIIIe s. (*K*).

BRUXELLES, BIBLIOTHÈQUE ROYALE. Mss. 9.627-
9.628 (ffos 69-157) ; *Queste, Mort Artu* ; fin du XIIIe s. (*E*).

ROME, BIBLIOTHÈQUE DU VATICAN. Palatinus
Latinus 1967 ; Aldebrandin de Sienne, *Le Régime du Corps* ;
Mort Artu (ffos 39-102) ; caractérisé par une interpolation
intéressante (dernière entrevue de Lancelot et de la reine
après la mort du roi Arthur) ; XIVe s. (*V*).

BONN, BIBLIOTHÈQUE UNIVERSITAIRE. Ms. no 526 (ffos 455-489) ; *Estoire del Saint Graal, Merlin, Lancelot propre, Mort Artu* ; copié à Amiens en 1286 (*B*).

COPENHAGUE, BIBLIOTHÈQUE ROYALE. Fonds de Thott, n° 1087 (ffos 1-103) ; *Mort Artu,* poésies de troubadours ; XVe s.

LONDRES, BRITISH MUSEUM (5 manuscrits). Royal 14. E. III (ffos 140-161) ; *Estoire, Queste, Mort Artu* (incomplète) ; début du XIVe s. (*S*). — Royal 19. C. XIII (ffos 323-367) ; *Lancelot propre, Queste, Mort Artu* ; fin du XIIIe s. (*W*). — Royal 20. C. VI (ffos 150-186) ; *Agravain, Queste, Mort Artu,* et une *Genealogia Regum Britonnum et Anglorum* ; début du XIVe s. (*C*). — Add. 10.294 (ffos 53-96) ; troisième tome (*Queste, Mort Artu*) d'un manuscrit cyclique (Add. 10.292-10.294) édité par H. O. Sommer ; début du XIVe s. (*S* 1). — Add. 17.443 (ffos 62-131) ; XIIIe s. (*M* 1).

OXFORD, BODLEIAN LIBRARY (6 manuscrits). Rawlinson D. 874 (ffos 237-355 ; quelques lacunes) ; *Queste, Mort Artu,* XVe s. (*O* 1). — Rawlinson D. 899 (ffos 206-246) ; fin du *Lancelot propre, Queste, Mort Artu* ; XIVe s. (*O* 2). — Digby 223 (ffos 173-260) ; fin du *Lancelot propre, Queste, Mort Artu* (la fin manque) ; XIVe s. (*O* 3). — Douce 189 (ffos 1-64) ; *Mort Artu,* fragments du *Tristan en prose* ; début du XIVe s. (*O* 4). — Douce 215 (ffos 40-44) ; début de l'*Agravain, Queste* (lacunes), court fragment de la *Mort Artu.* — Rawlinson Q. b. 6 (ffos 360-406) ; *Lancelot propre, Queste, Mort Artu* ; premier quart du XIVe s. (*O* 5) 1.

CHELTENHAM, PHILLIPPS COLLECTION. Ms. no 130 ; *Agravain, Queste, Mort Artu* ; fin du XIIIe s. — Ms. no 1046 ; *Estoire, Merlin, Lancelot propre* (incomplet), *Queste, Mort Artu* ; fin du XIIIe s. — Ms. n° 4377 ; *Queste, Mort Artu* ; fin du XIIIe s.

---

1 Miss Gweneth Hutchings a décrit ce ms. dans un article intitulé *Two hitherto unnoticed manuscripts of the French Prose « Lancelot »,* (*Medium Aevum,* III, 1934, p. 189-194).

MANCHESTER, JOHN RYLANDS LIBRARY. Ms. fr. n° 1 (ffos 212-257 ; quelques lacunes) ; *Agravain, Queste, Mort Artu* (la fin manque) ; début du XIVe s. [1]

La plupart de ces manuscrits s'accordent entre eux pour donner dans un ordre semblable le même nombre d'épisodes ; plusieurs offrent cependant des divergences particulières :

1° B.N. fr. 123 (*C 1*) et fr. 758 (*G*), tous deux du XIVe s. a) suppriment tout un groupe d'épisodes (blessure faite à Lancelot par un chasseur dans la forêt, tournoi de Kamaalot, arrivée du corps de la demoiselle d'Escalot à la cour, entretien de Lancelot avec le chevalier de Logres rencontré dans la forêt ; b) ils placent le retour de Mador de la Porte à la cour presque aussitôt après la mort de son frère Gaheris de Kara- heu, tandis que dans la version ordinaire il s'écoule une ving- taine de jours entre les deux événements ; c) ils condensent fortement le récit du départ d'Arthur avec son armée pour la Gaule. Quelques autres changements ne se constatent que dans *C 1*.

2° B.N. fr. 751 (*F*) remplace par un résumé impersonnel et sec le monologue où Lancelot adresse ses adieux à la terre de Logres ; il omet d'autre part de raconter comment Gue- nièvre se réfugie dans une abbaye en attendant l'issue de la bataille que Mordret va livrer contre Arthur.

3° Royal 19. C. XIII du British Museum (*W*) se distingue par de très nombreuses additions : les plus importantes modi- fient l'agencement de certains épisodes (mort de Gaheris de Karaheu, fausse lettre d'Arthur fabriquée par Mordret, façon

---

[1] Voir l'article de C. E. PICKFORD, *An Arthurian Manuscript in the John Rylands Library* (*Bulletin of the John Rylands Library*, vol. 31 (1948), p. 318-344). - Sur un manuscrit de la *Mort Artu*, provenant de la collection Landau à Florence et acheté dans une vente à New York le 31 octobre 1949 par Mr. Howard Lehman Goodhart, voir le *Bul- letin Bibliographique de la Société Internationale Arthurienne*, n° 2 (1950), p. 95-96. - Des fragments, peu importants, d'un manuscrit de la *Mort Artu* ont été signalés par E. Hœpffner dans la *Romania* (LXI, 1935, p. 91) ; ils appartenaient alors au docteur Henri Longuet, de Mulhouse.

dont le messager de Guenièvre réussit à s'évader de la Tour de Londres).

Ces divergences ne représentent nullement des vestiges d'une version autre que la version ordinaire contenue dans la grande majorité des manuscrits : ce sont des altérations dues à des scribes remanieurs.

Les premières éditions — *La Mort Artu* figure dans les premières éditions de *Lancelot du Lac,* à la fin du XVe et au XVIe siècle ; six éditions complètes, parues de 1488 à 1533, attestent le succès persistant du vieux roman à cette époque [1].

Ces diverses éditions modernisent la langue et abrègent quelque peu le récit. De même que C^1 et G, elles ne laissent que peu d'intervalle entre la mort de Gaheris et l'arrivée de son frère Mador à la cour.

CLASSEMENT DES MANUSCRITS. — Le texte de la *Mort Artu* a été modifié librement de copie en copie par les scribes ; s'ils ont respecté le plus souvent le sens général des phrases, ils se sont largement permis de substituer à leur modèle des expressions similaires. Ils ont rarement été jusqu'aux remaniements importants et aux interpolations étendues ; mais, dans des proportions variées, ils ont tantôt raccourci le texte pour alléger leur tâche, tantôt au contraire ils l'ont allongé et ont prétendu l'enjoliver d'additions personnelles.

Il résulte de ces faits que les manuscrits de la *Mort Artu* diffèrent les uns des autres par un pullulement de variantes minimes et dénuées de signification ; ce serait une entreprise stérile que de vouloir établir leur filiation sur des données aussi flottantes.

A ne tenir compte que de ces apparences, j'aurais dû abandonner tout espoir de parvenir à un classement pourvu de quelque autorité ; une exploration méthodique de la tradition manuscrite m'a convaincu qu'un tel renoncement aurait été injustifié. Des variantes fondamentales, des bévues reproduites

---

[1] Une septième édition, imprimée à Lyon en 1591, condense en 166 pages l'*Histoire des Grandes Prouesses, Vaillances et Héroïques faicts d'armes de Lancelot du Lac, chevalier de la Table Ronde.*

mécaniquement, des variantes secondaires, mais encore signi-
ficatives, des abrègements concordants, ou telle répartition
commune de chapitres permettent de déterminer des familles,
des groupes et des sous-groupes dans la masse des manuscrits.

On trouvera, en tête de l'édition [1] que j'ai publiée en 1936,
un exposé détaillé des raisons qui m'ont conduit aux conclu-
sions suivantes :

1° Les manuscrits connus de la *Mort Artu* dérivent tous
d'une même copie et ils se séparent en deux branches très
inégales.

2° La branche I est représentée par le manuscrit *A* (fa-
mille α).

3° La branche II se divise en 5 familles : famille β (*D*) ;
famille γ (*O A*c) ; famille δ (*F V O* 1 *O* 4) ; famille ε, de
caractère mixte, se rattachant à la fois à la famille γ et à
la famille δ et se subdivisant en deux groupes (*O* 3 *W H
L Q Ad U* 1 *M* d'une part, *U I J E C O* 5 d'autre part) où
il est possible de discerner encore plusieurs sous-groupes ;
famille ζ (*K R Z M* 1 *O* 2 *T*) dérivant selon toute vraisem-
blance du groupe 2 de la famille ε.

4° A la famille ζ se rattache, par l'intermédiaire de *T*,
le groupe de la *version abrégée* (*B S S* 1 *P Y* 1 *N Y*) carac-

---

[1] *Introduction*, p. XXXVII-LVIII. Contentons-nous de préciser
ici que trois passages permettent d'établir les discriminations prin-
cipales : 1°) les deux versions différentes d'un entretien d'Arthur, de
Gauvain et de Guenièvre au sujet de Lancelot et de la demoiselle
d'Escalot (voir *infra* §35-36) ; 2°) les variantes *l'acointement Galehot*,
le contenement Galehot (v. §. 52, l.3-4) ; 3°) les variantes *qu'ele iert bien en
l'aage de L ans/ qu'ele iert bien de Lans* (*Lanselot, Lancelot*) (v. § 4, l. 20-21).
Isolé dans le premier cas, *A* s'accorde dans le second avec les familles
β et γ, et, dans le troisième, avec les familles β et δ. Chaque fois, il
conserve la leçon qu'il y a tout lieu de considérer comme authentique.
Plusieurs observations complémentaires de F. Lot, dans son compte
rendu de la *Romania* (LXIV, 1938, p. 123-130), confirment les grandes
divisions de mon classement. Je ne crois plus aujourd'hui qu'il con-
vienne de tirer argument de la leçon *anant* particulière à *A* (voir ma
précédente édition, p. LVII-LVIII) : *anant* n'est qu'une mauvaise
graphie de *auant* (*avant*) ; l'abandon de cet argument, qui n'était
pas de première importance, ne modifie en rien mes conclusions.

térisé par une série d'omissions ou d'abrègements identiques, deux condensations du récit et un changement de chapitre qu'on ne trouve pas ailleurs ; C^1 et G sont très voisins de la version abrégée, mais se distinguent par des traits particuliers.

5° W, tout en se rattachant le plus souvent au groupe 1 de la famille ε, présente en commun avec A un assez grand nombre de variantes caractéristiques ; son caractère mixte atténue l'isolement de A par rapport à la masse des mss. de la branche II.

ETABLISSEMENT DU TEXTE. — Exception faite de quelques corrections et retouches, la présente édition reproduit le texte que j'ai publié en 1936. Rappelons les principes d'après lesquels il a été établi : A (Arsenal 3347) m'a paru digne d'être choisi comme manuscrit de base ; sa qualité d'unique témoin de la branche I lui confère une importance incontestable ; il se recommande en général par la correction de la langue et la netteté du style ; il n'est pas suspect d'enjolivements, de redondances et d'additions. Son scribe n'avait rien non plus d'un remanieur ni d'un abréviateur méthodique ; il était loin cependant d'être sans défaut : paresseux et négligent, il n'a pas hésité à alléger sa besogne en sautant des mots, des propositions relatives, des phrases entières, des paragraphes, parfois même un long passage.

Le texte de A doit être contrôlé de près à l'aide de la branche II ; nous avons assuré ce contrôle en utilisant les manuscrits suivants : D (B.N. fr. 342), pour la famille β ; O (B.N. fr. 120) et subsidiairement Ac (Arsenal 3480), pour la famille γ ; V (Vatican, Palatinus Latinus 1967) pour la famille δ ; R (B.N. fr. 344) et Z (B.N. nouv. acq. fr. 1119) pour la famille ζ ; B (Bonn, Bibl. Univ. 526) pour la version abrégée ; W (British Museum, Royal 19. C. XIII), manuscrit très personnel, mais intéressant en raison de son caractère mixte, a été également retenu. En revanche, il nous a paru inutile de prendre un témoin de la famille ε, car nous avons pu constater qu'elle est toujours d'accord avec l'une au moins des autres familles de la branche II.

La conséquence logique de notre enquête a été l'observation des règles que voici :

1º Quand la leçon de *A* s'oppose à celle de tous les mss. de la branche II, le choix de la leçon est libre.

2º Quand *A* s'accorde avec n'importe quelle famille de la branche II, leur leçon commune s'impose.

3º Toute addition, toute abréviation, toute leçon particulières à une famille de la branche II doivent être rejetées.

4º L'accord soit de *A*, soit d'un manuscrit de la branche II avec *W* n'est pas contraignant.

Il est très rare que le texte ainsi constitué ne soit pas satisfaisant, et il semble permis d'espérer qu'il se rapproche de l'archétype autant qu'il est possible. Quelques passages indiquent cependant que l'archétype n'était pas lui-même exempt de fautes ; dans ces cas-là, je me suis risqué à modifier, très prudemment, et en donnant mes raisons, la leçon des mss. Je ne méconnais pas le danger des reconstitutions personnelles, mais il peut arriver aussi que respecter la lettre des scribes, ce soit trahir l'auteur.

On trouvera, à la suite du texte, une liste restreinte de variantes ; on pourra la compléter en consultant l'apparat critique de notre précédente édition.

BIBLIOGRAPHIE SOMMAIRE

I. Editions

SOMMER (H. Oskar), *The Vulgate Version of the Arthurian Romances*, 7 vol. et un *Index*, The Carnegie Institution, Washington: vol. I, *L'Estoire del Saint Graal* (1909); Vol. II, *L'Estoire de Merlin* (1908); Vols. III (1910), IV (1911), V (1912), *Le Livre de Lancelot del Lac* (= *Lancelot propre*); Vol. VI, *Les Aventures ou La Queste del Saint Graal, La Mort le Roi Artus* (1913); Vol. VII, *Le Livre d'Artus* (1913); Index of Names and Places to Volumes I-VII (1916).

PAUPHILET (Albert), *La Queste del Saint Graal*, roman du XIIIᵉ siècle (Paris, Classiques français du Moyen Age, 1923; réimpression en 1949).

BRUCE (J. Douglas), *Mort Artu*, An old french prose romance of the XIIIth century..., now first edited from Ms. 342 (Fonds Français) of the Bibliothèque Nationale, with collations from some other MSS (Halle a. S., M. Niemeyer, 1910).

FRAPPIER (Jean), *La Mort le Roi Artu*, roman du XIIIᵉ siècle (Paris, E. Droz, 1936).

FARAL (Edmond), *La Légende arthurienne* (Paris, 1929), t. III, *Documents* (Geoffroy de Monmouth, *Historia Regum Britanniae*, p. 63-303+ *Vita Merlini*, p. 305-352).

ARNOLD (Ivor), *Le Roman de Brut* de Wace (Paris, Société des Anciens Textes Français, t. I, 1938; t. II, 1940).

ROACH (William), *The Didot Perceval*, According to the Manuscripts of Modena and Paris (University of Pennsylvania Press, Philadelphia, 1941).

II

Le *Lancelot-Graal*, le *Lancelot en prose* et le problème de la composition

BRUGGER (E), *L'Enserrement Merlin* (*Zeitschrift für französische Sprache und Literatur*, XXIX¹ (1906), p. 56 ss.; XXX¹ (1906), p. 169 ss.; XXX¹ (1907), p. 239 ss.; XXXIII¹ (1908), p. 145 ss.; XXXIV¹ (1909), p. 99 ss.; XXXV¹ (1909), p. 1 ss.)

LOT (Ferdinand), *Etude sur le Lancelot en prose* (Bibl. de l'Ecole des Hautes Etudes, fasc. 226; Paris, Champion, 1918).

Compte rendu par A. Pauphilet dans *Romania*, XLV (1918-1919), p. 514-534.

Lot (F.), *Sur la date du Lancelot en prose* (*Romania*, LVII (1931), p. 137-146).

Bruce (J. Douglas), *The Composition of the French Prose Lancelot* (*Romanic Review*, IX (1918) p. 241 ss., 343 ss; X (1919), p. 48 ss., 97 ss.)

Bruce (J.D.), *The Evolution of Arthurian Romance*, from the Beginnings down to the year 1300 (Göttingen, 1923; 2ᵉ édit., 1928), vol. I, Part. III: *The Prose Romances*; vol. II, Part V, Chapter VI.

Frappier (Jean), *Etude sur la Mort le Roi Artu*, Roman du XIIIᵉ siècle, dernière partie du *Lancelot en prose* (Paris, E. Droz, 1936), chapitre I, *Unité et Diversité du Lancelot en prose*, p. 27-146.

Pauphilet (Albert), *Le Legs du Moyen Age* (Melun, d'Argences, 1950), p. 212-217 (*Sur la composition du Lancelot-Graal*).

Frappier (Jean), *Plaidoyer pour l'« Architecte », contre une opinion d'Albert Pauphilet sur le Lancelot en prose* (*Romance Philology*, VIII (1954-1955), n. 1, p. 27-33).

Frappier (Jean), Chapitre sur le *Lancelot-Graal* dans *A History of the Arthurian Legend in the Middle Ages* [en préparation].

III

La Queste del Saint Graal

Pauphilet (Albert), *Etudes sur la Queste del Saint Graal attribuée à Gautier Map* (Paris, Champion, 1921).

Compte rendu par F. Lot dans *Romania*, XLIX (1923), p. 433-441.

Gilson (Etienne), *La mystique de la grâce dans la Queste del Saint Graal* (*Romania*, LI (1925), p. 321-347 et *Les Idées et les Lettres* (Paris, Vrin, 1932), p. 59-91.

Carman (J. Neale), *The Relationship of the Perlesvaus and the Queste del Saint Graal* (Bulletin of University of Kansas, vol. XXXVII, July 1936, n. 13).

IV

La Mort le Roi Artu

Fox (Marjorie B.), *La Mort le Roi Artus, Etude sur les Manuscrits, les Sources et la Composition de l'Oeuvre* (Paris, 1933).

Frappier (Jean), *Etude sur la Mort le Roi Artu...*

Comptes rendus par F. Lot dans *Romania*, LXIV (1938), p. 111-122, et par W. H. Trethewey dans *Zeitschrift für Romanische Philologie*, LVIII (1938), p. 698-710.

LA MORT LE ROI ARTU

1. Aprés ce que mestres Gautiers Map ot mis en
escrit des *Aventures del Seint Graal* assez soufisan-
ment si com li sembloit, si fu avis au roi Henri
son seigneur que ce qu'il avoit fet ne devoit pas
5 soufire, s'il ne ramentevoit la fin de ceus dont il
avoit fet devant mention et conment cil morurent
dont il avoit amenteües les proesces en son
livre; et por ce commença il ceste derrienne
partie. Et quant il l'ot ensemble mise, si l'apela
10 *La Mort le Roi Artu*, por ce que en la fin est escrit
conment li rois Artus fu navrez en la bataille de
Salebieres et conment il se parti de Girflet qui si
longuement li fist compaignie que aprés lui ne
fu nus hom qui le veïst vivant. Si commence
15 mestres Gautiers en tel maniere ceste derrienne
partie.

2. Quant Boorz fu venuz a cort en la cité
meïsmes de Kamaalot de si lointeingnes terres
comme sont les parties de Jerusalem, assez
trouva a court qui grant joie li fist; que moult le
5 desirroient tuit et totes a veoir. Et quant il ot
aconté le trespassement de Galaad et la mort
Perceval, si en furent tuit moult dolent a court;
mes toutevoies s'en reconforterent au plus biau
qu'il porent. Lors fist li rois metre en escrit

10 toutes les aventures que li compaignon de la
    queste del Seint Graal avoient racontees en sa
    court; et quant il ot ce fet, si dist: « Seigneur,
    gardez entre vos quanz de voz compaignons nos
    avons perduz en ceste queste. » Et il i gardent
15 meintenant, si trouverent qu'il leur en failloit
    trente et deus par conte, ne de touz ceus n'i
    avoit un seul qui ne fust morz par armes.

    3. Li rois avoit oï consonner que messires Gau-
    vains en avoit ocis pluseurs, si le fist venir par
    devant lui et li dist: « Gauvain, je vos requier
    seur le serement que vos me feïstes quant ge vos
5 fis chevalier que vos me diez ce que ge vos deman-
    derai. — Sire, fet messire Gauvains, vos m'avez
    tant conjuré que ge ne leroie en nule maniere que
    ge nel vos deïsse, neïs se c'estoit ma honte, la
    greigneur qui onques a chevalier de vostre cort
10 avenist. — Or vos demant ge, fet li rois, quanz
    chevaliers vos cuidiez avoir ocis de vostre mein
    en ceste queste. » Et messires Gauvains pense un
    petit et li rois li dit autrefoiz: « Par mon chief, ge
    le vueill savoir, por ce que aucun vont disant
15 que vos en avez tant ocis que c'est merveille. —
    Sire, fet messires Gauvains, vos voulez estre cer-
    teins de ma grant mescheance; et ge le vos dirai,
    car ge voi bien qu'a fere le couvient. Je vos
    di por voir que g'en ai ocis par ma main dis et
20 uit, non pas pour ce que ge fusse mieudres che-
    valiers que nus autres, mes la mescheance se
    torna plus vers moi que vers nul de mes compai-
    gnons. Et si sachiez bien que ce n'a pas esté par
    ma chevalerie, mes par mon pechié; si m'avez
25 fet dire ma honte. — Certes, biaus niés, fet li rois,
    voirement a ce esté mescheance droite, et je sei
    bien que ce vos est avenu par vostre pechié, mes

toutevoies me dites se vos cuidiez avoir ocis le
roi Baudemagu. — Sire, fet-il, ge l'ocis sanz
30 faille. Si ne fis onques chose dont il me pesast
tant come il fet de li. — Certes, biaus niés, fet
li rois, se il vos en poise, ce n'est pas merveille;
que, si m'aïst Dex, si fet il moi moult durement,
que plus est mes osticx empiriez de li que des
35 quatre meilleurs qui soient en la queste mort. »
Ceste parole dist li rois Artus del roi Baudemagu,
dont messires Gauvains fu assez plus a malese
qu'il n'estoit devant. Et li rois, por ce qu'il veoit
que les aventures del roiaume de Logres estoient
40 si menees a fin qu'il n'en avenoit mes nule se petit
non, fist crier un tornoiement en la praerie de
Wincestre, por ce qu'il ne vouloit pas toutevoies
que si compaignon lessassent a porter armes.

4. Mes comment que Lancelos se fust tenuz
chastement par le conseill del preudome a qui il
se fist confés quant il fu en la queste del Seint
Graal et eüst del tout renoiee la reïne Guenievre,
5 si comme li contes l'a devisé ça arrieres, si tost
comme il fu venuz a cort, il ne demora pas un
mois aprés que il fu autresi espris et alumez
come il avoit onques esté plus nul jor, si qu'il
rencheï el pechié de la reïne autresi comme il
10 avoit fet autrefoiz. Et se il avoit devant meintenu
celui pechié si sagement et si couvertement que nus
ne s'en estoit aperceüz, si le meintint aprés si
folement que Agravains, li freres monseigneur
Gauvain, qui onques ne l'avoit amé clerement
15 et plus se prenoit garde de ses erremens que nus
des autres, s'en aperçut; et tant s'en prist garde
que il le sot veraiement, que Lancelos amoit la
reïne de fole amour et la reïne lui autresi. Et la
reïne estoit si bele que touz li monz s'en merveil-

20 loit, car a celui tens meïsmes qu'ele iert bien en
l'aage de cinquante anz estoit ele si bele dame
que en tout le monde ne trouvast l'en mie sa
pareille, dont aucun chevalier distrent, por ce que
sa biauté ne li·failloit nule foiz, que ele estoit
25 fonteinne de toutes biautez. .

5. Quant Agravains se fu aperceüz de la reïne et
de Lancelot, il en fu liez durement et plus por le
domage que il cuida que Lancelos en eüst que por
le roi vengier de sa honte. Cele semeinne avint
5 que li jorz del tornoiement dut estre a Wincestre;
si i ala des chevaliers le roi Artu a grant plenté.
Mes Lancelos, qui i beoit a estre en tel maniere
que nus nel conneüst, dist a ceus qui entor lui
estoient qu'il estoit si deshetiez que il n'i porroit
10 aler en nule maniere; mes il vouloit bien que
Boorz et Estors et Lionaus et li chevalier de
lor compaignie i alassent. Et cil distrent qu'il
n'iroient pas, puis qu'il estoit si deshetiez. Et il
leur dist: « Je vueill et vos command que vos i
15 ailliez, si movroiz le matin, et ge remeindrai; et
ainçois que vos reveingniez mes, serai ge touz gue-
riz, se Dieu plest. — Sire, font il, puis que il vos
plest, nous irons; mes moult volsissons o vos rema-
noir por vos fere compaignie.» Et il dist que ce ne
20 velt il pas. Si en lessierent atant la parole ester.

6. Au matin s'en parti Boorz de la cité de
Kamaalot entre lui et sa compaignie. Et quant
Agravains sot que Boorz s'en aloit et li chevalier
avec lui et que Lancelos remanoit, si pensa tan-
5 tost que c'estoit por la reïne ou il vouloit avenir,
quant li rois s'en seroit alez. Lors vint a son
oncle le roi, si li dist: « Sire, ge vos diroie une
chose a conseill, se ge ne cuidoie que il vos en
pesast. Et sachiez que ge le di por la vostre honte

10 vengier. — Ma honte ? fet li rois, va donc la
 chose si haut que ma honte i est ? — Sire, fet
 Agravains, oïl, et ge vos dirai comment. » Lors
 le tret a une part et li dist a conseill: « Sire, il
 est einsi que Lancelos ainme la reïne de fole
15 amour et la reïne lui. Et por ce qu'il ne pueent mie
 assembler a leur volenté quant vos i estes, est
 Lancelos remés, qu'il n'ira pas au tornoiement
 de Wincestre; einz i a envoiez ceus de son ostel,
 si que, quant vos seroiz meüz ennuit ou demain,
20 lors porra il tout par loisir parler a la reïne. »
 Li rois Artus qui entent ceste parole ne puet pas
 cuidier que ce soit voirs, einz croit veraiement
 que ce soit mençonge, si respont: « Agravain,
 biaus niés, ne dites jamés tel parole, car ge ne vos
25 en creroie pas. Car ge sei bien veraiement que
 Lancelos nel penseroit en nule maniere; et
 certes se il onques le pensa, force d'amors li fist
 fere, encontre qui sens ne reson ne puet avoir
 duree. — Conment, sire, fet Agravains, n'en
30 feroiz vos plus ? — Que voulez vos, fet-il, que
 g'en face ? — Sire, fet Agravains, je volsisse que
 vos le feïssiez espïer tant que l'en les prist ensem-
 ble; et lors conneüssiez la verité, si m'en creüssiez
 mieuz une autre foiz. — Fetes en, fet li rois, ce
35 que vos voudroiz; que ja par moi n'en seroiz
 destournez. » Et Agravains dist qu'il ne demande
 plus.

 7. Cele nuit pensa li rois Artus assez a ce que
 Agravains li avoit dit, mes ne le torna pas gran-
 ment a son cuer, car il ne creüst pas legierement
 que ce fust voirs. Au matin s'apareilla por aler
5 au tornoiement et semont avec li grant plenté
 de ses chevaliers por lui fere compaignie. Et la
 reïne li dit: « Sire, ge iroie volentiers, se il vos

plesoit, veoir ceste assemblee; et il m'i pleroit
moult a aler, car ge ai oï dire qu'il i avra trop
10 grant chevalerie. — Dame, fet li rois, vos n'iroiz
pas a ceste fois. » Et ele s'en test atant. Et il la
fesoit tout de gré remanoir por esprouver la
mençonge Agravain.

8. Quant li rois fu meüz entre lui et ses com-
paignons por aler au tornoiement, il parlerent
assez entr'eus de Lancelot et distrent que or ne
vendroit il pas a ceste assemblee. Et Lancelos,
5 si tost comme il sot que li rois estoit meüz, et
ceus qui a Wincestre devoient aler, il se leva de
son lit, puis s'apareilla et puis vint a la reïne et
li dist : « Dame, se vos le vouliez soufrir, ge iroie
a cel tornoiement. — Porquoi, fet ele, avez
10 vos tant demoré aprés les autres ? — Dame, fet
il, pour ce que g'i vouloie aler toz seus et venir
au tornoiement en tel maniere que ge n'i fusse
conneüz d'estranges ne de privez. — Alez i
donques, fet ele, se il vos plest; que ge le vueill
15 bien. » Et il se part meintenant de leanz, et s'en
revient a son ostel et demeure illuec jusqu'a la
nuit.

9. Au soir, quant il fu anuitié, si tost comme il
furent communalment couchié par la cité de
Kamaalot, si vint Lancelos a son escuier et li
dist : « Il te covient monter et chevauchier avec
5 moi, car ge vueill aler veoir le tornoiement de
Wincestre, ne nos ne chevaucherons entre moi et
toi fors de nuiz, car por nule riens ge ne voudroie
estre conneüz en ceste voie. » Li escuiers fet son
commandement; si s'apareille au plus tost que
10 il puet et enmeinne le meilleur cheval que Lan-
celos eüst, car il s'aperçoit bien que ses sires
voudra porter armes a ce tornoiement. Quant il

furent hors de Kamaalot et il se furent mis el droit
chemin a aler a Wincestre, il chevauchierent
15 toute la nuit en tel maniere que onques ne se
reposerent.

10. L'endemain, quant il fu jorz, vindrent a
un chastel ou li rois avoit jeü la nuit, ne Lancelos
n'i vint se por ce non qu'il ne vouloit pas de jorz
chevauchier, qu'il ne fust conneüz par aventure.
5 Quant il vint desoz le chastel, il chevaucha si
enbrons que a peinne le peüst l'en connoistre;
et ce feisoit il por les chevaliers le roi qui de
leanz issoient; si li pesoit moult qu'il estoit
venuz si tost.

11. Li rois Artus, qui encore estoit apoiez a une
fenestre, vit le cheval Lancelot; si le connut bien
comme celui meïsmes qu'il li avoit donné, mes
Lancelot ne connut il mie, car trop estoit enbrons,
5 et neporquant au trespas d'une rue, ou Lancelos
dreça son chief, le regarda li rois et le connut, et
le moustra a Girflet: « Avez vos veü de Lancelot,
qui ier nos fesoit entendant qu'il estoit deshetiez,
et il est ja en cest chastel ? — Sire, fet Girflés,
10 ge vos dirai porquoi il le fesoit; il velt estre en
ce tournoiement en tel maniere que nus ne l'i
connoisse; et por ce n'i volt il pas venir avec nos,
ce sachiez vos tout veraiement. » Et Lancelos qui
de tout ce ne se prenoit garde se fu ja mis el
15 chastel entre lui et son escuier et fu entrez en une
meson, et ot bien deffendu qu'il ne fust enseigniez
de nului de leanz, se nus le demandoit. Li rois,
qui toutes voies estoit a la fenestre por atendre que
Lancelos passast encore, demora tant illec qu'il
20 aperçoit bien que Lancelos estoit demorés en la
vile. Lors dist a Girflet: « Nos avons perdu
Lancelot; qu'il est ja herbergiez. — Sire, fet

Girflés, ce puet bien estre. Sachiez qu'il ne che-
vauche fors de nuiz por ce qu'il ne soit conneüz.
25 — Puis qu'il se velt celer, fet li rois, or le celons
bien; et gardez qu'il ne soit a nul home mortel
conté que vos l'aiez veü en ceste voie, ne ge en-
droit moi n'en parlerai ja. Einsi porra il bien estre
celez, car nus fors nos deus ne l'a veü. » Et
30 Girflés li jure qu'il n'en parlera ja.

12. Atant se part li rois de la fenestre entre lui
et sa compaignie, et Lancelos remest leanz chiés
un riche vavasor qui avoit deus filz moult biax
et moult forz, et avoient esté chevalier noviele-
5 ment de la main le roi Artu meïsmes. Et Lancelos
commença a regarder les deus escuz as deus
chevaliers et vit qu'il estoient tuit vermeill
comme feus sanz connoissance nule. Et il estoit
coustume a cel tens que nus chevaliers nouviaus
10 ne portast le premier an qu'il receüst l'ordre de
chevalerie escu qui ne fust tout d'une color;
et se il autrement le fesoit, ce estoit contre son
ordre. Lors dist Lancelos au seignor de leanz:
« Sire, ge vos voudroie moult prier en guerredon
15 que vos un de ces escuz me prestez a porter a
cele assemblee de Wincestre et les couvertures
et touz les autres apareillemenz autresi. — Sire,
fet li vavasors, n'avez vos point d'escu ? — Nenil,
fet il, que ge i vueille porter; car se ge l'i portoie,
20 par aventure il seroit plus tost conneüz que ge
ne voudroie; einz le vos lerai ceanz et mes armes
avec, tant que ge reviengne par ci. » Et li preu-
dons li dist meintenant: « Sire, prenez quanque
vos voudroiz; car autresi est uns de mes filz
25 si deshetiez qu'il ne porra pas porter armes a ce
tornoiement; mes li autres mouvra orendroit a
aler i. » A ces paroles vint leanz li chevaliers qui

a l'assemblee devoit aler. Et quant il vit Lancelot,
si li fist moult bel semblant, por ce que preudons
30 li sembloit, et li demande qui il estoit. Et Lan-
celos li dist qu'il estoit uns chevaliers estranges
devers le roiaume de Logres, mes onques son
non ne li volt dire, ne plus ne li descouvri de son
estre, mes il li dist qu'il iroit a l'assemblee a
35 Wincestre, et que por ce estoit il venuz cele part.
« Sire, fet li chevaliers, bien vos est avenu, car
autresi i vouloie ge aler; or mouvrons ensemble,
si fera li uns a l'autre compaignie. — Sire,
fet Lancelos, je ne chevaucheroie pas de jorz,
40 car la chaleur del jor me fet mal, mes se vos
voliez atendre jusqu'au soir, je vos feroie com-
paignie, ne devant la nuit ne chevaucheroie ge
en nule maniere. — Sire, fet li chevaliers, vos
me semblez si preudom que g'en ferai quanque
45 vos voudroiz; si demorrai tout ce jor por amour
de vos, et sempres de quele eure que il vos plera,
nos en irons tuit ensemble. » Et Lancelos l'en-
mercie moult de ceste compaingnie.

13. Celui jor demora Lancelos leanz et fu serviz
et aiesiez de quanque l'en pot preudome aiesier
et servir. Assez li demanderent cil de l'ostel de
son estre; mes onques n'en porent riens savoir,
5 fors tant que li escuiers dist a la fille au seigneur
de leanz, qui moult estoit bele et trop le tenoit
court qu'il li deïst qui ses sires estoit; et cil, qui
la vit de trop grant biauté, ne la volt del tout
escondire, por ce que vilenie li semblast, einz li
10 dist: « Damoisele, ge nel vos puis pas del tout
descouvrir, car ge me parjurroie et en porroie
mon seigneur corroucier; mes sanz faille ce que
ge vos en porrai descouvrir sanz moi mesfere
vos en dirai ge. Sachiez que c'est li mieudres

15 chevaliers del monde, ce vos creant ge loiaument.
— Si m'aïst Dex, fet la pucele, assez en avez dit;
moult m'avez bien paiee de ceste parole. »

14. Lors vint la pucele tout meintenant a Lan-
celot et s'agenoille devant lui et li dist: « Gentis
chevaliers, done moi un don par la foi que tu
doiz a la riens el monde que tu mieuz ainmes. »
5 Et quant Lancelos vit devant lui a genouz si
bele damoisele et si avenant come cele estoit,
si l'en pesa moult durement et li dist: « Ha!
damoisele, levez vos sus. Sachiez veraiement
qu'il n'est riens en terre que ge puisse fere que ge
10 ne feïsse por ceste requeste, car trop m'avez
conjuré. » Et ele se lieve meintenant, si li dist:
« Sire, cent mile merciz de cest otroi. Et savez vos
que ce est que vos m'avez otroié ? Vos m'avez
otroié que vos porteroiz a ce tornoiement ma
15 manche destre en leu de panoncel desus vostre
hiaume et feroiz d'armes por l'amor de moi. »
Quant Lancelos entent ceste requeste, si l'en
pesa moult; et nequedant il ne li ose contredire,
puis qu'il li avoit creanté. Et neporquant il fu
20 moult dolenz de cest otroi, car il set bien, se
la reïne le set, ele l'en savra maugré si grant a
son escient qu'il ne trouvera jamés pes envers li.
Mes toutevoies, si come il dit, se metra il en
aventure por son creant tenir, car autrement
25 seroit il desloiax, se il ne fesoit a la damoisele
ce qu'il li avoit en couvenant. La damoisele li
aporte la manche tout meintenant atachiee a
un panoncel et li prie que il face moult d'armes
a ce tornoiement por l'amor de lui, tant qu'ele
30 tiengne sa manche a bien emploiee. « Et si
sachiez veraiement, sire, fet ele, que vos estes li
premiers chevaliers a qui ge feïsse onques requeste

de riens, ne encore nel feïsse ge pas, se ne fust la
grant bonté qui est en vos. » Et il respont que por
35 l'amor de li en fera il tant que ja n'en devra estre
blasmez.

15. Einsi remest Lancelos leanz toute jor ;
au soir, quant il fu anuitié, si s'en parti de chiés
le vavasor et commanda a Dieu le vavasor et
la damoisele, et en fist porter a son escuier
5 l'escu qu'il avoit leanz pris et le suen i lessa.
Toute nuit chevaucha entre lui et sa compaignie,
tant qu'il vindrent l'endemain un pou ainz le
soleil levant a une liue de Wincestre. « Sire,
fet li chevaliers a Lancelot, ou voulez vos que nous
10 aillons a ostel ? — Qui seüst, fet Lancelos, aucun
recet pres del tornoiement ou nos peüssons pri-
veement estre, ge m'en tenisse a moult bien paié ;
car ge n'enterroie pas a Wincestre. — Par foi,
fet li chevaliers, de ce vos est bien avenu ; pres de
15 ci, hors del grant chemin, a senestre, est li ostex
a une moie antein, gentil fame qui moult bien
nos herbergera et fera moult grant joie de nos
quant ele nos verra en son ostel. — Par foi, fet
Lancelos, la vueill ge volentiers aler. »

16. Atant lessent le grant chemin et s'en vont
droitement et celeement cele part ou li ostex
a la dame estoit. Et quant il furent descendu
leanz et la dame connut son neveu, si ne veïstes
5 onques si grant joie come ele li fist, car ele ne
l'avoit puis veü qu'il avoit esté chevaliers no-
viaus ; si li dist : « Biaus niés, ou avez vos esté
des lores que ge ne vos vi mes, et ou avez vos
lessié vostre frere ? Ne vendra il pas a ce tor-
10 noiement ? — Dame, fet il, nenil, car il ne puet,
car nos le lessames en meson un pou deshetié. —
Et qui est, fet ele, cil chevaliers qui est venuz

avec vos ? — Dame, fet il, si m'aïst Dex, ge ne
sei qui il est, fors tant seulement que preudom
15 me semble; et por la bonté que ge cuit en lui, li
ferai ge demain compaignie au tornoiement et
avrons ambedui unes meïsmes armes et couver-
tures d'une maniere. » La dame vint meintenant
a Lancelot et l'apele moult bel et enneure, et
20 l'enmeinne tantost en une chambre et le fet cou-
chier et reposer en un moult riche lit, car l'en li
avoit dit qu'il avoit toute nuit chevauchié et erré.
Toute jor fu Lancelos leanz et orent grant plenté
de touz biens. La nuit regarderent li escuier as
25 armes leur seigneurs que il n'i fausist riens. Et
l'endemain, si tost comme li jorz aparut, se leva
Lancelos et ala oïr messe a la chapele a un her-
mite qui pres d'ilec estoit herbergiez en un bos-
cage. Quant il ot messe oïe et il ot fetes ses
30 oroisons, einsi comme chevaliers crestiens doit
fere, si se parti de leanz et revint a son ostel, puis
se desgeuna entre lui et son compaignon. Et
Lancelos avoit envoié son escuier a Wincestre
por savoir liquel aideroient a ceus dedenz et
35 liquel seroient de la partie dehors. Si se hasta
tant li escuiers de savoir les nouveles et de reperier
tost qu'il revint a l'ostel einçois que Lancelos
fust commenciez a armer. Et quant il vint a son
seignor, si li dist: « Sire, moult a granz genz et
40 dedenz et dehors; car de toutes parz i sont venu
li chevalier, aussi li privé com li estrange. Mes
neporquant par dedenz est la greigneur force,
por les compaignons de la Table Reonde qui i
sont. — Et sez tu, fet Lancelos, de quel part
45 Boorz et Lioniax et Estors se sont mis ? — Sire,
fet il, dedenz, et a droit; car autrement ne mous-
terroient il pas qu'il fussent compaignon de la

Table Reonde, se il n'estoient de cele part. —
Et qui est par dehors ? fet Lancelos. — Sire, fet
50 il, li rois d'Escoce, et li rois d'Irlande, et li rois
de Gales, et li rois de Norgales, et autres hauz
homes assez; mes toutevoies n'ont il pas ausi
bones genz com cil dedenz, car il sont trestuit
chevalier conqueilli et estrange; si ne sont pas
55 coustumier de porter armes, si comme sont cil
del roialme de Logres, ne si bon chevalier ne sont
il mie. » Lors monta Lancelos seur son cheval
et dist a son escuier: « Tu ne vendras pas avec
moi, car se tu i venoies, on te connoistroit, et
60 par toi connoistroit l'en moi, et ce ne vodroie ge
en nule maniere. » Et cil dit qu'il remeindra
volentiers, puis que il li plest; et si amast il
mieuz a aler avec lui. Meintenant se part Lan-
celos de leanz entre lui et son compaignon et deus
65 escuiers que li chevaliers avoit amenez avec lui.
Si errerent tant en tele maniere qu'il vindrent
en la praerie de Wincestre qui ja estoit toute
couverte de josteeurs, et estoit ja li tornoiemenz
si pleniers qu'il estoient assemblé et d'une part
70 et d'autre. Mes messire Gauvains ne porta pas
icelui jor armes ne Gaheriez ses freres, einz leur
avoit li rois desfendu, por ce qu'il savoit bien que
Lancelos i vendroit; si ne vouloit pas que il
s'entreblecassent, se au jouster venist, car il ne
75 volsist mie que mellee sorsist entr'eus ne mau-
talenz.

17. Li rois o grant compaignie de chevaliers
fu montez en la plus mestre tor de la vile por
veoir le tornoiement, et avec li fu messire Gau-
vains et ses freres Gaheriez. Et li chevaliers qui
5 avec Lancelot estoit venuz dit a Lancelot:
« Sire, as quex aiderons nos ? — Les quex, fet

Lancelos, vos semble il qui en aient le poieur ?
— Sire, fet li chevaliers, cil dehors, ce me semble,
car cil dedenz sont moult preudome et moult
10 bon chevalier et sont moult amanevi d'armes
porter. — Or soions donc, fet Lancelos, de ceus
dehors; car ce ne seroit pas nostre enneur, se nos
aidions a ceus qui en ont le plus bel. » Et cil li
respont qu'il est touz prez de fere quanque il
15 l'en loe.

18. Lors s'afiche Lancelos seur les estriés et
se met enmi les rens et fiert un chevalier que il
encontra premier en son venir si durement que
il porta a terre et lui et le cheval; il hurte outre
5 por parfere son poindre, car ses glaives n'estoit
pas encore brisiez; si ataint un autre chevalier
et le fiert si que li escuz ne li haubers nel garan-
tist qu'il ne li face plaie grant et parfonde el
costé senestre; mes il ne l'a pas blecié a mort.
10 Il l'empaint bien, si le porte jus del cheval a
terre si durement que cil est touz estordiz au
cheoir que il fist; et lors vole li glaives en pieces.
Por ce cop s'arresterent pluseur chevalier del
tornoiement et distrent aucun qu'il avoient veü
15 un biau coup fere au chevalier nouvel. « Voire,
font li autre, c'est li plus biaus qui meshui i
fust fez par la main d'un seul chevalier, ne il
ne recouverra meshui a fere autretel. » Et li
compainz Lancelot lesse corre a Hestor des Mares
20 qu'il encontra en son venir; si le fiert si qu'il
li brise son glaive enmi le piz; et Hestor le fiert
de si grant vertu d'un glaive cort et gros qu'il
abat tout en un mont et lui et le cheval. « Or
poez veoir a terre un des freres del chastel
25 d'Escalot, » fet chascuns; et par le non del chas-
tel estoient li frere en quel que leu que il venoient

conneü, por ce qu'il portoient unes meïsmes armes,
dont cil del tornoiement cuidierent bien de Lan-
celot que ce fust li uns des deus freres d'Escalot
30 por les armes qu'il portoit.

19. Quant Lancelos voit son oste si durement
par devant lui porter a terre, si en fu moult
durement corrouciez; si lesse corre a Hestor, et
tint un glaive bon et fort; mes il ne connurent pas
5 li uns l'autre, por ce qu'il avoient leur armes
changiees por plus couvertement venir au tor-
noiement; si le fiert si durement de toute sa
force que il l'abat a terre devant Galegantin le
Galois. Et messire Gauvains, qui bien connois-
10 soit Hestor comme cil qui li avoit ses armes
bailliees, quant il vit ce coup, si dist au roi:
« Sire, par mon chief, cil chevaliers a ces armes
vermeilles qui porte la manche seur son hiaume
n'est pas li chevaliers que ge cuidoie; einz est
15 uns autres, certeinnement le vos di; car onques
par la main d'un des freres d'Escalot n'issi tieus
cox. — Et qui cuidiez vos, fet li rois, que ce soit ?
— Ne sai, sire, fet messire Gauvains, mes il est
trop preudom. » Et Lancelos ot tant fet qu'il
20 ot monté son compaignon seur son cheval et
l'ot relevé de la presse la ou ele estoit plus granz.
Et Boorz, qui venoit par le tornoiement abatant
chevaliers et arrachant hiaumes de testes et
escuz de cox, a tant alé qu'il encontra Lancelot
25 enmi la presse; il nel salua pas, come cil qui
nel connoissoit mie, einz le fiert si durement de
toute sa force d'un glaive et fort et roide qu'il li
perce l'escu et le hauberc, et li met el costé destre
le fer de son glaive, et si li fet plaie grant et par-
30 fonde. Et il vint de si grant force et si bien
afichié es arçons, si empaint Lancelot si durement

qu'il abat a terre et lui et le cheval; et au par-
cheoir brise li glaives. Mes il ne demora pas
granment en tel maniere; car li chevax fu forz
35 et vistes et legiers; si ne remest onques por la
plaie que il ne saillist sus et monte el cheval
tous tressuez d'angoisse et de duel; et dist a soi
meïsmes que cil n'est pas garçons qui l'a porté
a terre; car onques mes ne trova home qui
40 autant l'en poïst fere; mes il ne fist onques en sa
vie bonté qui autresint tost li fust rendue, se il
onques puet. Il prent meintenant un glaive cort
et gros que uns de ses escuiers tenoit; si s'adreça
meintenant vers Boort; et la place leur fu tan-
45 tost delivree comme cil del tornoiement virent
qu'il voloient jouster pareill; et il avoient ja si
bien fet el tornoiement qu'il estoient tenu as
deus meilleurs de la place. Et Lancelos, qui
venoit si grant aleüre comme il pot del cheval
50 trere, fiert Boort si durement qu'il le porte del
cheval a terre, la sele entre les cuisses, car les
cengles et li poitraus rompirent. Et messire
Gauvains qui bien connut Boort, quant il le vit
a terre, dit au roi: « Certes, sire, se Boorz est a
55 terre, il n'i a pas grant honte, car il ne se savoit
a quoi tenir, et cil chevaliers qui ces deus jostes
a fetes a lui et a Hestor est bons chevaliers, et,
par mon chief, se nos n'eüssons laissié Lancelot
malade a Kamaalot, je deïsse que ce fust il
60 la. » Et quant li rois entent ceste parole, si
s'apensa meintenant que ce iert Lancelos; si
commence a sozrire et dist a monseigneur
Gauvain: « Par mon chief, biax niés, qui que
li chevaliers soit, il a moult bien commencié,
65 mes ge croi qu'encor le fera il mieuz en la fin,
au mien avis. »

20. Et Lancelos, si tost comme il ot le glaive
brisié, met la main a l'espee et commence a
doner granz cox destre et senestre et a abatre
chevaliers et a ocirre chevax et a esrachier escuz
5 de cox et hiaumes de testes et a fere granz proes-
ces de toutes parz, si que nus nel voit qui nel
tiengne a grant merveille. Et Boorz et Hestors,
qui se furent relevé et monté sur leur chevax, le
commencent si bien a fere a leur endroit que nus
10 nes en peüst a droit blasmer ; et fesoient devant
touz ceus de la place chevaleries si apertes que li
pluseur de leur partie i prenoient granz essam-
ples de hardement por leur bien fere, ce estoit
de veintre le tornoiement ; et fesoient Lancelot
15 resortir et reüser, car il li estoient touzdis au
devant et le tenoient si cort que par mi leur
mains le couvenoit a passer ; si li tolirent celi
jor meinz biaus cox a fere. Et ce n'estoit pas
grant merveille, car il estoit navrez moult dure-
20 ment et avoit assez perdu del sanc, si qu'il n'es-
toit mie delivrement en son pooir ; et cil estoient
ambedui chevalier de grant proesce. Et nepor-
quant, ou il volsissent ou non, fist il tant par sa
proesce que cil de la cité furent enbatu dedenz
25 a force et enporta d'ambedeus parz le pris del
tornoiement ; et moult i perdirent cil dedenz, et
assez i gaengnierent cil dehors. Et quant ce vint
au departir, si dist messire Gauvains au roi :
« Certes, sire, je ne sei qui cil chevaliers est qui
30 porte cele manche desus son hiaume ; mes je
diroie par droit qu'il a ce tornoiement veincu
et qu'il en doit avoir le pris et le los. Et sachiez
que ge ne serai jamés a ese devant que ge sache
qui il est, car trop a fetes chevaleries a mon
35 talent. — Certes, fet Gaheriez, ge ne cuit pas que

gel connoisse; mes tant di ge bien que c'est li
mieudres chevaliers del monde au mien escient
ne que ge onques veïsse, fors seulement Lancelot
del Lac. »

21. Itieus paroles distrent li frere de Lancelot,
et messire Gauvains dit que l'en li amaint son
cheval, car il voudra aler savoir qui cil chevaliers
est por soi acointier de lui; et ausi dist Gaheriez.
5 Et lors descendent de la tour et vindrent en la
cort aval. Et Lancelos, si tost comme il vit que
cil dedenz avoient le tout perdu, si dist au cheva-
lier qui estoit venuz avec lui: « Biaus sire, alons
nos en de ci; car en plus demorer ne poons nos
10 riens gaengnier. » Si s'en vont meintenant grant
aleüre et lessent en la place un de leur escuiers
mort, que uns chevaliers avoit ocis par mesaven-
ture d'un glaive. Li chevaliers demande a Lancelot
quel part il voudra aler. « Je voudroie, fet il, estre
15 en tel leu ou ge peüsse sejorner uit jorz ou plus;
car ge sui si durement navrez que li chevauchiers
me porroit moult nuire. — Dont nos en ralons,
fet li chevaliers, chiés m'antain, la ou nos geüsmes
anuit, car illec serons nos bien a repos, et si n'a
20 mie granment jusques la. » Et il li otroie. Si se
metent meintenant en unes broces, car il pensoit
bien que aucuns de l'ostel le roi le sivroit por lui
connoistre; car cel jor l'orent veü maint chevalier
a l'assemblee, et cil de la Table Reonde et autre.
25 Einsi s'en vont grant aleüre entre lui et le che-
valier et un de leur escuiers avec, et font tant
qu'il vindrent a l'ostel ou il avoient la nuit
devant jeü; si descent Lancelos touz sanglenz,
car il estoit navrez durement. Et quant li che-
30 valiers voit la plaie, si en est moult esmaiez;
si mande au plus tost que il puet un vieill cheva-

lier qui pres d'ilec manoit et qui s'entremetoit
de garir plaies, et plus en savoit sanz faille que nus
qui alors fust el païs; et quant il ot veüe la
35 plaie, si dist qu'il le cuidoit bien garir a l'aïde
de Dieu; mes ce ne seroit mie tost, car ele est
grant et parfonde.

22. Einsi trouva Lancelos aïde de sa plaie.
Si l'en avint moult bien, car se il eüst onques
targié, il en peüst bien morir; de cele plaie qu'il
ot receüe par la main Boort son cousin jut il
5 leanz sis semeinnes en tel maniere qu'il ne pooit
porter armes ne issir de l'ostel. Mes atant lesse
ore li contes a parler de lui ici endroit et retorne
a parler de monseigneur Gauvain et de Gaheriet.

. . .

23. En ceste partie dit li contes que quant entre
monseigneur Gauvain et Gaheriet furent monté
por aler aprés le chevalier qui l'assemblee avoit
vencue, il chevauchierent cele part ou il cuidierent
5 que il fust tornez. Et quant il orent erré entor
deus lieues anglesches si grant oirre que il l'eüs-
sent sanz faille aconseü, se il fussent alé cele part,
si encontrerent deus escuiers qui venoient trop
grant duel fesant et tout a pié et enportoient entre
10 lor braz un chevalier nouvelement ocis. Messire
Gauvains et Gaheriez viennent cele part tout
droit; si leur demandent s'il encontrerent deus
chevaliers armez d'unes armes vermeilles dont li
uns porte seur son hiaume une manche a dame
15 ou a damoisele. Et cil responnent qu'il ne virent
hui chevalier armé de tel maniere com il devi-
sent, mes autres chevaliers qui vienent del tor-
noiement ont il veüz a grant plenté. « Sire, fet

Gaheriez a monseigneur Gauvain son frere,
20 or poez vos tres bien savoir veraiement qu'il ne
sont pas venu ceste part ; car se il fussent venu par
ci, nos les eüssons pieça aconseüz, a ce que nos
somes venu moult grant aleüre. — De ce que nos
nes trovons, fet messire Gauvains, me poise il
25 moult durement ; ce vos di ge bien por verité.
Car certes il est si bons chevaliers et si preudom
outreement que j'amasse moult a avoir l'acointan-
ce de lui ; et se ge l'eüsse orendroit ici avecques
moi, certes ge ne finasse jamés tant que ge l'eüsse
30 mené a Lancelot del Lac, si que ge acointasse
l'un de l'autre. » Lors demanderent aus escuiers
qui cil estoit que il aportoient. « Sire, font il,
ce fu uns chevaliers. — Et qui l'a navré, font il,
en tel maniere ? — Seingneur, font li escuier,
35 uns pors sauvajes que il avoit acueilli a l'entree
de cele forest. » Si lor moustrerent bien a une
liue d'eus. « Par foi, fet Gaheriez, c'est granz
domages ; car il a bien persone d'ome qui
poïst estre bons chevaliers. »

24. Atant se departent des escuiers et s'en
retornent a Wincestre ; et il estoit ja nuiz oscure,
quant il i vinrent. Et quant li rois voit monsei-
gneur Gauvain revenir, si li demande tout mein-
5 tenant s'il a trouvé le chevalier. « Sire, fet messire
Gauvains, nenil ; car il torna par autre voie que
nous n'alames. » Et li rois commença tout mein-
tenant a sozrire ; et messire Gauvains le regarde
et dit : « Biax oncles, ce n'est or pas la premiere
10 foiz que vos en avez ris. » Et li rois respont :
« Non est ce la premiere foiz que vos l'avez quis ;
non sera ce la derrienne, au mien escient. »
Lors s'aperçoit messire Gauvains que li rois le
connoist ; si li dist : « Ha ! sire, puis que vos le

15 connoissiez, vos me poez bien dire qui il est, se
il vos plest. — Je nel vos dirai or mie, fet li rois,
a ceste foiz; car puis que il se velt celer, je feroie
trop grant vilenie outreement, se ge l'en des-
couvroie a vos ne a autrui ; por ce si m'en̕terai
20 outreement a ceste foiz. Et en ce ne perdroiz
vos neant ; que vos le connoistroiz encore tout a
tens. — Par foi, fet Galegantins li Galois, je ne
sai qui il est ; mes tant vos en puis ge bien dire
veraiement que il s'en est partiz del tornoiement
25 moult durement navrez et si sanglenz que l'en
le porroit bien sivre par trace ; car li sans li
issoit a grant randon par mi une plaie que messire
Boorz li fist a une jouste. — Est ce donques voirs ?
fet li rois. — Sire, fet soi Galegantins, oïl; veraie-
30 ment le sachiez. — Or sachiez donques, fet li
rois à Boort, que vos ne feïstes onques plaie a
chevalier en toute vostre vie dont vos plus vos
repentissiez que vos feroiz de ceste ; et se il en
muert, mar le veïstes onques a voz euz. » Et
35 Hestors, qui cuide que li rois ait dite ceste
parole par mal de Boort, saut avant toz corrou-
ciez et pleins de mautalent, et dist au roi : « Sire,
se li chevaliers muert de la plaie, si muire ; car
certes de sa mort ne nos puet avenir maus ne
40 doutance. » Et li rois s'en test atant; si commence
a souzrire moult dolenz et corrouciez de ce que
Lancelos s'estoit partiz del tornoiement navrez,
car il a moult grant poor qu'il ne soit en perill
de mort.

   25. Assez parlerent cele nuit del chevalier a la
manche qui avoit le tornoiement veincu ; et
moult furent engrant de savoir qui il estoit. Mes
ce ne puet estre; car il n'en savront plus a ceste
5 foiz; car li rois le cela si bien endroit soi que on-

ques par sa bouche n'en fu nouvele seüe devant
qu'il s'en furent revenu arrieres a Kamaalot.
L'endemain se partirent de Wincestre et firent
ainçois qu'il s'en partissent crier un tornoiement
10 del lundi aprés en un mois devant Tanebourc.
Icil Tanebours estoit uns chastiaus moult forz
et moult bien sëanz a l'entree de Norgales. Et
quant li rois se fu partiz de Wincestre, si che-
vaucha tant qu'il vint au chastel que l'en apeloit
15 Escalot, celui chastel meïsmes ou il avoit veü
Lancelot. Et li rois se herberja en la forteresce del
chastel a moult grant compaignie de chevaliers;
mes a monseigneur Gauvain avint par aventure
qu'il descendi en la meson ou Lancelos avoit
20 la nuit geü; et li fist l'en son lit en la chambre
meïsmes ou li escuz Lancelot pendoit. Icele nuit
n'ala pas messire Gauvains a cort, car il se sentoit
un pou deshetiez, einz menja a son ostel entre lui
et Gaheriet son frere, et Mordret, et ot avec eus
25 autres chevaliers assez por fere li compaignie.
Et quant il se furent assis au souper, la damoisele
qui a Lancelot avoit bailliee la manche demanda
a monseigneur Gauvain la verité del tornoie-
ment, se il avoit esté bons et bien feruz. Et mes-
30 sire Gauvains li dist: « Damoisele, del tornoie-
ment vos puis ge bien dire qu'il a esté li mieuz
feruz que ge veïsse mes pieça. Si l'a veincu uns
chevaliers a qui ge voudroie resembler; car il
est li plus preudom que ge veïsse puis que ge
35 me parti de Kamaalot. Mes ge ne sei qui il est,
ne comment il a non. — Sire, fet la damoisele,
quex armes avoit li chevaliers qui veinqui le
tornoiement? — Damoisele, fet messire Gau-
vains, unes toutes vermeilles, et avoit desus son
40 hiaume une manche ne sei a dame ou a damoisele;

et tant vos di ge bien veraiement que, se ge estoie
damoisele, je voudroie que la manche fust moie,
par si que cil m'amast par amors qui la manche
portoit, car ge ne vi onques a nul jor de ma vie
45 manche mieuz emploiee que ceste n'a esté. »
Et quant la pucele entent ceste parole, si en a
moult grant joie, mes semblant n'en ose fere
por ceus qui devant li sont. Tant comme li che-
valier sistrent au mengier, servi la damoisele; car
50 il estoit coustume a cel tens el roiaume de Logres
que, se chevalier errant venissent a l'ostel a aucun
haut home, se il eüst leanz damoisele, de tant
conme ele fust plus gentil fame, de tant fust ele
plus constrainte a servir les, ne ja ne seïst a table
55 devant ce qu'il eüssent touz leur mes eüz. Et
por ce servi tant la damoisele que messire Gau-
vains et si compaignon orent mengié. Et la damoi-
sele estoit si bele et si bien fete de totes choses que
pucele ne pooit estre mieuz. Si la regarda messire
60 Gauvains moult volentiers tant comme ele servi;
si li fu avis que buer seroit nez li chevaliers qui de
tel pucele porroit avoir le deduit et le soulaz a
sa volenté.

26. Au soir aprés souper avint que li sires de
l'ostel s'ala esbatre en un prael qui estoit derriers
sa meson; si mena sa fille avecques lui. Et quant
il i vint, si i trouva monseigneur Gauvain et sa
5 compaignie qui illec se deduisoient; si se leverent
encontre lui. Et messire Gauvains le fist asseoir
delez lui a destre et a senestre fist la pucele as-
seoir; lors commencierent a parler de pluseurs
choses. Et Gaheriez trest l'oste en sus de monsei-
10 gneur Gauvain; si li commença a demander des
coustumes del chastel, et cil en dit toute la verité;
et Mordrés se fu tret en sus de monseigneur Gau-

vain por ce que il parlast priveement a la pucele,
se il li pleüst. Et quant messire Gauvains se vit
15 en point de parler a la pucele, si parla a lui et la
requist d'amors. Et cele li demanda qui il estoit.
« Je sui, fet il, uns chevaliers; si ai non Gauvains
et sui niés le roi Artu; si vos ameroie par amors,
se il vos plesoit, en tel maniere que, tant com
20 l'amours de moi et de vos durroit, que ge n'ame-
roie dame ne damoisele se vos non et seroie ou-
treement vostre chevaliers et abandonnez a fere
toute vostre volenté. — Ha! messire Gauvain,
fet la damoisele, ne me gabez mie. Je sai bien
25 que vos estes trop riches hom et trop hauz hom
a amer si povre damoisele come ge sui; et nepor-
quant, se vos m'amiez ore par amours, sachiez
que il m'en peseroit plus por vos que por autre
chose. — Damoisele, fet messire Gauvains, por
30 quoi vos en peseroit il por moi? — Sire, fet ele,
por ce que, se vos m'amiez jusques au cuer
crever, ne porriez vos a moi avenir por nule
chose, car ge aim un chevalier vers qui ge ne
fausseroie por nule riens del monde; et si vos
35 di por verité que ge sui encores pucele, ne
onques n'avoie amé quant ge le vi; mes tantost
l'amai et li requis que il feïst d'armes por l'amour
de moi a ceste assemblee; et il dist que si feroit il.
Si en a tant fet, la seue merci, que l'en devroit
40 bien honir la damoisele qui le leroit por vos
prendre; car il n'est pas meins bons chevaliers
de vous, ne meins prisiez d'armes, ne meins
biaus de vos, ne meins preuz n'est il mie; si nel
di pas por vos desplere. Si sachiez que ce seroit
45 poine gastee que de moi requerre d'amors; car
ge n'en feroie riens por nul chevalier del monde
fors por celui que ge aing de tout mon cuer et

amerai a touz les jorz de ma vie. » Et quant
messire Gauvains entent cele qui si fierement
50 s'escondit, si li respont trop corrouciez : « Damoi-
sele, or fetes tant par cortoisie et por l'amour de
moi que ge puisse prouver encontre lui que ge
vaill mieuz as armes que il ne fet; et se ge le puis
conquerre as armes, lessiez le et me prenez. —
55 Conment, sire chevaliers, fet ele, cuidiez vos que
ge le feïsse en tel maniere ? Einsi porroie ge fere
morir deus des plus preudomes del monde ! —
Conment, damoisele, fet messire Gauvains, est il
donques uns des plus preudomes del monde ?
60 — Sire, fet la damoisele, il n'a mie granment
que ge l'oï tesmoignier au meilleur chevalier
del siecle. — Damoisele, fet messire Gauvains,
comment a il non, vostre amis ? — Sire, fet la
damoisele, son non ne vos dirai ge mie; mes ge
65 vos mostrerai son escu, que il lessa ceanz quant
il ala a l'assemblee de Wincestre. — L'escu, fet
il, vueill ge bien veoir; car se il est chevaliers de
tel proesce com vos dites, il ne puet estre que ge
nel connoisse par l'escu. — L'escu, fet ele, verroiz
70 vos quant vos voudroiz; car il pent en la chambre
ou vos gerroiz ennuit devant vostre lit. » Et il li
respont que donques le verra il assez prouchein-
nement.

27. Lors se lieve tout meintenant et ausi se
lievent tuit li autre, quant il voient que messire
Gauvains s'en velt aler. Et il prist la pucele par la
main, et s'en entrerent en l'ostel et li autre aprés.
5 Et la pucele l'en meinne en la chambre ou il
avoit si grant clarté et si grant luminaire de
cierges et de tortiz comme se toute la chambre
fust esprise de feu. Et ele li moustre tout mein-
tenant l'escu et li dit : « Sire, vez ci l'escu a l'ome

10 del monde que ge mieuz aing. Or gardez se vos
savez qui li chevaliers est et se vos le connoissiez,
por savoir se vos vos porriez acorder a ce que il
fust li mieldres chevaliers del monde. » Messire
Gauvains regarde l'escu et connoist qu'il estoit

15 Lancelot del Lac. Si se tret arrieres trop esbahiz
et trop dolenz des paroles qu'il avoit dites a la
pucele, car il a poor de Lancelot qu'il nel sache.
Et neporquant, s'il pooit sa pes fere a la damoi-
sele, il s'en tendroit a bien paié. Lors dist a la

20 damoisele: « Damoisele, por Dieu, ne vos poist
des paroles que ge vos ai dites, car ge me tieng
a veincu de ceste chose; si m'acort a vos por voir.
Et sachiez que celui que vos amez est li mieudres
chevaliers del monde, ne il n'a damoisele el

25 monde, por quoi ele deüst amer par amors, qui
par droit ne me lessast et retenist lui. Car il est
mieudres chevaliers que ge ne sui et plus biax
et plus avenanz et plus preudom. Et se ge
cuidasse que ce fust il et que vos eüssiez cuer de

30 si hautement amer, ja certes ne m'en fusse entremis
de vos prier ne requerre d'amors. Neporquant
si vos di ge veraiement que vos estes la damoisele
del monde que ge mie'z volsisse qui m'amast
par amors, se il n'i eüst si grant contredit come

35 il i a. Et certes se il est einsi que messire Lancelos
vos aint autant com ge croi que vos l'amez,
onques mes a dame ne a damoisele n'avint si
bien d'amors; et por Dieu ge vos pri que, se ge
vos ai dite chose qui vos desplese, que vos le me

40 pardoingniez. — Sire, fet ele, volentiers. »

28. Quant messire Gauvains voit que la pucele
li a creanté que de parole qu'il ait dite ne sera ja
riens conté a Lancelot ne a autre, si li dist:
« Damoisele, je vos pri que vos me diez quex

5 armes messire Lancelos porta a l'assemblee de
Wincestre. — Sire, fet ele, il porta un escu ver-
meill et couvertures autreteles, et ot sus son
hiaume une manche de soie que ge li donai par
amors. — Par mon chief, damoisele, fet messire
10 Gauvains, ce sont bones enseignes; car il i fu et
ge l'i vi tout en tel maniere com vos avez devisé;
et ge le croi ores mieuz, que il vos aint par amors,
que ge ne fis onques mes, car autrement n'eüst
il mie portee tele enseigne. Si m'est avis que moult
15 vos devez prisier quant vos estes amie a si preu-
dome. Et certes il m'est moult bel que ge le sai;
car il s'est toz jorz si celez vers toute gent que
l'en ne pot onques savoir veraiement a cort
que il amast par amors. — Si m'aïst Dex, sire,
20 fet ele, tant vaut il mielz; car vos savez bien que
amors descouvertes ne pueent pas en grant pris
monter. »

29. Atant se parti la damoisele de leanz, et
messire Gauvains la convoia et puis s'ala couchier;
si pensa moult cele nuit a Lancelot et dist a soi
meïsmes que il ne cuidast pas que Lancelos
5 beast en leu ou il volsist metre jamés son cuer,
se ce ne fust en plus haut leu et en plus ennorable
que autres. « Et neporquant, fet il, ge ne l'en
puis a droit blasmer, se il ainme ceste damoisele;
car ele est si bele et si avenant en toutes choses
10 que se li plus hauz hom del monde i eüst mis son
cuer, si l'avroit il bien emploié, ce m'est avis. »

30. Cele nuit dormi messire Gauvains moult
petit, car assez pensa a la damoisele et a Lancelot;
et au matin, si tost com il fu ajorné, se leva et
ausi firent tuit li autre, car li rois avoit ja mandé
5 a monseigneur Gauvain que il montast; car il
s'en vouloit aler del chastel. Et quant il furent

tuit apareillié, messire Gauvains vint a son oste,
si le commanda a Dieu et moult le mercia de la
bele chiere que il li ot fete en son ostel; puis
10 revint a la damoisele et li dist: « Damoisele, ge
vos commant moult a Dieu; et sachiez que ge
sui vostre chevaliers en quel que leu que ge soie,
ne il n'est si estranges leus, se g'i estoie et vos me
mandissiez a vostre besoing, que ge n'i venisse
15 a mon pooir. Et por Dieu saluez moi monseigneur
Lancelot; que ge cuit bien que vos le verroiz
ainçois que ge ne ferai. » Et la damoisele li res-
pont tout meintenant que ja si tost ne le verra
comme ele le saluera de par monseigneur Gau-
20 vain; et messire Gauvains l'en mercie moult
et s'en part atant de leanz touz montez et trueve
enmi la cort le roi Artu son oncle tout monté
qui l'atendoit a grant compaignie de chevaliers.
Si s'entresaluent et se metent en leur chemin et
25 s'en vont ensemble parlant de meintes choses;
et lors dist messire Gauvains au roi: « Sire,
savez vos qui li chevaliers est qui a veincu ceste
assemblee de Wincestre, cil as armes vermeilles
qui portoit la manche seur son hiaume ? — Por
30 quoi le demandez vos ? fet li rois. — Por ce, fet
messire Gauvains, que ge ne cuit pas que vos le
sachiez. — Si sai bien, fet li rois, mes vos ne le
savez pas; et si le deüssiez vos bien connoistre
a la merveille que il fesoit d'armes, car nus fors
35 lui seulement n'en poïst autant fere. — Certes,
sire, fet messire Gauvains, voirement le deüsse
ge bien connoistre; car meintefoiz li ai ge veü
fere autretant d'armes; mes ce que il se desguisa
en semblance de nouvel chevalier m'en toli la
40 droite connoissance. Mes j'ai puis tant apris que
ge sai veraiement que ce fu il. — Et qui fu ce ?

fet li rois; je savrai bien se vos dites voir. — Sire,
fet il, ce fu messire Lancelos del Lac. — Ce est
voirs, fet li rois, et si vint si couvertement au tour-
45 noiement, por ce que nus ne refusast a jouster
a lui par connoissance. Certes voirement est il
li plus preudom del monde et li mieudres cheva-
liers qui vive. Et se j'eüsse creü Agravain vostre
frere, ge l'eüsse fet ocirre; si en eüsse fet grant
50 felonnie et trop grant desloiauté, si que touz
li mondes m'en deüst honnir. — Voire, fet
messire Gauvains; que vos en dist il donques,
Agravains mes freres? Dites le moi. — Ce vos
dirai ge bien, fet li rois; il vint l'autre jor a
55 moi et si me dist que il se mervelloit moult
conment j'avoie le cuer de tenir Lancelot entor
moi qui si grant honte me fesoit comme de moi
vergoignier de ma fame; et si me dist outreement
que Lancelos l'amoit de fole amor par de jouste
60 moi et que il l'avoit conneüe charnelment et que
ge fusse tout asseür que il n'estoit por autre
chose remés à Kamaalot fors por avenir a la
reïne a sa volenté, quant ge seroie meüz por
venir au tornoiement de Wincestre. Et tout ice
65 me fist a croire Agravains vostre freres; si me
tenisse ore bien a honni, se ge l'eüsse creü de sa
mençonge; car ge sei or bien que se Lancelos
amast la reïne par amors, il ne se fust pas remuez
de Kamaalot, tant com ge fusse hors, einz i
70 fust remés por avoir de la reïne sa volenté. —
Certes, sire, fet messire Gauvains, onques Lance-
los n'i remest fors por venir plus couvertement
au tornoiement; et tout ce poez vos bien encore
connoistre que ce est verité; et gardez que vos
75 ne creez jamés home qui vos en aport tieus
paroles; car ge vos di veraiement que onques

Lancelos ne pensa de tel amor vers la reïne, einz
vos di veraiement qu'il ainme une des plus beles
damoiseles del monde, et ele lui, et est encore
80 pucele. Et encor savons nos bien qu'il a amee
de tout son cuer la fille le roi Pellés, dont Galaaz
li tres bons chevaliers fu nez, cil qui mist a fin
les aventures del Seint Graal. — Certes, fet li
rois, s'il estoit voirs que Lancelos l'amast tres
85 bien par amors, si nel porroie ge pas croire qu'il
eüst cuer de fere si grant desloiauté comme de
moi honir de ma fame; car en cuer ou il a si
grant proesce ne se porroit enbatre traïsons, se
ce n'estoit la greigneur deablie del monde. »
90 Einsi dist li rois Artus de Lancelot. Et messire
Gauvains li dist bien qu'il en soit tout asseür, que
onques Lancelos ne baa a la reïne de si fole amor
comme Agravains li a mis sus. « Et encore vos di
ge bien, sire, fet il, que ge sent Lancelot si sauf
95 de ceste chose que il n'a el monde si bon chevalier,
se il l'en apeloit, que ge n'en entrasse en champ
encontre lui por Lancelot deffendre. — Et qu'en
diriez vos ? fet li rois; se touz li monz le m'aloit
disant de jor en jor ne ne m'en aperceüsse mieuz
100 que ge m'en sui aperceüz, si nel creroie ge pas. »
Et messire Gauvains li loe moult qu'il ne se remut
de cele bone volenté ou il est.

31. Atant en lessent la parole ester et chevau-
chent a petites jornees tant que il vindrent a
Kamaalot; et quant il furent descendu, assez fu
qui demanda nouveles del tornoiement et qui
5 l'avoit veincu. Mes il n'en i avoit nul, fors le roi
et monseigneur Gauvain et Girflet, qui leur en
seüst a dire veraies nouveles, ne cil ne le vouloient
pas encore descovrir, por ce que il savoient bien
que Lancelos se voloit celer. Si dist messire

10 Gauvains a la reïne: « Dame, nos ne savons pas
tres bien qui cil fu qui veinqui le tornoiement,
car nos cuidons que ce fust uns chevaliers estran-
ges; mes tant vos savons nos bien dire que il
porta a l'assemblee armes vermeilles et seur son
15 hiaume en un panoncel une manche a dame ou
a damoisele. » Et lors pensa meintenant la reïne
que ce ne fu mie Lancelos, car ele ne cuidoit pas
qu'il portast a tornoiement nule enseigne, s'ele
ne li eüst bailliee. Si en lesse atant la parole, que
20 plus n'en enquiert, fors que ele demande a mon-
seigneur Gauvain: « Ne fu mie Lancelos a ceste
assemblee ? — Dame, fet il, se il i fu et ge l'i vi,
nel connui ge pas; et se il i fust, ge croi bien que
il eüst veincu le tornoiement; et neporquant nos
25 avons ses armes veües tantes foiz que, se il i fust
venuz, se il n'i venist en repost, nos le peüssons
bien connoistre. — Et ge vos di, fet la reïne, que
il i ala au plus couvertement que il pot. — Et
ge vos di, dame, fet messire Gauvains, que,
30 se il i fu, ce fu cil as armes vermeilles qui veinqui
le tornoiement. — Ce ne fu il pas, fet la reïne,
ce sachiez veraiement; car il n'est pas tant tenuz
a dame ne damoisele qu'il en portast enseigne. »
    32. Lors saut avant Girflez et dist a la reïne:
«Dame, sachiez veraiement que cil as armes ver-
meilles qui porta la manche desus son hiaume
fu Lancelos; car, quant il ot veincue l'assemblee
5 et il s'en parti, je alai aprés lui por savoir se ce
estoit il; et encore en doutoie ge, por ce qu'il
estoit si desguisiez; si alai tant que je le vi tot
apertement en mi le vis, ou il s'en aloit moult
navrez avec un chevalier ensi armé com il estoit,
10 car il avoient ambedui armes d'une maniere
et d'un semblant. — Messire Gauvain, fet la

reïne, cuidiez vos que il die voir ? Par la foi que
vos devez monseigneur le roi, dites moi ce que
vos en savez, se il est einsi que vos en sachiez
15 nule riens. — Dame, fet il, vos m'avez tant con-
juré que ge ne vos en celeroie riens que g'en
seüsse; je vos di veraiement que ce fu il, ses
cors meïsmes, qui ot armes vermeilles et qui porta
la manche seur son hiaume et veinqui le tour-
20 noiement. » Et quant la reïne entent ceste parole,
si s'en test atant et s'en entre en sa chambre
lermoiant des euz del chief; si fesoit trop grant
duel et disoit a soi meïsmes: « Ha! Dex, tant m'a
vileinnement trichiee cil en qui cuer ge cuidoie
25 que toute loiauté fust herbergiee, por qui j'avoie
tant fet que pour l'amor de lui avoie honni le
plus preudome del monde! Ha! Dex, qui espro-
vera mes loiauté en nul chevalier ne en nul
home, quant desloiauté s'est herbergiee el meil-
30 leur de touz les bons ? » Tiex paroles disoit la
reïne a soi meïsmes, car ele cuidoit veraiement que
Lancelos amast cele qui manche il avoit portee
au tornoiement et qu'il l'eüst lessiee. Si en est tant
a malese qu'ele ne set quel conseill prendre de
35 soi, fors tant que ele se venchera de Lancelot
ou de la damoisele, se ele puet en nule maniere,
si tost comme ele verra son leu. Moult est la
reïne dolente de ces nouveles que messire Gau-
vains li avoit aportees, que ele ne cuidast pas
40 en nule maniere que Lancelos eüst cuer d'amer
autre dame que lui; si en fist tout le jor moult
mate chiere et en lessa le rire et le joër.

33. Et l'endemain vint a court Boorz, et
Lyoniax et Hestors et leur compaignie qui ve-
noient de l'assemblee; et quant il furent descendu
en l'ostel le roi, ou il avoient leur giste et leur

5 repaire toutes les foiz que il venoient a court,
Hestors commença a demander as uns et as
autres qui laiens estoient remés avec la reïne,
quant il alerent a l'assemblee, ou Lancelos estoit
alez, car leanz le lessierent il quant il s'en parti-
10 rent. « Sire, font il, il s'en ala de ceanz l'endemain
que vos en partistes, ensi que il n'enmena que
un tout seul escuier avecques li, a tel eür que
onques puis nel veïsmes ne n'en oïsmes parler. »
    34. Quant la reïne sot que li freres Lancelot
et si cousin estoient venu, elé fist Boort devant
lui venir, si li dist : « Boort, avez vos esté a cele
assemblee ? — Dame, oïl, fet il. — Et veïstes
5 vos Lancelot vostre cousin ? — Dame, nenil,
car il n'i fu mie. — Par mon chief, fet la reïne,
si fu. — Dame, fet il, sauve vostre grace, non fu;
il ne puet estre, se il i eüst esté, que il n'eüst
parlé a moi et que ge ne l'eüsse conneü. — Veraie-
10 ment le sachiez, fet la reïne, que il i fu, a teles
enseignes que il ot unes armes vermeilles toutes
d'un taint et porta sus son hiaume une manche
a dame ou a damoisele, et ce fu cil qui veinqui
l'assemblee. — En non Dieu, fet Boorz, de celui
15 ne voudroie ge en nule maniere que ce fust mes-
sires mes cousins, car cil dont vos me parlez, si
comme l'en me dist, s'en parti moult durement
navrez de l'assemblee, d'une plaie que ge li
fis a une jouste el costé senestre. — Maleoite
20 soit l'eure, fet la reïne, que vos ne l'oceïstes, car
il s'est si desloiautez envers moi que ge nel cui-
dasse por riens del monde que il le feïst. — Dame,
fet Boorz, comment ? » Et ele li conte tout einsi
comme ele le pensoit; et quant ele ot dite toute sa
25 volenté, si li respondi Boorz : « Dame, fet il,
ne creez pas que il soit cinsint com vos le pensez,

devant que vos le sachiez plus veraiement.
Car, si m'aïst Dex, ge nel porroie pas croire, que
il eüst faussé en tel maniere vers vos. — Je vos di
30 veraiement, fet ele, que aucune dame ou damoisele
l'a seurpris ou par poison ou par enchantement,
si que jamés jor de sa vie ne sera bien de moi
ne ge de lui ; et se il revenoit a cort par
aucune aventure, ge li veeroie del tout l'ostel
35 monseigneur le roi et li deffendroie que il ne fust
jamés tant hardiz que il meïst ceanz le pié. —
Dame, fet Boorz, vos en feroiz toute vostre volenté,
mes toutevoies vos di ge certeinnement qu'onques
mes sires ne s'entremist de fere tiex choses com
40 vos li metez sus. — Il l'a bien moustré a ceste
assemblee, fet la reïne ; ce poise moi que la prueve
i est si aparissant. — Dame, fet Boorz, se il est
einsi comme vos me dites, il ne fist onques chose
dont il me pesast autretant ; car vers qui qu'il se
45 meffeïst, envers vos ne se deüst il pas meffere en
nule maniere. » Toute cele semeinne et l'autre
aprés demora Boorz en l'ostel le roi Artu entre lui
et sa compaignie, et furent moult mat et moult
pensif plus qu'il ne souloient por la reïne qu'il
50 veoient courrouciee moult durement. Onques
dedenz celui terme ne vint hom a cort qui aportast
noveles de Lancelot que il l'eüst veü ne loing
ne pres ; si s'en merveilla moult li rois Artus.

35.   Un jor estoient entre le roi et monseigneur
Gauvain as fenestres del palés, et parloient en-
tr'eus de pluseurs choses, et tant que li rois dist
a monseigneur Gauvain : « Biaus niés, trop me
5 merveill durement ou Lancelos demeure tant ;
je ne vi pieça qu'il lessast autant ma cort comme
il a fet ores. » Et quant messire Gauvains l'entent,
si commence a sozrire et dist au roi : « **Sire,**

or sachiez que li leus ou il est ne li ennuie pas;
10 car se il li ennuiast, il ne fust ore mie a venir;
et se il li plest, l'en ne s'en doit mie merveillier,
car il devroit bien plere au plus riche home del
monde, se il i avoit autresi mis son cuer comme ge
cuit que Lancelos i a mis le suen. » Quant li
15 rois entent ceste parole, si est moult engoisseus
de savoir que ce est; si requiert a monseigneur
Gauvain qu'il l'en die la verité seur la foi et seur
le serement que il li fist. « Sire, fet messire Gau-
vains, ge vos en dirai la verité si com ge cuit;
20 mes que ce soit chose celee entre nos deus, car
se ge cuidoie que il fust reconté en autre leu,
ge ne vos en diroie nule riens. » Et li rois li dist
que d'ilecques en avant n'en sera riens seü.
« Sire, fet messire Gauvains, je vos di veraiement
25 que messire Lancelos demeure a Escalot por
une damoisele que il ainme par amors; mes ice
sachiez vos bien por voir que ce est une des plus
beles damoiseles qui soit el roiaume de Logres;
et si estoit encore pucele quant nos i fusmes. Et
30 por la grant biauté que ge vi en lui, la requis ge
d'amors n'a pas granment; mes ele s'escondist
moult bien de moi et dist qu'ele estoit amee de
plus biau chevalier et de meilleur que ge n'estoie;
je fui moult couvoiteus de savoir qui il estoit. Si
35 la ting moult corte qu'ele me deïst son non; mes
ele n'en volt onques riens fere, et neporquant ele
me dist qu'ele me mostreroit son escu; et ge li
respondi que ge ne demandoie mielz; et ele le
me moustra. Et ge le connui meintenant; si
40 soi bien que ce estoit li escuz Lancelot. Et ge li
demandei : « Damoisele, dites moi par amors
quant cist escuz fu lessiez ceanz. » Et ele me
respondi que ses amis li avoit lessié, quant il

ala a l'assemblee de Wincestre et enporta les
45 armes a un suen frere qui estoient toutes ver-
meilles, et que la manche estoit seue qu'il avoit
portee sus son hiaume. »

36. La reïne estoit apuiee toute pensive à unes
autres fenestres et ot oï quanque li rois et messire
Gauvains distrent; si vint avant et dist: « Biaus
niés, qui est cele pucele que vos tenez a si bele ?
5 — Dame, c'est la fille au vavasor d'Escalot; et
se il l'ainme bien, ce n'est pas merveille, car ele
est pleinne de trop grant biauté. — Certes, fet
li rois, ge ne porroie pas croire que il meïst son
cuer en dame ne en damoisele, se ele n'estoit de
10 trop haut afere; et ge vos di veraiement que il ne
demore pas por ce, einz gist malades ou navrez,
se ge onques riens connui de la plaie que Boorz ses
cousins li fist el costé au tornoiement de Win-
cestre. — Par foi, fet messire Gauvains, ice
15 porroit bien estre ne ge n'en sei ore que cuidier,
fors tant que, se il fust malades, il le nos eüst fet
a savoir ou a tout le mains l'eüst il mandé a
Hestor son frere et a ses cousins qui ceanz demeu-
rent. » Assez parlerent celui jor entre le roi et la
20 reïne et monseigneur Gauvain; et la reïne se
leva d'entr'eus tant dolente et tant corrouciee
comme nule plus, comme cele qui cuide bien que
messire Gauvains die tout voir de la damoisele
et de Lancelot; et s'en vint droit en sa chambre
25 et manda Boort que il venist parler a lui, et il i
vint tantost. Et la reïne li dist meintenant qu'ele
le voit: « Boort, or sei ge bien la verité de vostre
seigneur, vostre cousin; il demeure a Escalot
avec une damoisele que il ainme par amors.
30 Or poons nos bien dire que je et vos l'avons
perdu, car ele l'a si atorné qu'il ne se porroit

pas de li partir, se il vouloit. Et ce dist orendroit
oiant moi et oiant monseigneur le roi uns tex
chevaliers que vos croiriez bien d'une parole,
35 se il la vos disoit; et sachiez de voir qu'il la nos
aferma a veraie. — Certes, dame, fet Boorz, je
ne sei qui il est, cil chevaliers qui ceste chose vos
a dite; mes se il estoit li plus voirdisanz del monde,
si sei bien qu'il est menterres de metre tel chose
40 avant; que ge sai bien que mes sires est de si haut
cuer que il ne le daigneroit pas fere. Si vos vou-
droie prier que vos me deïssiez qui cil fu qui
ceste parole dist; car il ne sera ja teus que je ne
l'en face encore anuit tenir a mençongier. —
45 Vos n'en savroiz ja plus par moi, fet ele; mes tant
vos di ge bien que Lancelos n'avra a moi pes
jamés. — Certes, dame, fet Boorz, ce poise moi;
et puis que vos envers mon seigneur avez empris
si grant haïne, li nostre n'ont pas bon demorer
50 ceanz. Et por ce, dame, prent ge congié a vos
et vos commant a Dieu; car nos nos en irons le
matin. Et quant nos nos serons mis au chemin, nos
querrons tant mon seigneur que nos le trouverons,
se Dieu plest; et quant nos l'avrons trové, nos
55 demorrons en cest païs, se il li plest, entor aucun
haut home. Et se li demorers en cest païs ne li
plest, nos nos en irons en noz terres a noz homes,
qui moult sont desirrant de nos veoir; car piece
a que il ne nos virent. Et sachiez veraiement,
60 dame, fet Boorz, que nos n'eüssons mie tant
demoré en cest païs comme nos avons, se por
l'amor de mon seigneur ne fust, ne il n'i eüst
pas tant demoré aprés la queste del Scint Graal
fors por vos; et sachiez certeinnement que il vos
65 a plus loiaument amce que onques chevaliers
amast dame ne damoisele. » Quant la reïne

entent ceste parole, si est tant a malese comme
nule plus, et si ne se puet tenir que les lermes ne li
viengnent as euz. Et quant ele parole, si dist
70 que maudite soit l'eure que onques tieus noveles
vindrent devant li; « car g'en sui, fet ele, mau-
baillie. » Et puis redist a Boort: « Conment,
sire, fet ele, me leroiz vos donc einsi ? — Oïl,
dame, fet il, car a fere le me couvient. » Atant
75 s'en ist de la chambre et vint a son frere et a
Hestor; si leur conte les paroles que la reïne li
avoit dites; et il en sont moult a malese. Si ne s'en
sevent a qui prendre, fors tant que chascuns
maudit l'eure que onques Lancelos s'acointa
80 de la reïne; et Boorz leur dist: « Prenons congié
au roi; si nos en alons de ceanz; si querons tant
monseigneur que nos l'aions trové; et se nos le
poions mener el roiaume de Gaunes ou en celui
de Benoïc, onques si bone oeuvre ne feïsmes;
85 car adonques serions nos a repos, se il se pooit
soufrir de la reïne. » A cele chose s'acorde Hestors
et Lioniax, et puis viennent au roi et demandent
congié d'aler querre Lancelot; et il leur done
moult a enviz, car moult les amoit a veoir pres
90 de lui, mesmement por Boort qui lors estoit de
plus haute renomee, de bone vie et de bone che-
valerie que chevaliers qui fust el roiaume de
Logres.

37. L'endemain se parti de cort li lingnajes le
roi Ban; si chevauchent le droit chemin tant qu'il
vindrent a Escalot. Et quant il i furent venu, si
demanderent nouveles de Lancelot partout la
5 ou il en cuidoient trouver assenement, mes on-
ques ne porent trover qui nouveles leur en seüst
dire. Assez le quistrent sus et jus; mes comme il
plus le demanderent, et meins en apristrent. Si

chevauchent en tel maniere uit jorz que onques
10 noveles n'en porent savoir. Et quant il virent ce,
si distrent: « Por neant nos traveillerons nos
plus, car nos ne le trouverons mes devant l'as-
semblee; mes la sanz faille vendra il, por quoi il
soit en cest païs et en sa delivre poesté. » Si
15 demorerent einsi por ceste chose a un chastel
que l'en apeloit Athean, qui est a une jornee de
Tanebourc, ne jusques a l'assemblee n'avoit mes
que sis jorz; et li rois de Norgales qui demoroit
a un suen recet pres a uit liues de Athean, si tost
20 comme il sot que li parent au roi Ban i estoient,
cil qui estoient li plus renommé del monde et de
greigneur proesce et de greigneur chevalerie, il
les ala veoir, car moult desirroit a avoir leur
acointance; et moult volsist, se il poïst estre, qu'il
25 fussent de sa mesniee a l'assemblee contre le
roi Artu et encontre sa compaignie. Quant il
virent le roi qui les venoit veoir, si le tindrent
a moult grant debonereté et moult le reçurent
bel et courtoisement comme cil qui bien le sorent
30 fere; si le firent leanz demorer avec eus icele
nuit, et il les pria tant que il s'en alerent l'ende-
main avec lui a son recet. Si les tint li rois de Nor-
gales en son ostel a grant joie et a grant enneur
jusqu'au jor de l'assemblee, et tant les pria qu'il
35 li promistrent qu'il seroient a ceste assemblee
devers sa partie. Si fu li rois moult liez de ceste
promesse et moult les mercia durement. Mes
or lesse li contes ici endroit a parler de Boort et
de sa compaignie et retorne a parler de Lancelot
40 qui estoit malades chiés l'antain au nouviau
chevalier d'Escalot.

. . .

38. Or dit li contes ci endroit que quant Lan-
celos fu leanz venuz, il acoucha malades; si jut
bien un mois ou plus de la plaie que Boorz ses
cousins li fist au tornoiement de Wincestre; que
5 li chevaliers qui avec lui avoit esté à l'assemblee
n'i avoit atendu fors la mort. Si l'en poise trop
durement, car il avoit tant de bien veü en Lan-
celot qu'il le prisoit de bone chevalerie seur touz
ceus qu'il eüst onques veüz, ne il ne savoit encore
10 pas que ce fust messire Lancelos. Et quant il ot
illuec demoré plus d'un mois, si avint que la
damoisele qui li avoit bailliee la manche vint la;
et quant ele vit qu'il n'estoit encore pas gueriz,
si l'en pesa moult et demanda a son frere com-
15 ment il le fesoit; et il li respont: « Bele suer, il
le fet bien, Dieu merci, selonc les aventures;
mes ge vi, n'a pas quinze jorz, tele eure que
ge ne poïsse pas cuidier qu'il en eschapast, se
morz non. Car trop a esté sa plaie perilleuse a
20 guerir, et por ce cuidoie ge bien qu'il en moreust.
— Morir! fet la damoisele, Dex l'en gart; certes
ce fust trop doulerex domages, car aprés li ne
demorast plus preudom el monde. — Bele suer,
fet li chevaliers, savez vos donques qui il est ?
25 — Sire, fet ele, oïl, moult bien; ce est messires
Lancelos del Lac, li mieudres chevaliers del
monde; si le me dist messire Gauvains, li niés
le roi Artu meïsmes. — Voire, fet li chevaliers,
par mon chief, ge le croi bien que ce puet il bien
30 estre; car onques ne vi a home autretant fere
d'armes comme il fist a l'assemblee de Wincestre,
ne onques manche a dame ne a damoisele ne fu
mieuz emploiee ne tant regardee comme la

vostre fu. » La damoisele fu leanz et demora
35 avec son frere tant que Lancelos fu auques
gueriz, si que il pot aler par leanz; et quant il fu
presque gariz et auques revenuz en sa biauté,
la damoisele qui demoroit avec li et de nuiz et de
jorz l'aama tant, por les biens que l'en en disoit
40 et por la biauté que ele veoit en lui, que il li
fu avis que ele ne porroit durer en nule maniere
se ele n'avoit de lui sa volenté. Einsint aama la
damoisele Lancelot tant comme ele plus pot.
Et quant ele ne pot plus tere ce que ele pensoit,
45 ele vint un jor devant lui, quant ele se fu apareil-
liee et atornee au plus bel que ele onques pot
et se fu vestue de la plus bele robe qu'ele pot
avoir; et sanz faille ele estoit de trop grant
biauté pleinne. Et tout einsi s'en vint devant
50 Lancelot et si li dist: « Sire, dont ne seroit li
chevaliers trop vilains cui ge requerroie d'amors,
s'il m'en escondisoit ? — Damoisele, fet Lancelos,
se il avoit si son cuer en sa baillie qu'il en poïst
fere a sa volenté del tout, il seroit trop vilains s'il
55 vos en escondisoit; mes se il estoit issi que il ne
poïst fere de soi ne de son cuer a son commande-
ment, et il vos escondisoit de s'amor, nus ne l'en
devroit blasmer. Si le vos di por moi tout avant;
car, si m'aïst Dex, se vos estiez tele que vos
60 deingnissiez vostre cuer metre en moi, et ge pooie
de moi fere mon plesir et ma volenté, autresi
com maint autre chevalier porroient, je sui cil
qui s'en tendroit a moult bien paié, se vos me
daigniez doner vostre amour; car, si m'aïst Dex,
65 ge ne vi mes pieça dame ne damoisele que l'en
deüst mieuz amer que l'en devroit vos. — Con-
ment, sire, fet la damoisele, n'est pas vostres
cuers si abandonneement a vos que vos en puis-

siez fere a la vostre volenté ? — Damoisele, fet
70 il, ma volenté en faz ge bien, car il est del tout
la ou ge vueill que il soit ne en nul autre leu ne
voudroie ge mie que il fust; car il ne porroit
estre en nul leu si bien assenés comme il est
la ou ge l'ai assis; ne ja Dex ne doinst que il de
75 ceste volenté se departe, car aprés ce ne porroie
ge vivre un jour si a aise come je fais orendroit.
— Certes, sire, fet la damoisele, tant m'en avez
dit que ge connois bien une partie de vostre
corage; si m'en poise moult que il est einsi; car
80 a ce que vos m'en avez ore dit et apris a une
seule parole me feroiz vos procheinnement morir;
et se vos le m'eüssiez dit un pou plus couverte-
ment, vos m'eüssiez mis mon cuer en une langor
replenie de toutes bones esperances, si que l'es-
85 perance me feïst vivre en toute joie et en toute
douceur ou cuers amorex porroit demorer. »

39. Lors vint la damoisele a son frere et li
descouvri meintenant trestout son pensé; et si
li dist qu'ele amoit Lancelot de si grant amor
que ele en estoit a la mort venue, se il ne fesoit
5 tant qu'ele en eüst toute sa volenté. Et cil en est
trop dolenz; si li dist: « Bele suer, en autre leu
vos estuet baer; car a cestui ne porriez vos pas
avenir. Car ge sei bien que il a son cuer si hau-
tement assis que il ne daigneroit pas descendre por
10 amer si povre pucele com vos estes, tout soiez
vos ore une des plus beles puceles del monde;
si couvient il, se vos voulez amer, que vos metez
vostre cuer plus bas, car de si haut arbre ne
porriez vos pas le fruit cueillir. — Certes, biaus
15 frere, fet la damoisele, ce poise moi; et ge volsisse
bien, se Dieu pleüst, que il ne m'en fust a plus
que il est d'autre chevalier ne que il estoit de

lui ainçois que ge le veïsse; mes ce ne puet ore
pas estre; car il m'est ensi destiné que je muire
20 por lui; si en morrai que vos le verroiz aperte-
ment. » Tout en ceste maniere devisa la damoi-
sele sa mort; si l'en avint tout issi comme ele
dist; car ele morut sanz faille por l'amour de
Lancelot, si com li contes le devisera ça en avant.

40. Icelui jor meïsmes avint que uns escuiers
se herberja leanz qui estoit venuz de Norhom-
berlande; si le fist Lancelos venir devant lui et
li demanda ou il aloit. « Sire, fet il, ge vois a
5 Tanebourc ou li tornoiemenz devoit estre et sera
d'ui en tierz jor. — Et quex chevaliers i avra il,
fet Lancelos, sez le tu ? — Sire, fet il, cil de la
Table Reonde i seront, et cil qui furent a l'assem-
blee de Wincestre, et por le tornoiement veoir,
10 si com l'en dit, i amenra li rois Artus la reïne
Guenievre. » Quant Lancelos entent que la reïne
i sera, si est si troublez que bien li est avis que
il doie morir de duel; si commença a eschaufer
trop durement; et quant il parole, si dit si haut
15 que tuit cil l'oïrent qui devant lui estoient: «Ha!
dame, or n'i verroiz vos pas vostre chevalier, car
je ne fais ici fors que languir. Ha! chevaliers qui
ceste plaie me feïs, Dex doint que ge t'encontre
en tel maniere que ge te connoisse! Certes ge
20 n'en prendroie d'amende tout le siecle que ge
ne te feïsse de male mort morir. » Lors s'estent
del grant duel qu'il ot, et a l'estendre qu'il fist
li escrieve sa plaie; si en saut uns rais de sanc
autresi granz comme il feïst d'une beste acoree;
25 si se pasme meintenant. Et quant ses mestres le
voit, si dist a l'escuier: « Vos l'avez mort par
voz paroles. » Si le fet tantost despoiller et cou-

chier et se peine moult durement de lui estanchier,
car autrement fust il morz erranment.

41. Tout celui jor fu Lancelos en tel maniere
que il n'ouvri les euz ne ne dist mot, einz fu au-
tresi comme demi morz. A l'endemain se res-
vigora au plus que il pot et fist semblant que il
5 n'eüst ne mal ne douleur et que il fust touz gariz;
si dist a son mire: « Mestre, Dieu merci et la
vostre, vos m'avez tant fet et mis en moi si grant
cure et si grant travaill que ge me sent si sain
et si hetié que des ore mes puis bien chevauchier
10 sanz moi grever de nule chose; et por ce voudroie
ge prier la dame de ceanz et mon compaignon,
ce chevalier qui ci est, qui tantes honneurs m'a
fetes en ceste maladie, que il me donassent
congié d'aler veoir ceste assemblee, car trestote
15 la fleur de la bone chevalerie del monde i sera.
— Ha! sire, fet li preudons, que est ce que vos
alez disant ? Certes se vos estiez orendroit mon-
tez seur le plus soëf cheval portant del monde,
sachiez que touz li monz ne vos porroit a ce
20 mener que vos ne fussiez morz einçois que vos
eüssiez chevauchié le montant d'une liue engles-
che; car vos estes encores si durement foibles et
malades que ge ne voi mie comment nus fors
Dex vos en puisse doner parfeitement guerison.
25 — Ha! biaus douz mestres, fet Lancelos, por
amour Dieu, ne me diroiz vos autre chose ? —
Certes, nenil, fet li mestres, fors que vos estes
morz se vos vos mouvez de ceanz en tel point.
— Par foi, fet Lancelos, se ge ne vois a l'assem-
30 blee qui doit estre au chastel de Taneborc, ge
ne porroie mie guerir, einz morroie de duel;
et se au morir vient, mieuz vueill ge morir en
chevauchant que en languissant. — Vos en

feroiz, fet li preudons, quanque li cuers vos en
35 aportera, car por moi n'en leriez vos riens; et
puis qu'a mon conseill ne voulez errer, ge vos
lerai del tout et vos et vostre compaignie; car
se vos morez en ceste voie, ge ne vueill mie que
l'en die que ce soit par moi, et se vos en garissiez,
40 Dex le vos doint, je n'en vueill estre ne loez ne
blasmez. — Ha! biaus mestres, fet Lancelos, vou-
lez me vos einsi lessier del tout, qui en ceste ma-
ladie m'avez tant valu et tant aidié jusques ci ?
Comment le porriez vos trouver en vostre cuer ?
45 — Par foi, fet li mestres, il couvient que ge vos
lesse a fine force; car si preudom et si bons
chevaliers comme vos estes ne voudroie ge en
nule maniere qu'il moreust en ma garde. —
Biaus douz mestres, fet Lancelos, me dites vos
50 donques loiaument que il me couvendroit mou-
rir, se ge me partoie en ce point de ceanz por
aler a l'assemblee qui doit estre a Taneborc ?
— Je vos di loiaument, fet li preudons, que se
touz li monz estoit en vostre aïde, fors que seule-
55 ment Damedieu, n'avriez vos pooir de chevau-
chier deus liues que vos ne fussiez morz entre-
voïes; mes demorez encore ceanz avec nos
quinze jors; et ge vos di loiaument que a celui
terme vos cuit ge rendre si sain et si hetié a l'aïde
60 de Damedieu que vos porroiz bien chevauchier
seürement la ou vos onques voudroiz. — Mes-
tres, fet Lancelos, et ge remeindrai par tel cou-
venant tant dolenz et tant courrouciez que nus
ne porroit estre plus. » Lors se torna devers
65 l'escuier qui delez lui estoit, qui les noveles del
tornoiement avoit aportees et que il avoit au
matin retenu por li fere compaignie, car il
cuidoit veraiement aler au tornoiement avec

lui; et si li dist: « Biaus douz amis, ore en alez,
70 car il me covient remanoir, ce me semble. Et
quant vos vendroiz au tornoiement a Taneborc
et vos veez monseigneur Gauvain et madame la
reïne Guenievre, si les me saluez de par le che-
valier qui veinqui l'assemblee de Wincestre; et
75 se il vos demandent comment ge le faz, si ne leur
en dites onques riens de mon estre ne ou je sui. »
Et cil li dist que cest message fera il bien; mein-
tenant monte li escuiers seur son roncin et se
part de leanz et chevauche tant que il vint a
80 l'assemblee. Et cil escuiers estoit auques acointes
del roi de Norgales; si ala a son ostel et demora
illec le soir dont li tornoiemenz dut estre l'ende-
main. Quant la nuiz fu venue, messire Gauvains
s'en vint a l'ostel le roi de Norgales; si ala a la
85 cort et demora illec por veoir Boort, lui et sa
compaignie, et por parler a eus; et il le reçurent a
moult grant joie et a moult grant feste. Et li escuiers
servoit del vin; et quant il fu agenoilliez devant
monseigneur Gauvain por doner li le vin, si
90 commença a sozrire trop durement, car il li
souvint meintenant del chevalier et de la des-
verie que il vouloit fere por venir au tornoiement.
Et quant messire Gauvains le voit, qui bien s'en
prent garde, si s'apensa que ce n'estoit pas por
95 neant; si but del vin, et si tost comme il l'ot
beü, si dist a l'escuier: « Je te pri que tu me dies
ce que ge te demanderai. » Et li escuiers dit
qu'il li dira moult volentiers, se il le set; « mes
demandez seürement. — Je te demant, fet mes-
100 sire Gauvains, por quoi tu commenças ore a
sozrire. — Par foi, fet li escuiers, il me souvint del
plus fol chevalier que ge onques veïsse ne n'oïsse
parler, qui estoit si navrez comme a mort, et

einsi malades comme il iert vouloit il venir au
105 tournoiement, ou ses mires volsist ou non; et il
estoit encore si mesaiesiez que a grant peinne
pooit nus hom parole de sa bouche trere. Et
ne vos est il avis que ce fu grant forsenerie de
teste ? — Ha! biaus tres douz amis, fet messire
110 Gauvains, quant veïstes vos le chevalier dont vos
me parlez ? Je vos di a mon escient que il est
moult preudom; et tant en cuit ge bien savoir
que, se il fust en son lige pooir, il ne se tenist pas
legierement qu'il n'i fust; or li doint Dex santé,
115 fet messire Gauvains, que certes c'est trop granz
domages quant preudom a maladie qui li tolt
a fere proesce. — En non Dieu, sire, fet soi li
escuiers, ge ne sei qui il est; mes tant vos os ge
bien dire que ge l'oï tesmongnier au meilleur
120 chevalier del monde; et encore me dist il et
proia, quant ge me parti de lui ier matin, que
ge vos saluasse de par celui qui veinqui l'assem-
blee de Wincestre, et a madame la reïne mande
il ausi moult de saluz. » Quant messire Gau-
125 vains entent ceste parole, si set meintenant que
c'est Lancelos; si dist a l'escuier: « Ha! biaus
douz amis, dites moi en quel leu vos lessastes le
chevalier dont vos me parlez ? — Sire, fet li
escuiers, ge ne le vos dirai ore mie, que ge me
130 mefferoie. — A tout le moins nous avez vos
dit, fet messires Gauvains, qu'il est navrez. —
Biaus sire, fet li escuiers, se je le vous ai dit, je
m'en repent, et vos en ai assez plus descouvert
que ge ne deüsse; mes toutevoies vos pri ge par
135 amors que, se vos veez avant de moi madame
la reïne, que vos la saluez de par celi que ge vos
ai dit. » Et messire Gauvains dit que si fera il
moult volentiers.

42, De ceste parole furent moult esmaié li
troi cousin qui bien orent oï tot ce que li escuiers
ot dit; si aperçurent bien que c'estoit Lancelos
dont il parloit, qui si saluoit la reïne et monsei-
5 gneur Gaüvain; si tindrent le vallet moult
cort qu'il leur deïst ou il l'avoit lessié. Et il leur
respont que ja plus ne leur en dira por proiere
qu'il en facent. « Au meins, font il, nos puez tu
bien dire ou tu le lessas. » Et il leur dist un autre
10 leu que celui ou il le lessa. Et il dient qu'il l'iront
querre au departir del tornoiement tant qu'il le
trouveront.

43. A l'endemain assemblent en la praerie
souz Taneborc li chevalier de quatre roiaumes
encontre ceus de la Table Reonde. Si i ot meinte
bele jouste fete de lance et meint biau coup feru
5 d'espee; si peüssiez veoir la praerie couverte de
chevaliers estranges qui venoient encontre ceus
del roiaume de Logres et encontre ceus de la
Table Reonde, qui de proesce et de hardement
estoient renomé; mes seur toz ceus qui la furent
10 enporta le pris li lingnages le roi Ban, et messire
Gauvains et Boorz. Et quant li rois vit et sot
que Lancelos n'i ot esté, si en fu moult dolenz;
car plus i estoit il venuz por Lancelot veoir et
por parler a lui que por autre chose; si fist en cele
15 place meïsmes par le commun assentement des
pluseurs un autre tornoiement crier au chief
d'un mois en la praerie de Kamaalot; si s'i
acordent bien tuit cil de la place. Si fu en tel
maniere departiz li tornoiemenz que plus n'i
20 ot fet a cele foiz.

44. Celui jor dist li rois a Boort qu'il venist a
cort, lui et sa compaingnie, et il dist que non feroit
devant qu'il seüst noveles de Lancelot qui fussent

.veraies; et li rois ne l'en osa plus proier. Et messires
5 Gauvains conte a la reïne ce que li escuiers li
ot dit de Lancelot, et conment il vouloit venir
au tornoiement, mes ses mires ne li lessa, por ce
que trop estoit malades. Mes la reïne ne pot ce
croire, qu'il ait esté si longuement deshetiez, einz
10 cuide veraiement que la damoisele que messire
Gauvains li a tant loee soit achoison de sa demo-
rance et qu'il soit remés avec lui, et cuide bien
que il n'ait por autre chose tant demoré a venir
a cort; si l'en het si mortelment qu'il n'est honte
15 qu'ele ne li vousist bien veoir soffrir. Mes de
Boort et de sa compaignie qui si ont la cort
lessiee por defaute de Lancelot a ele si grant
pitié et tant est a malese de ce qu'ele les a issi
perduz qu'ele ne set qu'ele puisse devenir; si amast
20 moult, se il poïst estre, que il revenissent arrieres;
car ele amoit tant leur compaignie por le grant
confort qu'il li fesoient qu'ele ne prisoit nule gent
tant come ele fesoit els. Et la ou ele estoit a son
privé conseill disoit ele aucune foiz qu'ele ne
25 savoit el monde nul chevalier si bien disne ne
si soffisant de tenir un grant empire comme
estoit Boorz de Gaunes; et por l'amor de lui li
pesoit il moult que tuit si compaignon ne demo-
roient a court. Trois jorz demora li rois a Tane-
30 borc por son cors reposer; si manda a Boort et
a toute sa compaignie qui demoroient avec le roi
de Norgales qu'il le venissent veoir; et il distrent
qu'il n'iroient pas ne jamés n'i enterroient a
nul jor, devant ce qu'il seüssent veraies noveles
35 de Lancelot. Et a l'endemain que il leur ot ce
mandé, se parti li rois de Taneborc et chevaucha
vers Kamaalot entre lui et ceus de son ostel; et
celui jor meïsmes se parti Boorz del roi de Nor-

gales entre lui et ses compaignons, et messire
40 Gauvains ala avec eus et dist qu'il ne se partiroit
jamés de lor compaignie devant qu'il avroient
trouvé Lancelot. Si chevauchent einsi cele part
ou li vallez leur ot enseignié que il l'avoit lessié;
mes quant il furent venu la, il ne troverent qui
45 nouveles leur en seüst dire. Lors dist messire
Gauvains a Boort: « Sire, ge loeroie en droit con-
seill que nos en alissons a Escalot; car en ce chas-
tel sei ge un ostel ou ge croi que l'en nos en asse-
nera de ce que nos alons querant. — Sire, fet
50 Boorz, je volroie ja que nos i fuissons, car moult
me tarde que nos aions trouvé monseigneur mon
cousin. » Atant se partirent d'ilecques et chevau-
chierent jusqu'au soir, si jurent cele nuit delez
un boschage. Et a l'endemain si tost comme il fu
55 ajorné, il monterent et chevauchierent a la froi-
dure; et errent tant par leur jornees qu'il vin-
drent a Escalot. Et messire Gauvains descendi
a l'ostel ou il avoit autrefoiz jeü et meinne Boort
en la chambre ou il avoit lessié l'escu Lancelot;
60 si l'i trouva encore pendant; et lors li dist:
« Sire, icestui escu, veïstes le vos onques mes ? »
Et Boorz dit que cestui escu avoit il lessié a Ka-
maalot quant il ala a l'assemblee de Wincestre.
Lors mande messire Gauvains a l'oste de leanz
65 que il viengne parler a lui; et il i vint erramment.
Et messire Gauvains li dist: « Biaus ostes, je vos
pri en touz guerredons et si vos requier par la
foi que vos devez a la riens del monde que vos
plus amez que vos me diez ou li chevaliers est
70 qui lessa ceanz cest escu; car ge sai bien certei-
nement que vos savez bien ou il est; si le nos
poez bien enseignier, se vos voulez. Et se vos estes
tex que vos nel voilliez fere por noz prieres,

　　seürs soiez que nos vos nuirons et vos guerroierons,
75　se nos en poons venir en leu. — Se ge cuidoie,
　　fet li preudons, que vos le demandissiez por son
　　bien, ge le vos enseigneroie, mes autrement ne le
　　feroie je en nule maniere. — Je vos creant, fet
　　messires Gauvains, seur quanque ge tieng de
80　Dieu, que nos sonmes li home del monde qui plus
　　l'ainment de bon cuer et qui plus feroient por
　　lui; et por ce que nos ne le veïsmes pieça ne ne
　　savons se il est a malese ou a ese, l'alons nos que-
　　rant et l'avons quis plus de uit jorz. — Or demo-
85　rez mes hui ceanz, fet li preudons, et demain
　　quant vos voudroiz mouvoir, je vos enseignerai
　　ou vos le porroiz trouver; et se vos voulez, ge vos
　　baudrai un de mes vallez de ceanz qui vos ensei-
　　gnera le droit chemin. »

　　45. Cele nuit demorerent leanz li compaignon
　　a moult grant joie et a moult grant feste et furent
　　plus a ese qu'il ne soloient por les noveles qu'il
　　orent aprises; l'endemain, si tost comme il virent
5　le jour, se leverent, et quant il vindrent en la
　　sale, si trouverent leur oste levé; et li chevaliers
　　qui estoit deshetiez a l'eure que Lancelos vint
　　leanz estoit touz gueriz, et dist que il iroit avec
　　eus, si leur feroit compaignie jusques la ou li
10　chevaliers estoit que il aloient querant; et il
　　dient que ce leur plest moult. Atant monterent
　　et se partirent de leanz tout ensemble; si com-
　　manderent leur oste a Dieu et se hasterent tant
　　de chevauchier qu'il vindrent au soir a l'ostel
15　a la dame ches qui Lancelos avoit demoré; et il
　　estoit adont si tournez a garison qu'il se pooit
　　aler esbatre par laiens. Et quant cil vindrent la,
　　si descendirent a la porte; et Lancelos estoit
　　enmi la cort ou il s'aloit esbatant et deduisant

20 entre lui et le preudome qui a lui guerir avoit
mise s'entente; et aprés lui aloit li chevaliers qui
avec lui avoit esté au tornoiement, qui en sa
maladie li ot grant compaignie portee, car
onques ne l'avoit lessié ne au matin ne au soir.
25 Quant cil furent descendu dedenz la cort et Lan-
celos les connut, ne demandez pas se il ot grant
joie; et il corut meintenant a Boort et li dist
que bien fust il venuz, et a Hestor, et a Lionel,
et a monseigneur Gauvain; a celui fet il joie mer-
30 veilleuse, et puis leur dit: « Biau seigneur, bien
soiez vos venu. — Sire, Dex vos beneïe; li tres
grans desiriers que nos avions de vos veoir et la
tres grant paour, por ce que vos n'avez pas esté
a cest tournoiement de Taneborc, nous a mis en
35 queste de vos; si nos en est ore, la Dieu merci,
bien avenu; car a moins de peine que nos ne
cuidions vos avons trouvé. Mes, pour Dieu,
de vostre estre nos dites et coment vos l'avez
puis fet, car nos oïsmes avant ier dire que vos
40 estiez deshaitiez trop durement. — Certes, fet il,
la Dieu merci, il m'est ore moult tres bien; car
je sui del tout tournez a garison; mes sans faille
j'ai puis esté moult malades et moult ai angoisse
soufferte et ai esté ausi come en peril de mort, ce
45 me fesoit on entendant. — Sire, fet Boorz, ou
cuidiez vos que ceste maladie vos preïst ? — Je
sai bien, fet il, que je la pris au tournoiement de
Wincestre, d'une plaie moult grant que uns
chevaliers me fist a une jouste; si fu la plaie assés
50 plus perillouse que je ne cuidoie, et encore i
pert, car encore n'en sui je pas si bien gariz que
je peüsse demain chevauchier bien a aise. —
— Sire, fet messire Gauvains, puis que vos estes
tornez a garison, il ne me chaut de la douleur

55 trespassee, car de cele n'avez vos ore trop grant
garde; mes or me dites quant vos cuidiez estre en
tel point que vos puissiez venir a cort. — Certes,
fet il, se Dieu plest, procheinnement. » Et li
preudom qui de lui s'estoit pris garde dist a
60 monseigneur Gauvain: « Sire, fet il, sachiez sanz
nule faille que il sera gueriz dedenz uit jorz, si
qu'il porra chevauchier et porter armes ausi
efforcieement comme il fist l'autrier au tornoie-
ment de Wincestre. » Et il respondirent que de
65 ceste nouvele sont il moult lié.

46. A l'endemain, quant il seoient au disner,
dist messire Gauvains tout en riant a Lancelot:
« Sire, del chevalier qui ceste plaie vos fist
seüstes vos onques qui il fu ? — Certes, fet
5 Lancelos, nenil; mes se gel pooie connoistre et
je le trovoie par aventure en aucune assemblee,
je cuit qu'il ne fist onques chose dont la bonté
li fust si tost rendue; car ainçois qu'il s'en partist,
li feroie ge sentir se m'espee porroit trenchier
10 acier; et se il trest sanc de mon costé, je l'en
trerai del chief autretant ou plus. » Lors com-
mence messire Gauvains a batre ses paumes et a
fere la greigneur joie del monde; si dit a Boort:
« Ore i parra que vos feroiz, car vos n'i estes mie
15 menaciez del plus coart home del monde, et se
il m'avoit einsi menacié, je ne seroie jamés a
ese devant que g'eüsse pes a lui. » Quant Lance-
los entent ceste parole, si en devint touz esbahiz
et dist: « Boort, fustes vos ce qui si me navrastes ? »
20 Et cil est si dolenz qu'il ne set que il doie dire, car
il ne l'ose connoistre ne noier ne le puet; mes totes
voies respont: « Sire, se ge le fis, ce poise moi, ne
nus ne m'en devroit blasmer; car au point que
messire Gauvains me met sus, se vos fustes cil

25 que ge navrai, si estiez vos si desguisez que ge
ne vos conneüsse jamés en ces armes por ce qu'eles
estoient ausi come a novel chevalier, et vous avez
portees armes plus de vint et cinc ans, et ce
fu la chose por coi je vos desconui; si m'est avis
30 que vous ne m'en devez pas mal gré savoir. »
Et il respont que non, puis qu'il est ensi avenu.
« En non Dieu, biaus frere, fet Hestors, d'icele
jornee me lo ge de vos, que vos me feïstes sentir
la terre dure tele eure que ge n'en avoie mestier. »
35 Et Lancelos respont tout en riant: « Biaus frere,
ja ne vos pleindroiz de moi de cele jornee que ge
ne me plaingne assez plus de vos; car or connois
ge bien que entre vos et Boort estes li dui che-
valier qui plus me tolsistes a celui tornoiement
40 de ma volenté fere; que vos m'estiez si del tout
au devant que vos ne baiez fors a moi grever et
honnir; si cuit que g'en eüsse porté le pris de cele
jornee, mes entre vos deus le me tolsistes; si vos
di bien que onques ne trouvai en nule place
45 deus chevaliers qui autretant me feïssent d'anui
ne qui tant me grevassent comme entre vos deus;
si ne m'en orrés jamés autretant parler, einz
le vos pardoing. — Sire, fet messire Gauvains, or
savez vos bien conment il sevent ferir de lances
50 et d'espees. — Voire certes, fet il, ge l'ai bien
esprouvé; et encore en port ge teles enseignes qui
bien sont aparissanz. »

47. Assez parlerent a cele foiz de cele chose;
et messire Gauvains en reprenoit volentiers la
parole por ce qu'il veoit que Boorz en estoit
ausi honteus et ausi maz come s'il eüst fet le
5 greigneur meffet del monde. Si demorerent
toute la semeinne leanz a grant joie et a grant
feste, et lié de ce qu'il veoient que Lancelos tor-

noit a garison; et tant comme il furent leanz,
ne li osa Boorz descovrir ce qu'il avoit oï dire a
10 la reïne, car il doutoit que il s'en tormentast
trop durement, se il oïst les cruex paroles que ele
avoit dites de lui. Mes atant lesse ore li contes
a parler d'eus et retorne au roi Artu.

. . .

48. En ceste partie dit li contes que, quant
li rois Artus se fu partiz de Taneborc entre lui
et la reïne, il chevaucha le premier jor jusqu'a
un suen chastel que l'en apeloit Tauroc; la nuit
5 jut leanz a grant compaignie de chevaliers, et
l'endemain manda a la reïne qu'ele s'en alast
a Kamaalot. Et li rois remest a Tauroc et sejorna
illuec trois jorz; et quant il s'en parti, il erra
jusqu'a un bois; et en cel bois avoit jadis esté
10 Lancelos en prison deus yvers et un esté chiés
Morgain la desloial qui encore i estoit, et avec
lui assez de gent qui li fesoient compaignie en
toutes sesons. Li rois se mist el bois avec sa
mesniee, et il n'estoit mie tres bien hetiez; si
15 forvoierent tant qu'il perdirent lor droit chemin
del tout en tout; en tel maniere alerent tant que
la nuiz vint oscure. Lors s'arresta li rois et de-
manda a sa mesniee: « Que ferons nos ? Nos
avons perdu le nostre chemin. — Sire, font il,
20 il nos vient mielz ci remanoir que aler avant, car
nos ne ferions fors nos traveillier, a ce qu'il n'a
en ce bois meson ne recet que nos i sachons; et
nos avons assez viande; si tendrons vostre paveil-
lon en ce pré, si nos reposerons huimés, et demain,
25 se Dieu plest, quant nos serons mis a la voie, nos
trouverons tel chemin qui bien nos menra hors
del bois a nostre volenté. » Et li rois s'acorde

bien a ceste chose, et si tost comme il orent
commencié a tendre le paveillon, si oïrent un cor
30 assez pres d'eus qui sonna par deus foiees. « Par
foi, fet li rois, pres de ci a gent; alez veoir qui ce
est. » Et Sagramors li Desreez monte meintenant
seur son cheval, si s'en vet cele part droit ou il
ot oïe cele voiz del cor; si n'a mie granment alé
35 que il trueve une tour fort et grant et menuement
quernelee et close de toutes parz de moult haut
mur. Il descent et vient a la porte; si apele. Quant
li portiers entent qu'il a gent a la porte, si de-
mande qui il est et que il velt. « Je sui, fet il,
40 Sagremors li Desreez, uns chevaliers que mes-
sires li rois Artus, qui ci pres est en cest bois,
a ci envoié; et mande a ceus de ce chastel que
il velt ennuit gesir ceanz. Si soiez apareillié de
lui recevoir si com vos devez, car ge le vos amen-
45 rai orendroit ici a tote sa compaignie. — Biaus
sire, fet li portiers, or soufrez un petit, se il vos
plest, tant que ge aie a ma dame parlé, qui est
lasus en sa chambre, et ge revendrai orendroit
a vos, si orroiz sa response. — Conment, fet
50 Sagremors, n'i a il point de seigneur ? — Nenil,
fet cil. — Or va donques tost et revien tost, fet
Sagremors, car ge ne vueill pas ci demorer. »
Li vallez monte les degrez et vient a sa dame;
si li conte son messaje tout einsint comme Sagre-
55 mors li avoit dit, que li rois Artus vouloit estre
la nuit leanz. Et si tost comme Morgue entent
ceste parole, si en a trop grant joie et respont
au vallet: « Va vistement arrieres et di au che-
valier qu'il amaint le roi, car il sera receüz
60 au mieuz que nos porrons. » Et cil revient a
Sagremor; si li dist ce que sa dame li mande.
Et lors se part Sagremors de la porte et vet tant

que il revient au roi, si li dist: « Sire, bien vos
est avenu, car ge vos ai trouvé un ostel ou vos
65 seroiz ennuit herbergiez a vostre volenté, si
com l'en m'a dit. » Et quant li rois l'entent, si
dist a ceus qui avec lui estoient: « Montons et
alons droit cele part. » Quant li rois ot ce dit,
si monterent tuit; et Sagremors les conduit cele
70 part; et quant il vindrent a la porte, si la
trouverent ouverte; si entrerent enz et voient
le leu si bel et si delitable et si riche et si bien
herbergié que il n'orent onques veü en leur
aage si bel ostel ne si bien seant, ce leur semble.
75 Et il avoit leanz si grant plenté de cierges, dont
li luminaires estoit si granz, que il se merveil-
lierent tuit que ce pooit estre, ne il n'avoit
leanz ne mur ne paroit qui touz ne fust couverz
de dras de soie. Et li rois demande a Sagremor:
80 « Veïstes vos ore ici riens de cest apareill ? —
Certes, sire, fet il, ge non. » Et li rois se seingne
de la merveille que il ot, car il n'avoit onques
veü plus richement encortinee eglise ne mostier
que la cort de leanz estoit encortinee: « Par foi,
85 fet li rois, se il avoit leanz grant richesce, ge
ne m'en merveilleroie pas, car ça dehors en
a trop grant outrage. » Li rois Artus descendi
leanz, et ausi firent tuit li autre, cil qui en
sa compaignie estoient ; et quant il entrerent
90 en la grant sale, si encontrerent Morgain et
avec lui bien cent que dames que chevaliers
qui li fesoient compaignie, et estoient tuit et
toutes vestues si richement que onques a feste
qu'il eüst tenue jour de sa vie n'avoit li rois Artus
95 veüs gens si richement acesmés come il estoient
communalment par la sale. Et quant il voient le
roi entrer leanz, si s'escrient tuit a une voiz:

« Sire, bien puissiez vos ceanz venir, car onques
mes ne nos avint si grant enneur com il nos est
100 avenue de ce que vos demorroiz ceanz. » Et li
rois respont que Dex leur otroit joie a touz.
Meintenant le pristrent et l'enmenerent en une
chambre si bele et si riche que onques, ce li fu
avis, n'avoit veüe ausi bele ne ausi delitable.

49. Si tost comme li rois fu assis et il ot ses
meins lavees, si furent les tables mises tout errant;
si fist l'en asseoir touz ceus qui en la compaignie
le roi estoient venu, por quoi il fussent chevalier.
5 Et lors commencierent damoiseles a aporter mes,
comme s'il fussent bien porveü de la venue le
roi et de touz ses compaignons un mois devant,
ne li rois n'avoit onques veü en sa vie nule table
si plenteïve de riche vesselemente d'or et d'ar-
10 gent comme cele estoit, et se il fust en la cité de
Kamaalot et il feïst son pooir d'avoir grant richece
de mes, si n'en eüst il pas plus que il en ot la nuit
a cele table ne plus biau ne plus cointement ne
fust il serviz. Si se merveillierent dont si grant
15 plenté pooit venir.

50. Quant il orent mengié a grant plenté tant
comme il leur plot, li rois escoute et ot en une
chambre qui estoit encoste de lui touz les divers
estrumenz dont il eüst onques oï parler en sa vie;
5 si sonoient tout ensamble li un avec les autres
si tres doucement qu'il n'avoit onques oïe melodie
qui tant li fust douce ne plesanz a oïr. Et en cele
chambre avoit si grant clarté que trop; et ne
demora guieres qu'il en vit issir deus damoiseles
10 moult beles qui portoient en deus chandeliers
d'or deus granz cierges ardanz, et viennent
devant le roi et li distrent: « Sire, se vostre ple-
sirs i estoit, il seroit huimés bien tens de reposer

a vostre oeus, car il est grant piece de la nuit
15 alee et vos avez tant chevauchié que vos estes
moult traveilliez, si com nos cuidons. » Et li rois
respont: « Ge voudroie ja estre couchiez, car
ausi en ai ge grant mestier. — Sire, font eles,
nos somes ci venues por vos convoier jusqu'à
20 vostre lit; car il nous est einsi commandé. — Ce
vueill ge bien », fet li rois. Atant se lieve mein-
tenant li rois, et eles s'en vont en la chambre
meïsmes ou Lancelos avoit jadis tant demoré;
en cele chambre avoit il portrete l'amor de lui
25 et de la reïne Guenievre. En cele chambre cou-
chierent les damoiseles le roi Artu; et quant il
fu endormiz, eles s'en partirent et vindrent a leur
dame. Et Morgue pensa moult au roi Artu;
car ele bee a fere li savoir trestout l'afere de Lan-
30 celot et de la reïne, et d'autre part ele se doute que,
s'ele li descuevre la verité et Lancelos en ot parler
que li rois l'ait seü par li, touz li monz ne la garan-
tiroit que il ne l'oceïst. Assez pensa cele nuit
a cele chose, savoir mon se ele li dira ou ele s'en
35 tera; car se ele li dit, ele est en aventure de mort,
se Lancelos le puet savoir, et se ele li ceile, ele
n'en vendra jamés en si bon point comme ele
est orendroit de dire lui. En cele pensee demora
tant qu'ele s'endormi. Et au matin si tost comme
40 il fu jor, si se leva et vint au roi, si le salua moult
bel et si li dist: « Sire, ge vos demant un don en
guerredon de touz les servises que ge onques vos
fcïsse. — Et ge le vos doing, fet li rois, se ce est
chose que ge vos puisse doner. — Vos le me poez
45 bien doner, fet ele; et savez vos que ce est? Ce
est que vos sejorneroiz huimés ceanz et demain,
et sachiez, se vos estiez en la meilleur cité que vos
aiez, ne seriez vos mie mielz serviz ne mieuz

aiesiez que vos seroiz ceanz; car ja ne savroiz
50 nule chose deviser de bouche que vos n'aiez. »
Et il respont que il remeindra, puis qu'il l'a
otroié. « Sire, fet ele, vos estes en la meson del
siecle ou l'en vos desirroit plus a veoir; et sachiez
que il n'a fame el monde qui plus vos aint
55 que ge faz; et ge le doi bien fere, se del tout ne
faut charnel amour. — Dame, fet li rois, qui estes
vos qui tant m'amez, si comme vos dites?
— Sire, fet ele, je sui vostre plus charnel amie et
si ai a non Morgain et sui vostre suer; et vos me
60 deüssiez mieuz connoistre que vos ne me con-
noissiez. » Et il la regarde et la connoist; si saut
sus del lit et li fet la greigneur joie del monde et
li dist que il estoit trop liez de ceste aventure que
Dex li avoit donnee trover. « Car ge vos di, bele
65 suer, fet li rois, que ge cuidoie que vos fussiez
morte et trespassee de cest siecle; et puis que il
plest a Dieu que ge vos ai trouvee saine et haitiee,
je vos enmenrai avec moi a Kamaalot, quant ge
me partirai de ceianz, si que vos demorroiz
70 desormés en avant a cort et feroiz compaignie
a la reïne Guenievre ma fame; et ge sei moult
bien qu'ele en avra moult grant joie et moult en
sera liee, quant ele savra la verité de vos. — Biaus
frere, fet ele, de ce ne me requerez mie; que ge
75 vos creant loiaument que jamés n'irai a cort,
mes sanz faille, quant ge me partirai de ci, ge
irai en l'ille d'Avalon ou les dames conversent qui
sevent toz les enchantemenz del siecle. » Li rois
se vest et apareille tout meintenant, puis s'assiet
80 en son lit, et puis fist sa sereur asseoir de jouste li,
si li commence a demander de son estre; et ele
l'en dist partie et partie l'en ceile. Si demeurent
leanz en tieus paroles jusqu'a eure de prime.

51. Celui jor fist moult biau tens et li soleuz
fu levez biax et clers qui se feri leanz de totes
parz, si que la chambre fu plus clere que ele
n'estoit devant; et il furent seul a seul, car il se
5 delitoient moult a parler ensemble entr'eus deus;
et quant il orent assez demandé li uns a l'autre
de son estre, si avint que li rois commença a
regarder entor lui et vit les paintures et les
ymages que Lancelos avoit portretes tandis
10 comme il demora leanz en prison. Li rois Artus
savoit bien tant de letres qu'il pooit auques un
escrit entendre; et quant il ot veües les letres des
ymages qui devisoient les senefiances des portre-
tures, si les conmença a lire, et tant que il connut
15 apertement que cele chambre estoit peinte des
oeuvres Lancelot et des chevaleries que il fist
tant comme il estoit noviax chevaliers. Si n'i
vit onques chose que il ne conneüst a voire par
les noveles que l'en li aportoit toute jor a cort
20 de ses chevaleries, si tost comme il avoit fete la
proesce.

52. Einsint commença li rois a lire les oeuvres
Lancelot par les peintures que il veoit; et quant
il voit les ymages qui devisoient l'acointement
Galeholt, si en fu touz esbahiz et touz trespansez;
5 si commence a regarder ceste chose et dist a soi
meïsmes tout basset: « Par foi, fet il, se la sene-
fiance de ces letres est veraie, donques m'a Lan-
celos honni de la reïne, car ge voi tout en apert
que il s'en est acointiez; et se il est veritez einsi
10 com ceste escriture le tesmoigne, ce est la chose
qui me metra au greigneur duel que ge onques
eüsse, que plus ne me pooit Lancelos avillier que
de moi honnir de ma fame. » Et lors dit a Mor-
gain: « Bele suer, ge vos pri que vos me diez

15 verité de ce que ge vos demanderai. » Et ele
respont que si fera ele volentiers, se ele le set.
« Fianciez le moi », fet li rois; et ele li fiance.
« Or vos requier ge, fet li rois, par la foi que vos
me devez et que vos m'avez ici plevie, que vos
20 me diez qui ces ymages portrest, se vos en savez
la verité, et nel lessiez por nule chose. — Ha!
sire, fet Morgue, que est ce que vos dites et que
est ce que vos me demandez ? Certes se ge vos
en disoie la verité et cil le savoit qui les portre-
25 tures fist, nus fors Dieu ne me pourroit mie
estre garanz qu'il ne m'oceïst. — En non Dieu,
fet li rois, il couvient que vos le me diez, et je
vous creant come rois que ja par moi n'en serés
encusee. — Sire, fait ele, ne vous en soufferriés
30 vous por nule riens que je nel vous deïsse ?
— Certes, fet li rois, nenil, il covient que vous
le me diez. — Et ge le vos dirai donc en tel
maniere que ja ne vos en mentirai de mot. Voirs
est, fet soi Morgue, ge ne sei se vos le savez encore,
35 que Lancelos ainme la reïne Guenievre des le
premerain jor que il reçut l'ordre de chevalerie,
et por l'amour de la reïne, quant il fu nouviaus
chevaliers, fist il toutes les proesces qu'il fesoit.
Et ce peüstes vos bien savoir au chastel de la
40 Doulereuse Garde quant vos i venistes primes
et vos n'i peüstes metre le pié, que l'en vos fist
arrester seur la riviere; et quant vos i envoiastes
de par vos aucune foiz un chevalier, il n'i pot
entrer. Mes si tost comme Kex i ala, qui estoit
45 chevaliers la reïne, il i entra, ne de ce ne vos
aperceüstes vos pas si bien comme firent aucun.
— Certes, fet li rois, de ce ne m'aperçui ge pas;
mes toutevoies avint il einsi com vos me dites;
mes ce ne sei ge se ce fu por l'amour la reïne

50 ou por moi. — Sire, fet ele, encore i a plus.
— Dites, fet li rois. — Sire, fet ele, il ama madame
la reïne tant que nus hom mortex ne porroit
nule dame plus amer; mes onques ne li descouvri
par lui ne par autre, et tant se traveilla por
55 s'amor que il fist toutes les chevaleries que vos
veez ici portretes.

53. Grant tens fu en tel maniere qu'il ne fesoit
se languir non, comme cil qui amoit et si n'estoit
pas amez, et qu'il n'osoit s'amour descouvrir,
et tant qu'il s'acointa de Galeholt, le fil a la
5 Jaiande, le jor qu'il porta les armes noires et qu'il
veinqui l'assemblee de vos deus, einsi comme la
portreture que vos veez ici le devise; et quant
il ot fete la pes de vos et de Galeholt en tel
maniere que l'onors en fu vostre del tot, et quant
10 Galehols vit que cil ne fesoit se empirier non de
jor en jor et que il avoit perdu le boivre et le
mengier, tant amoit destroitement la reïne, si le
hasta tant et tant li proia que Lancelos li connut
que il amoit la reïne et que il moroit por lui.
15 Galehols li proia moult qu'il ne s'esmaiast ja de
ceste chose, car il feroit tant qu'il avroit de la
reïne ses volentez. Et tout einsi comme il li
promist, li fist il, car il proia tant la reïne qu'ele
s'otroia del tout a Lancelot et si le sesi de s'amor
20 par un besier. — Assez, fet li rois, m'en avez dit,
car ge i voi ma honte toute aparissant et la
traïson Lancelot; mes or me dites qui ces por-
tretures fist. — Certes, sire, fet ele, Lancelos les
fist et si vos dirai quant. Vos souvient il de deus
25 assemblees qui furent fetes a Kamaalot, quant li
compaignon de la Table Reonde distrent qu'il
n'iroient pas a assemblee ou Lancelos fust par
devers eus, por ce qu'il enportoit touz jorz le pris ?

Et quant Lancelos le sot, si se torna encontre eus
30 et leur fist guerpir le champ et resortir a fine
force en la cité de Kamaalot. Vos en souvient il
ore bien ? — Certes, fet li rois, encore m'est il
avis que ge la voie l'assemblee, car onques puis
en leu ou ge fusse ne vi autant fere d'armes a un
35 chevalier comme il fist celui jor. Mes por quoi
l'avez vos dit ? — Por ce, fet ele, que, quant il
se parti a cele foiz de cort, il fu perduz plus d'un
an et demi, si que l'en ne savoit ou il estoit.
— Certes, fet li rois, vos dites voir. — Je vos di,
40 fet ele, que lors le tin ge en prison deus yvers et
un esté; et lors painst il les ymages que vos ici
veez, et encore le tenisse ge en prison, si que
jamés jor de sa vie n'en issist, se ne fust ce que
il fist, la greignor deablie del monde ne que
45 onques hom feïst. — Quele fu ele ? fet li rois. —
Par foi, fet ele, il rompi a ses meins les fers de cele
fenestre. » Si li moustre les fers qu'ele avoit puis fet
ramender. Lors dist li rois que cele chose n'estoit
pas d'ome, mes de deable. Moult regarda li rois
50 l'ouvraigne de la chambre et i pensa moult
durement, et moult se tient grant piece en tel
maniere qu'il ne dist mot. Et quant il ot grant
piece pensé, si dist: « Iceste chose me dist avant
ier Agravains meïsmes, mes ge ne le creoie mie,
55 einz cuidoie que il se mentist; mes ceste chose
qui ci est meinne mon cuer a greigneur certei-
neté que je n'estoie devant; por quoi ge vos
di que ge n'en serai jamés a ese devant que ge
en sache la pure verité. Et se il est einsi comme
60 ces ymages ici le tesmoignent, que Lancelos
m'ait fet tel honte comme de moi honnir de ma
fame, je me traveillerai tant que il seront ensem-
ble pris prové. Et lors se ge n'en faz tel joustise

qu'il en sera parlé a touz jorz mes, ge otroi
65 que ge ne port jamés coronne. — Certes, fet
Morgue, se vos nel fesiez, bien vos devroit Dex
et touz li monz honnir, car il n'est pas rois ne
hom qui tel honte suefre que l'en li face. »
Assez parlerent de cele chose celi matin entre le
70 roi et sa sreur et moult li amonesta Morgue que
il venchast ceste honte procheinnement; et il li
creanta comme rois que si feroit il si cruelment
qu'il en seroit a touz jorz mes parlé, se il peüst
avenir que il les preïst ensamble provés. « Il
75 ne demorra gueres, fet Morgue, que il ne soient
trouvé ensemble, se l'en s'en velt prendre garde.
— Je en ferai tant, fet li rois, que se li uns ainme
l'autre de fole amor, si com vos me dites, que ge
les ferai prendre ensemble ains que cis mois soit
80 passez, se il avient que Lancelos viegne a court
dedens celui terme. »

54. Celui jor demora li rois avec sa sereur, et
l'endemain et toute la semeinne entiere; ele
haoit Lancelot plus que nul home por ce qu'ele
savoit que la reïne l'amoit. Si ne fina onques tant
5 com li rois fu avec lui de li amonester qu'il ven-
chast sa honte quant il vendroit a Kamaalot, se il
en pooit venir en leu. « Bele suer, fet li rois, il
ne m'en couvient pas prier, car ge nel leroie por
la moitié de tout mon roiaume que ge n'en feïsse
10 tout ce que g'en ai empris. » Li rois sejorna leanz
toute la semeinne; car li leus estoit biax et ple-
sanz et plenteürex de bestes sauvages dont li
rois prist tant la semeinne que assez s'en pot
traveillier. Mes atant lesse ore li contes a parler
15 de lui et de Morgain, fors tant qu'il ne volt que
nus entrast en la chambre fors seulement Mor-
gain, tant com il i sejorna, por les peintures qui si

apertement devisoient sa honte; si ne voldroit
en nule maniere que autres en seüst la verité
20 que il, car trop doutoit honte et que la parole
n'en fust ailleurs portee. Si s'en test ore li contes
et parole de Lancelot et de Boort et de lor
compaignie.

      . . .

55. Ci endroit dit li contes que tant sejorna
Boorz et messire Gauvains et li autre compaignon
avec Lancelot que il fu touz gueriz et en autresi
grant force comme il avoit esté devant; et si tost
5 comme il senti qu'il estoit respassez et que il
n'avoit mes doute de porter armes, si dist a son
mestre: « Ne vos semble il que ge puisse des ore
mes fere de mon cors a mon talent sanz grevance
de ma plaie qui tant m'a duré ? — Je vos di ve-
10 raiement, fet li preudons, que vos estes touz
gariz et que vos n'avez mes garde de maladie
que vos aiez eüe. — Iceste nouvele me plest,
fet Lancelos, car or m'en puis aler, quant moi
plera. »
    56. Assez firent celui jor grant feste et grant
joie li compaignon. Au soir dist Lancelos a la
dame de leanz que il s'en iroit a l'endemain
et la mercia moult de la bele compaingnie et de
5 la bele chiere que ele li avoit fete en son ostel;
aprés li fist tant doner del sien et a celui qui
l'avoit gueri de sa plaie que il en furent mieuz
aiesié a touz les jorz de leur vies. Icelui jor
meïsmes proierent li dui frere d'Escalot a Lan-
10 celot que il fussent de sa compaignie et que il i
fussent comme chevalier de sa baniere; que il
ne le leroient mie por autre seigneur. Et il les
reçut moult volentiers, car assez estoient ambe-

dui preudome et bon chevalier; si leur dist:
15 « Seigneur, ge vos reçoif bien a mes compaignons,
mes ge m'en irai souventes foiz loing de vos, si
seus que vos ne savroiz ja de moi nouvele tant que
ge soie revenuz. — Sire, font il, de ce ne nos
chaut, mes que nos nos puissons de par vos
20 reclamer et que vos nos tigniés a vos chevaliers. »
Et il dist que si fera il volentiers et que il leur
donra terres et heritages el roiaume de Benuyc
ou el roiaume de Gaunes. Et il deviennent einsint
si chevalier.

57. Celui jor meïsmes vint a Lancelot la damoi-
sele qui estoit suer aus deus freres d'Escalot; si
li dist: « Sire, vos vos en alez, et del revenir est il
en aventure; et por ce que nus messages ne doit
5 estre si bien creüz de la   besoigne son seigneur
comme li sires meïsmes, vos di ge le mien besoing
qui tant est granz. Je vueill bien que vos sachiez
veraiement que ge sui a la mort venue, se je n'en
sui par vous ostee. — A la mort, damoisele ?
10 fet Lancelos, ja certes ne morroiz por chose ou
ge vos puisse aidier. » Lors commence la damoi-
sele trop durement a plorer; si dist a Lancelot:
« Certes, sire, ge vos puis bien dire que mar vos
vi onques. — Por quoi, damoisele ? fet Lancelos,
15 dites le moi. — Sire, fet ele, si tost com ge vos
vi, ge vos amai outre ce que cuers de fame peüst
home amer, car onques puis ne poi ne boivre
ne mengier, ne dormir ne reposer, einçois ai
puis traveillié jusques ci en pensee et toute dolour
20 et toute mesaventure soufferte de nuit et de jour.
— Ce fu folie, fet Lancelos, de baer a moi en tel
maniere, meïsmement puis que ge vos dis que mes
cuers n'estoit mie a moi, et que, se g'en peüsse
fere ma volenté, je m'en tenisse a beneüré, se tel

25 damoisele com vos estes me daignast amer; et
des icele eure ne deüssiez vos baer a moi, car vos
poiez bien connoistre que ge vouloie dire par
tex paroles que ge n'ameroie ne vos ne autre,
fors cele ou ge avoie mon cuer mis. — Ha! sire,
30 fet la damoisele, ne trouverai ge autre conseill
en vos de ceste mescheance ? — Certes, damoisele,
fet Lancelos, nenil, car ge nel porroie amender ne
por mort ne por vie. — Sire, fet ele, ce poise moi;
et sachiez bien que g'en sui a la mort venue,
35 et par mort departira mes cuers de vostre amor.
Et ce sera li guerredons de la bone compaignie
que mes freres vos a portee, des lors que vos
onques venistes en cest païs. » Lors se parti la da-
moisele de devant lui et s'en vint a son lit et se
40 cocha a tel eür que onques puis n'en leva, se
morte non, si com l'estoire le devisera apertement.
Et Lancelos, qui estoit moult dolenz et moult
courrouciez de ce qu'il avoit oï dire a la damoi-
sele, fu cele nuit plus maz et plus quoiz que il ne
45 souloit, dont tuit li compaignon se merveillie-
rent moult, car il ne l'avoient pas apris a veoir
si triste.

58. Celui soir envoia Boorz le chevalier qui
avoit gueri Lancelot au roi de Norgales, et li
manda que il pensast en tel maniere del chevalier
que il l'en seüst bon gré, car trop avoit fet li
5 chevaliers por li. A l'endemain, si tost comme il
fu jor, se parti Lancelos de leanz avec toute sa
compaignie et commanda moult a Dieu la dame
de leanz. Et quant il se furent mis au chemin, il
errerent tant par leur jornees qu'il vindrent a la
10 cité de Kamaalot et descendirent en la cort del
mestre palés. A cele eure que Lancelos entra
leanz, estoit la reïne as fenestres, et si tost comme

ele le vit, ele se parti de la fenestre ou ele estoit
apoiee et s'en entra en sa chambre. Et si tost
15 comme messire Gauvains fù descenduz, il s'en
entra en la chambre la reïne et la trouva seur son
lit ou ele fesoit trop bien chiere de fame corrociee.
Messire Gauvains la salue, et ele se lieve encontre
lui et li dist que bien soit il venuz. « Dame, fet
20 il, nos vos amenons Lancelot del Lac qui assez
a demoré hors de cest païs. » Et ele respont
qu'ele ne puet ore parler a lui, car ele se sent
trop deshetiee. Messires Gauvains s'en ist de la
chambre meintenant et s'en vint as autres com-
25 paignons, si leur dist: « Biau seigneur, sachiez
que madame la reïne est deshetiee; nos ne poons
parler a lui. Mes reposons nos ceanz tant que li
rois viengne; et se il nos ennuie, nos porrons
aler chacier en bois dont il a assez pres de ci. »
30 Et il s'i acorderent bien tuit.
    59. Cele nuit parla Boorz a la reïne et li
demanda que ele avoit. « Je n'ai, fet ele, maladie
nule, mes il ne me prent mie volenté d'entrer
en cele sale tant comme Lancelos i soit, car ge
5 n'ai pas euz dont ge le peüsse regarder ne cuer
qui me consentist que ge parlasse a li. — Comment,
dame, fet Boorz, haez le vos donques si dure-
ment ? — Oïl certes, fet ele, ge ne hé riens en
cest siecle orendroit autretant comme ge faz
10 lui, ne onques nul jor de ma vie ne l'anmai
autant comme ge le hé orendroit. — Dame, fet
Boorz, ce est nostre granz domages et a tout
nostre parenté; por ce si m'en poise durement que
li aferes vet ensi, que tel i perdront qui deservi
15 ne l'avoient pas, ne Fortune n'assembla onques
l'amor de vos deus en tel maniere come ge la vi
assemblee fors por nostre grant domage; car

ge voi bien que messires mes cousins, qui est li
plus preudom del monde et li plus biax, si ne
20 crient orendroit que il ne puist venir au desus
de tout le monde, se une chose ne li tolloit, ce
est li corrouz de vos; mes sanz faille ice le puet
trestorner de toutes bones aventures; car certes
se il savoit les paroles que vos avez ici dites, je
25 ne cuit pas que ge poïsse a lui venir a tens, que
il ne se fust ainçois ocis. Si est, ce m'est avis,
domages trop granz quant il, qui est li mieudres
des bons, vos ainme si destroitement et vos le
haez. — Se je le hé, fet la reïne, mortelment,
30 il l'a bien deservi. — Dame, fet Boorz, qu'en
diroie ge ? Certes ge ne vi onques preudome qui
longuement amast par amors qui au derrein
n'en fust tenuz por honniz; et se vos voulez
garder as anciens fez des Juïs et des Sarrazins,
35 assez vos en porroit l'en moustrer de ceus que
la veraie estoire tesmoigne qui furent honni par
fame. Regardez en l'estoire del roi David: vos i
porroiz trouver qu'il avoit un sien fill, la plus
bele criature que onques Dex formast; cil com-
40 mença la guerre encontre son pere par esmuete
de fame; si en morut assez villment. Ensi poez
veoir que li plus biax hom juïs morut par fame.
Et aprés poez veoir en cele estoire meïsmes que
Salemons, a cui Dex dona tant de sens, outre
45 ce que morteus cuers ne porroit comprendre,
li dona science, renoia Dieu par fame; si en fu
honniz et deceüz. Et Sanses Fortins, qui fu li
plus forz hom del monde, en reçut mort. Hestor
li preuz et Achilés qui d'armes et de chevalerie
50 orent le los et le pris desus touz les chevaliers
de l'encien tens, si en morurent et en furent
anbedui ocis et plus de cent mile homes avec eus;

et tout ce fu fet par l'acheson d'une fame que
Paris prist par force en Gresce. Et a nostre tens
55 meïsmes, n'a pas encore cinc anz que Tristans
en morut, li niés au roi Marc, qui si loiaument
ama Yseut la blonde que onques en son vivant
n'avoit mespris vers lui. Que en diroie ge plus ?
Onques nus hom ne s'i prist fermement qui n'en
60 moreust. Et sachiez que vos feroiz assez pis que
toutes les autres dames ne firent; car vos feroiz
perir el cors d'un seul chevalier toutes bones
graces por quoi hom puet monter en honneur
terrienne et por quoi il est apelez graciex, ce est
65 biautez et proesce, hardemenz et chevalerie,
gentillesce. Dame, toutes ces vertuz poez vos
tenir el cors mon seigneur si parfitement que nule
n'en faut; car ice savez vos bien qu'il est li plus
biax hom del monde, et li plus preuz, et li plus
70 hardiz et li mieudres chevaliers que l'en sache;
et avec ce est il estrez de si haute lingniee de par
pere et de par mere que l'en ne set pas el monde
plus gentill home que il est. Mes tout einsi
comme il est ores vestuz et couverz de toutes
75 bones vertuz, tout einsi le despoilleroiz vos et
desnueroiz. Et si poez par ce dire veraiement que
vos osteroiz d'entre les estoiles le soleill, ce est
a dire la fleur des chevaliers del monde d'entre
les chevaliers le roi Artu; et par ce poez vos
80 veoir, dame, apertement que vos domageroiz
moult plus cest roiaume et maint autre que onques
dame ne fist par le cors d'un sol chevalier. Et
ce est li granz biens que nos atendons de vostre
amor. » A ceste parole respont la reïne et dist
85 a Boort: « Se il avenoit ore einsi comme vos le
dites, en ceste chose ne perdroit nus autres tant
comme ge feroie; car ge i perdroie le cors et

l'ame. Si m'en lessiez ore atant en pes; car a
ceste foiz d'orendroit n'i troveroiz mie autre
90 respons. — Dame, fet Boorz, sachiez veraiement
que vos ne m'en orroiz jamés parler, se vos avant
ne m'en aresniez. » Atant se part Boorz de la
reïne et vient a Lancelot; si li dist a conseill,
quant il l'a tret·a une part loing des autres:
95 « Sire, fet il, ge loeroie moult que nos nos en
alissons fors de ceanz; que nos n'i avons pas bon
demorer, ce m'est avis. — Por quoi ? fet Lancelos.
— Sire, sire, fet Boorz, ja a madame la reïne veé
son ostel a vos et a moi et a touz ceus qui de par
100 vos i vendront. — Por quoi ? fet Lancelos; le
savez vos ? — Oïl, fet il, ge le sai bien, et bien le
vos dirai, quant nos serons hors de ceanz. — Mon-
tons donques, fet Lancelos; si me diroiz que ce
est, car moult me tarde que je le sache. »

60. Lors vint Lancelos a monseigneur Gau-
vain, si li dist: « Sire, partir nos couvient de
ceanz, et moi et toute ma compaignie, et aler
en un mien afere que ge ne puis lessier. Et quant
5 vos verroiz monseigneur le roi, si le me saluez
de par moi; si li dites que ge revendrai au plus
tost que ge porrai. — En non Dieu, fet messire
Gauvains, ja en tel maniere, se Dieu plest, ne
vos departiroiz de ceanz, einz atendroiz monsei-
10 gneur le roi. » Et Lancelos dit que non fera.
Si monte meintenant lui et sa compaignie, et
messire Gauvains le convoia grant piece et li
dist: « Sire, il avrä en ceste praerie de Kamaalot
procheinnement un tornoiement grant et mer-
15 veillex; gardez que vos i soiez. Car pou remeindra
de bons chevaliers el roiaume de Logres qui n'i
soient. » Et il dit que il i vendra, s'il est en sa
delivre poesté. Si s'en part atant li uns de l'autre,

et s'en revient messire Gauvains a Kamaalot,
20 iriez de ce que Lancelos s'en est si tost alez. Et
Lancelos si chevauche tant que il vint en la forest
de Kamaalot; et quant il i sont entré, si demande
a Boort que il li die por quoi la reïne s'est a li
corrouciee. « Sire, fet il, ce vos dirai ge bien. »
25 Lors li commence a conter de la manche que il
porta au tornoiement de Wincestre « dont la
reïne s'est moult durement corrociee et dit que
jamés ne trouveroiz pes a lui. » Et quant il li
a tout conté, Lancelos s'arreste et commence a
30 plorer trop durement, si que nus n'en pot parole
trere. Et quant il a esté en tel maniere, si respont
au chief de grant piece : « Ha ! Amors ! ce sont li
guerredon de vos servir ; car qui del tout a vos
s'otroie, il n'en puet eschaper sanz mort, et tel
35 loier rendez vos de loiaument amer. Ha ! Boort,
biaus cousins, qui autresi bien connoissiez mon
cuer comme ge faz, qui savez veraiement que ge
por nule chose del monde ne fausseroie a ma dame,
por quoi ne m'escusastes vos donques envers lui ?
40 — Sire, fet Boorz, ge en fis tout mon pooir, mes
ele ne se volt onques acorder a parole que ge
li deïsse. — Or me conseilliez donques, fet Lan-
celos, et me dites que g'en porrai fere, car se ge pes
ne pooie trouver vers lui, ge ne porroie pas lon-
45 guement durer. Mes se ele m'avoit pardoné
son mautalent et son corouz, plus joieusement
m'en iroie ; mes en tel maniere com ge sui oren-
droit, que g'eüsse son corrouz et sa male volenté
ne n'eüsse ge congié de parler a li, je ne croi pas
50 que ge peüsse longuement vivre ; car duels et ire
m'acoreroit. Et por ce vos di ge, biaus douz amis,
que vos me conseilliez, car ge ne voi pas que ge
puisse fere de moi aprés ce que vos m'avez ci dit.

— Sire, fet Boorz, se vos vos peüssiez soffrir
55 d'aler la ou ele est et de veoir la, je vos di veraie-
ment que ja ne verriez un mois passer que, quant
ele ne vos verroit ne n'orroit nouveles de vos, que
ele seroit assez plus engoisseuse d'avoir vos en
sa compaignie que vos ne fustes onques de li
60 a nul jor, et plus vos desirreroit ; et sachiez de
verité que ele vos envoieroit querre, se ele vos
savoit pres ne loing. Et por ce vos lo ge par droit
conseill que vos vos en ailliez esbatant et deduisant
par cest païs et sivant les tornoiemenz einsi
65 com l'en les criera ; et vos avez ci avecques vos
vo mesniee bele et gente et grant partie de vostre
parenté, par quoi vos vos devriez moult esjoïr,
car il vos feront compaignie, se il vos plest, en
quel que leu que vos voilliez aler. » Il respont
70 que cist conseuz li est moult bons, mes de compai-
gnie n'a il mestier, car il s'en velt aler touz seus,
fors tant de la compaignie d'un escuier que il
enmenra avec lui tant comme il li plera. « Mes
vos, fet il, Boort, vos vos en iroiz jusqu'a tant que
75 vos voiez mon cors ou mon messaje qui vos viengne
querre. — Sire, fet Boorz, moult me sera grief
chose a fere que vos departoiz einsi de nos et que
vos en ailliez a si povre compaignie par ce païs ;
que, s'il vos mesavenoit demein en aucune ma-
80 niere, comment le savrions nos ? — Ne vos en
doutez pas, fet il ; car cil qui jusques ci m'a soufert
a avoir victoire en touz les leus ou ge ai esté ne
souferra pas par sa grace que il me meschiee en
leu ou ge soie ; et se il me mescheoit, vos le
85 savriez einçois que nus autres, ce sachiez. »

61. Lors revint Lancelos a ses compaignons
qui enmi le champ l'atendoient et leur dit que
il l'en couvient aler en un suen afere ou il ne

puet pas grant compaignie mener. Si prent avec
5 lui un suen escuier qui estoit apelez Hanguis, et il
dit que il le sive; et cil dit que si fera il volentiers,
car trop en estoit liez. Si se part en tel maniere
de ses amis charnex, et cil li dient : « Sire, ne
lessiez pas que vos ne soiez a l'assemblee de Ka-
10 maalot en tel maniere que l'en vos connoisse. »
Et il dist que il i sera, se trop grant essoine ne
le detient. Lors apele Boort et si li dist : « Se ge
sui a l'assemblee, je porterai armes blanches
sanz autre taint, et a ce me porroiz vos connois-
15 tre. » Atant se part li uns de l'autre et s'entre-
commandent moult a Dieu. Mes atant lesse ore
li contes a parler d'eus touz et retorne au roi
Artu.

         . . .

62. Or dit li contes que quant li rois ot tant
demoré avec Morgain sa sereur comme il li
plot, il s'en parti avec grant compaignie de gent;
et quant il fu hors del bois, il erra tant que il vint
5 a Kamaalot. Et quant il fu venuz et il sot que
Lancelos n'avoit esté a cort que un seul jor, assez
fu ses cuers en diverses pensees; car il li estoit
avis que se Lancelos amast la reïne de fole amor,
si comme l'en li metoit sus, il ne peüst pas la court
10 tant eslongnier ne metre ariere dos tant comme il
fesoit; et c'estoit une chose qui moult metoit le
cuer le roi a aise et qui moult li fesoit mescroire
les paroles que il ot oïes de Morgain sa sereur.
Et neporquant il ne fu onques puis eure que il
15 n'eüst la reïne plus soupeçonneuse que devant por
les paroles que l'en li avoit acointiees. L'ende-
main que li rois fu venuz a Kamaalot, si avint
que endroit eure de disner menjoit messire Gau-

vains a la table la reïne et autres chevaliers assez.
20 Et en une chambre dclez la sale avoit un cheva-
lier qui avoit non Avarlan et haoit monseigneur
Gauvain de mort et avoit fruit envenimé, dont
il cuidoit monseigneur Gauvain fere morir. Si li
fu avis que s'il en enveoit a la reïne, ele l'en
25 donroit plus tost que a nul autre; et se il en men-
joit, il en morroit tantost. La reïne prist le
fruit, qui de la traïson ne se gardoit; si en dona
a un chevalier qui estoit compains de la Table
Reonde et avoit non Gaheris de Karaheu; et
30 cil qui a moult grant chierté le tient por l'amor
de la reïne qui li avoit doné en menja; et si
tost comme il en ot le col passé, il chaï morz
erranment voiant la reïne et touz cels qui furent
a la table; si saillirent meintenant sus de la table
35 et furent tuit esbahi de ceste merveille. Quant
la reïne vit le chevalier mort devant lui, si en
est tant dolente de ceste mesaventure que ele
ne set quel conseill prendre de soi meïsmes, car
cele chose ont veü tant preudome que ele ne le
40 porroit pas noier. La nouvele vint devant le roi,
si li dist uns chevaliers qui en la chambre avoit
mengié. « Sire, fet il, merveilles sont avenues
orendroit leanz; madame la reïne à ocis un
chevalier par la greigneur mesaventure del
45 monde. Si estoit compains de la Table Reonde
et freres Mador de la Porte. » Et li conte par
quele aventure ce fu. Et li rois se seigne tantost
de la merveille que il a; si saut hors de la table
por savoir se c'est voirs ou non que cil li a conté,
50 et autresin firent tuit li autre qui en la sale estoient.
Et quant li rois est venuz en la chambre et il
trueve le chevalier mort, si dit que ci a trop
grant mescheance et que trop grant vilennie a

fete la reïne, se ele a ce fet de son gré. « Certes, fet
55 aucuns de leanz, de ce fet a ele mort deservie,
se ele sot veraiement que li fruiz fust envenimez,
dont li chevaliers morut. » La reïne ne set que
dire, tant est esbahie durement de ceste mes-
cheance, fors que ele respont: « Si voirement
60 m'aïst Dex, il m'en poise plus cent tanz que bel
ne m'en est; et se ge cuidasse que li fruiz que
ge li donnai fust desloiaus, je ne li eüsse donné
por demi le monde. — Dame, fet li rois, comment
que vos li donnissiez, l'ouvraigne en est mauvese
65 et vileinne, et ge ai moult grant doutance que vos
n'en soiez plus corrouciee que vos ne cuidiez. »
Lors dist li rois a touz ceus qui entor le cors es-
toient: « Seigneur, cist chevaliers est morz, ce
est domages; or pensez au cors de fere si grant
70 enneur com l'en doit fere au cors de si preudome.
Car certes il estoit preudom et uns des bons cheva-
liers de ma cort ne ge ne vi onques en ma vie
nul plus loial chevalier de lui. Si m'en poise
assez plus que meintes genz ne porroient cuidier. »
75 Atant s'en ist li rois de la chambre et s'en revet
el grant palés et se seigne plus de mil foiz de
la merveille que il a del chevalier qui est morz
par tel mescheance. Et la reïne s'en est issue
aprés le roi; si s'en ala en un prael atout grant
80 compaignie de dames et de damoiseles; et si tost
comme ele i est venue, si commence a fere trop
grant duel et dit que bien l'a Dex oubliee quant
par tel mescheance a ocis un si preudome comme
cil estoit. « Et, si m'aïst Dex, fet ele, ce que je li
85 donnai avant le fruit a mengier ne fesoie ge se par
grant debonereté non. »

63. Moult fet la reïne grant duel de ce que
il li est mesavenu; et les dames de leanz enseve-

lirent le cors au plus bel et au plus richement
que il porent et li firent si grant enneur comme
5 l'en doit fere a cors de preudome; et fu l'ende-
main enterrez a l'entree del mostier monseigneur
Seint Estienne de Kamaalot. Et quant la tombe
fu desus si bele et si riche comme l'en pot el païs
trouver, li compaignon de la Table Reonde par
10 le commun assentement de touz ensemble i
mistrent letres qui disoient: ICI GIST GAHERIZ LI
BLANS DE KARAHEU, LI FRERES MADOR DE LA
PORTE, QUE LA REINE FIST MORIR PAR VENIM.
Tex paroles disoient les letres qui estoient par
15 desus la lame del chevalier mort. Li rois Artus
en fu dolenz et tuit cil qui leanz estoient; si
soufrirent en tel maniere que petit en parlerent
jusqu'a l'assemblee. Mais atant lesse ore li contes
a parler del roi Artu et de sa compaignie et
20 retorne a Lancelot por deviser l'achoison qui le
detint d'aler a l'assemblee qui fut fete en la praerie
de Kamaalot.

*   *
*

64. Ci endroit dit li contes que quant Lan-
celos se fu partiz de Boort et d'Estor son frere,
il chevaucha par mi la forest de Kamaalot une
eure avant, autre eure arriere, et gisoit chascune
5 nuit chiés un hermite a cui il s'estoit fez confés
aucune foiz; cil li fesoit toute l'enneur qu'il pooit.
Trois jorz devant l'assemblee apela Lancelos
son escuier, et si li dist: « Va a Kamaalot, et
si m'aporte un escu blanc a trois bendes de bellic
10 vermeilles et couvertures toutes blanches; je ai
itiex armes portees tantes foiz que, se Boorz vient
a l'assemblee, il me porra bien connoistre legie-
rement. Et ge le faz por lui plus que por nul

autre, car ge ne voudroie en nule maniere qu'il
15 me bleçast ne ge lui. » Li escuiers se part de
Lancelot por aler a la cité et por aporter armes
teles comme il li devise, et Lancelos se part de
l'ermitage touz seus por aler esbatre en la forest
ne ne porta avec li nules armes que seulement
20 s'espee. Celui jor fist moult grant chaut et por
l'ardeur que Lancelos trouva descendi de son che-
val, puis li osta la sele et le frain, si l'atacha
assez pres de li a un chesne ; et quant il ot ce fet,
si s'ala gesir seur l'eur d'une fonteinne et s'en-
25 dormi erranment por le leu que il trouva froit
et resant ; et il avoit eü devant moult grant chaut.
Si avint que li veneeur le roi chaçoient un grant
cerf et l'avoient acueilli en la forest ; il vint a
la fonteinne por estanchier sa soif, car assez avoit
30 esté chaciez d'une part et d'autre. Et quant il
se fu feruz en la fonteinne, uns archiers qui
estoit montez seur un grant destrier et venoit
grant piece devant touz les autres, quant il fu
auques pres de li, si trest cele part por lui ferir par
35 mi le piz ; si avint einsi que il failli au cerf ferir,
por ce que il sailli un pou avant. Mes li cox n'ala
pas del tout a faute, car il feri Lancelot par mi
la cuisse senestre si durement que li fers passa
outre et grant partie del fust. Quant Lancelos
40 se senti navrez, si saut sus moult engoissex et
moult destroiz, et voit le veneeur qui venoit vers
le cerf si grant aleüre comme il pooit del cheval
trere ; si li escrie : « Ribauz, neanz, que vos
avoie ge forfet qui en dormant m'avez navré ?
45 Sachiez que mar le feïstes et certes que male
aventure vos amena ça. » Lors tret Lancelos
s'espee et li volt courre sus, si navrez comme
il estoit. Et quant cil le vit venir et conoist que

c'est Lancelos, si s'en torne fuiant la greigneur
50 oirre que il puet; et quant il encontre ses com-
paignons, si leur dit: « Seigneur, n'alez avant
se vos ne voulez morir; car mesire Lancelos
est a cele fonteinne et ge l'ai navré d'une saiete
quant ge cuidai le cerf ferir; si ai poor que ge
55 ne l'aie navré a mort et que il ne me sive. »
    65. Quant li autre entendent ceste parole,
si dient a leur compaignon: « Vos avez trop
mal esploitié; car se il a nul mal et li rois le puet
savoir, nos en serons tuit honni et essillié; et se
5 li rois meïsmes ne s'en entremetoit, ja ne nos
porroit nus garantir fors Dieu encontre son
parenté, por quoi il peüssent savoir qu'il li fust
mesavenu en ceste voie. » Lors s'en tornent fuiant
au travers de la forest. Et Lancelos qui fu remés
10 a la fonteinne trop durement navrez tret la saiete
hors de sa cuisse a grant peinne et a grant engoisse
et voit la plaie grant et parfonde, car li fers de
la saiete estoit lez durement. Si trenche meinte-
nant un pan de sa chemise por estanchier la
15 plaie qui seingnoit a moult grant foison; et
quant il l'ot estanchiee au mieuz que il pot, il
vient a son cheval et li met la sele et le frain et
monte sus a moult grant engoisse; si s'en vet a
quel que peinne a l'ermitage ou il avoit demoré
20 tout adés puis qu'il s'estoit partiz de Boort.
Et quant li preudom le vit si navré, si en fu
moult esbahiz; si li demanda qui ce li avoit fet.
« Je ne sei, fet il, quel pautonnier m'ont issi
atorné, et tant sci ge bien que il sont de la meson
25 monseigneur le roi Artu. » Lors li conte comment
il a esté navrez et par quele achoison. « Certes,
sire, fet li preudons, ce fu droite mescheance. —
Ne m'en chaut, fet Lancelos, pas tant por moi

comme por ce que g'en perdrai a aler a ceste foiz
30 a l'assemblee de Kamaalot; et autresi perdi ge
l'autre qui fu l'autre jor a Taneborc par une
autre plaie que j'avoie en celui termine. Et ce
est la chose qui plus m'esmaie et dont il me poise
plus; que, por ce que ge n'avoie pas esté a l'autre,
35 si volsisse trop volentiers estre a ceste. — Puis
qu'il vos est einsi avenu, fet li preudons, a sou-
frir le vos couvient; car se vos i aliez a cestē foiz,
n'i feriez vos riens qui vos tornast a enneur;
por ce remeindrez vos, se vos m'en creez. »
40 Et cil dit que voirement remeindra il, ou il vueille
ou non; car a fere li couvient. Einsi remest
Lancelos por l'achoison de cele plaie; si en fu
trop dolenz, car il li estoit bien avis qu'il deüst
morir de corrouz. Au soir quant ses escuiers
45 vint et il le trouva navré si durement, si en fu
trop esbahiz; et Lancelos li dist que il li meïst
leanz l'escu qu'il avoit aporté et les couvertures
et dit que il estoit ore einsi que il le couvenoit a
remanoir. Si demora leanz quinze jorz entiers,
50 einz que il poïst chevauchier a sa volenté. Si lesse
ore li contes a parler de lui et retorne au roi Artu.

*   *
    *

66. En ceste partie dit li contes que li rois
Artus sejorna a Kamaalot aprés la mort Gaheris
jusqu'a l'assemblee; et au jor nomé poïssiez veoir
en la praerie de Kamaalot tieus vint mile homes
5 que d'une part que d'autre dont il n'i avoit nul
qu'on ne tenist a preudome et a bon chevalier.
Et quant il furent assemblé, donques poïssiez
veoir chevaliers abatre menu et souvent; si en
porta d'icele jornee Boorz de Gaunes le pris,
10 et distrent tuit cil qui en la place estoient qu'il

les avoit touz veincuz et d'une part et d'autre.
Et li rois qui bien le connut vint a lui et li dist :
« Boort, je vos praing ; il couvient que vos
veingniez leanz ; et demorroiz o nos, si nos feroiz
15 compaignie tant comme il vos plera. — Je n'iroie
en nule maniere, fet Boorz, puis que messires
mes cousins n'i est ; se il i fust, ge remeinsisse
volentiers et sejornasse tant comme il li pleüst a
demorer avec vos ; et, si m'aïst Dex, se ge ne le
20 cuidasse trouver a ceste assemblee, ge n'i fusse ja
venuz. Car il me dist, quant il se parti de moi
derriennement, qu'il i vendroit, que ja por nule
riens ne le leroit, se il ne li venoit essoine tele qui
a force le retenist. — Vos remeindroiz avec moi,
25 fet li rois, et l'atendroiz tant que il viengne a cort. —
Sire, fet Boorz, por noiant i demorroie, car ge ne
cuit pas que vos le voiez mes a piece. — Et por
quoi, fet li rois, n'i vendra il ? S'est il donques
corrouciez a nos ? — Sire, fet Boorz, vos n'en
30 savroiz ore plus par moi ; a autre le demandez,
se vos en voulez savoir la verité. — Se ge savoie
nului en ma cort qui a dire le me seüst, ge li
demanderoie, fet li rois ; mes puis que ge nel sai,
a soufrir le me couvient et atendre tant que cil
35 viengne de qui je vos demant. » Atant se parti
Boorz del roi, et s'en vet entre lui et son frere et
Hestor et ses compaignons ; et messire Gauvains
les convoia grant piece et dist a Boort : « Trop
me merveill que messires Lancelos n'a esté a
40 ceste assemblee. — Certes, fet Boorz, je sei
veraiement que il est malades ou en prison, ou
que ce soit, car se il fust en sa delivre poesté, ge
sai bien que il i fust venuz. » Si prent atant li
uns de l'autre congié ; si torne Boorz cele part
45 ou il cuide le roi de Norgales trover et dist a

son frere et a Estor: « Je n'ai poor fors que mes
sires ne soit adolez por la reïne qui a lui s'est
corrouciee. Maleoite soit l'eure que onques
ceste amor fu commenciee; car ge ai doutance
50 que il ne nos en soit encore moult de pis. —
Certes, fet Hestors, se ge onques connui riens,
vos verroiz encore entre nostre parenté et le roi
Artu la greigneur guerre que vos onques veïssiez
et tout por ceste chose. » Ensi commencent a
55 parler de Lancelot cil qui plus l'amoient et qui
greigneur doutance avoient de lui.

67. Et messire Gauvains, quant il se fu partiz
d'eus, chevaucha tant qu'il vint a Kamaalot;
et quant il fu descenduz et venuz el palés amont,
si dist au roi: « Sire, sachiez veraiement que
5 messire Lancelos est malades, puis que il n'est
venuz a ceste assemblee; or n'est il riens que ge
seüsse ausi volentiers comme la verité de son
estre, por savoir se il est navrez ou se il est remés
por achoison d'autre maladie. — Certes, fet li
10 rois, se il est deshetiez, il me poise que il n'est
ceanz; car de sa venue et de ceus qui avec lui
sont amende tant mes ostex que nus ne le por-
roit contreprisier. » Tex paroles dist li rois
Artus de Lancelot et del parenté le roi Ban et
15 demeure illec avec grant compaignie de cheva-
liers. Au tierz jor aprés l'assemblee avint que
Mador de la Porte vint a cort; il n'i ot si hardi
qui li osast noveles dire de son frere, car il le
connoissoient a chevalier de si grant cuer qu'il
20 savoient de voir que, si tost comme il savroit la
verité, il ne leroit por riens qu'il ne s'en venchast
a son pooir. A l'endemain avint einsi que il ala
a la mestre eglise de Kamaalot; et quant il
voit la tombe qui nouvelement i avoit esté mise, si

25 pensa bien que ce estoit uns des compaignons de la
Table Reonde; si torne cele part por savoir qui
ce estoit. Et quant il vit les letres qui disoient:
ICI GIST GAHERIZ DE KARAHEU, LI FRERES MADOR
DE LA PORTE, QUE LA REINE FIST MORIR PAR VENIM,
30 lors veïssiez home esbahi et esperdu; car il ne
pooit encore croire que ce fust voirs. Lors regarde
derrieres lui et voit un chevalier d'Escoce qui estoit
compains de la Table Reonde; il l'apela meinte-
nant et le conjure seur la foi que il li doit que il li
35 die voir de ce que il li demandera. « Mador,
fet li chevaliers, je sei bien que vos me voulez
demander; vos voulez que ge vos die se ce est
voirs que la reïne ait ocis vostre frere; sachiez
que il est einsi comme li escriz le tesmoigne.
40 — Voire, fet Mador, certes ce est domages, car
moult estoit mes freres preuz, et tant l'anmoie de
bon cuer comme freres doit amer autre; si en
querrai la venjance tele com ge porrai. » Moult fet
Mador grant duel de son frere et demeure illuec
45 tant que la grant messe fu chantee; et quant il sot
que li rois fu assis au mengier, il se parti de la
tombe son frere tout en plorant et vint en la sale
devant le roi, et parole si haut que tuit cil de
leanz le porent entendre, et commença einsi sa
50 reson : « Rois Artus, se tu es si droituriers come
rois doit estre, tien moi a droit en ta cort, en tel
maniere que, se nus m'i set que demander, g'en
ferai droit a ton plesir, et se ge sai que demander a
ame qui i soit, droit m'en face l'en einsi comme la
55 cort esgardera. » Li rois respont que ce ne li puet
il pas veer; or die ce qu'il voudra, il en fera droit
a son pooir. « Sire, fet Madors, ge ai esté quinze
anz vostre chevaliers et ai de vos terre tenue; or
vos rent ge vostre homage et vostre terre, car il

60 ne me plest ore pas que ge des ore mes tiengne
terre de vos. » Lors passe avant et se desvest de
toute la terre que il tenoit del roi; quant il ot
ce fet, si dist : « Sire, or vos requier ge comme a roi
que vos me faciez droit de la reïne qui en traïson
65 a ocis mon frere; et se ele le velt noier et mescon-
noistre, que ele traïson n'ait fete et desloiauté, je
seroie prez del prouver contre le meilleur cheva-
lier que ele i vodra metre. » Aprés ceste parole
lieve grant noise a la cort et li pluseur vont disant
70 entr'eus : « Ore est la reïne maubaillie, car ele
ne trouvera qui por lui entre en bataille encontre
Mador, a ce qu'il sevent bien tuit certeinnement
que ele ocist le chevalier dont ele est apelee. »
Et li rois, qui trop est dolenz de cest apel, a ce qu'il
75 ne puet noier qu'il ne face droit au chevalier et
li droiz dira apertement la destrucion la reïne, il
mande a la reïne que ele viengne devant lui por
respondre a ce que li chevaliers demande; et ele
i vint moult dolente et moult corrouciee, quar
80 ele set bien que ele ne trouvera chevalier qui por lui
entre en champ, por ce que il savoient bien veraie-
ment que ele avoit ocis le chevalier. Les tables
estoient ostees et il avoit leanz grant plenté de
chevaliers et de hauz homes. Et la reïne vint leanz
85 la teste bessiee; si sembloit trop bien fame cor-
rouciee. Si l'amenoit d'une part messires Gauvains
et de l'autre part Gaheriez, li plus prisiez d'armes
del parenté le roi Artu, fors seulement monsei-
gneur Gauvain. Et quant ele fu devant le roi, il
90 li dist : « Dame, cil chevaliers vos apele de la mort
son frere et dit que vos l'oceïstes en traïson. »
Et ele dresce la teste et dit : « Ou est li chevaliers? »
Et Mador saut avant et dit : « Veez me ci.
— Conment ? fet ele, dites vos donc que ge

95 vostre frere ocis en traïson et a mon escient ?.—
Je di, fet il, que vos le feïstes morir desloiaument
et en traïson; et se il avoit ceanz si hardi chevalier
qui volsist por vos entrer en champ encontre moi,
je seroie prez que ge le rendisse mort ou recreant
100 anuit ou demain ou au jor que cil de ceste cort
esgarderont. »

68. Quant la reïne voit que cil se poroffre si har-
diement de prover la traïson encontre tout le meil-
leur chevalier de leanz, et ele commence a regar-
der tout entor lui por savoir mon se aucuns ven-
5 droit avant qui de cest apel la deffendist; et quant
ele voit que nus de ceus de leanz ne s'en remuent,
einz bessent les euz et escoutent, ele est tant esba-
hie et esperdue qu'ele ne set que ele puisse deve-
nir ne dire ne fere, et neporquant, parmi toute
10 cele engoisse et parmi cele grant poor que ele
avoit, respont et dist: « Sire, ge vos pri que vos
me teigniez a droit selonc l'esgart de vostre cort.
— Dame, fet li rois, li esgarz de ma cort est tiex que,
se vos connoissiez le fet si comme il le vos met sus,
15 vos estes alee; mes sanz faille ce ne vos poons
nos pas veer que vos n'aiez respit jusqu'a qua-
rante jorz por conseillier vos de ceste chose,
por savoir se vos dedenz celui terme porriez tròu-
ver aucun preudome qui por vos entrast en
20 champ et qui vos deffendist de ce dont vos estes
apelee. — Sire, fet la reïne, porroie ge trouver
autre conseill en vos ? — Dame, fet li rois, nenil;
car ge ne feroie tort ne por vos ne por autre.
— Sire, fet ele, le respit de quarante jorz pren
25 ge; et dedenz celui terme, se Dieu plest, trouverai
ge aucun preudome qui por moi enterra en champ;
et se au quarantiesme jor ne l'ai trouvé, fetes de
moi ce qui vos plera. » Li rois li donne le respit;

et quant Mador voit que la chose est a tant venue,
30 si dist au roi: « Sire, me fetes vos droit de doner
a la reïne si lonc respit ? — Oïl, fet li rois, ce
sachiez vos veraiement. — Dont m'en irai ge,
fet il; et a celui jor serai ceanz, se Dex deffent
mon cors de mort et de prison. — Je vos di bien,
35 fet li rois, se vos alors n'estes apareilliez de ce que
vos avez offert, ja aprés n'en seriez escoutez. »
Et il dit que il i sera, se mort ne le detient, « car
encontre cest afere ne me porroit pas prison tenir. »

69. Atant se part Mador de la cort et s'en vet
si grant duel fesant de son frere que nus nel
voit qui ne le tenist a merveille; et la reïne remest
leanz dolente et esperdue, car ele set bien que ele
5 ne trouvera ja chevalier, ne un ne autre, qui por
lui vueille entrer en champ, se ce n'est aucuns del
parenté le roi Ban; et cil sanz faille ne li faussis-
sent mie, se il fussent leanz; mes ele les en a si
eslongniez et estrangiez del tout que ele s'en puet
10 bien tenir a honnie; si s'en repent ore si durement
qu'il n'est riens el monde, sans soi honir, qu'ele
ne feïst volentiers par couvent qu'il fussent autresi
leanz com il estoient n'a pas encore lonc tens.

70. A l'endemain que cil a piax fu fez avint endroit
eure de midi que une nacele couverte de trop
riches draps de soie arriva desoz la tour a Kamaa-
lot. Li rois avoit mengié atout grant compaignie
5 de chevaliers, et estoit as fenestres de la sale, et
regardoit contreval la riviere, et estoit moult
pensis et maz por la reïne, car il savoit bien qu'ele
n'avroit ja secors par chevalier de leanz, a ce
que il avoient tuit veü apertement que ele avoit
10 donné au chevalier le fruit dont il estoit morz;
et por ce que il le savoient apertement, n'en i
avoit il nul qui s'osast metre en aventure de tieus

gages. Quant li rois qui a ceste chose pensoit
vit arriver la nacele qui tant estoit bele et riche,
15 il la moustra a monseigneur Gauvain et li dist:
« Biaus niés, veez la plus bele nacele que ge
onques mes veïsse. Alons veoir qu'il a dedenz.
— Alons, » fet messire Gauvains. Lors descen-
dent del palés, ·et quant il sont venu aval, il
20 voient la nacele si cointement apareilliee qu'il
s'en merveillierent tuit. « Par foi, fet messire
Gauvains, se ceste nacele est ausi bele dedenz
com dehors, ce seroit merveilles; a poi que ge ne
di que les aventures recommencent. — Autretel
25 vouloie ge dire, » fet li rois. La nacele estoit cou-
verte a volte, et messire Gauvains soulieve un
pan del drap et dist au roi: « Sire, entrons
dedenz, si verrons que il i a. » Et li rois i saut
meintenant et messire Gauvains aprés, et quant
30 il furent enz entré, si trouverent enmi la nef un
lit moult tres bel, apareillié de toutes les riches
choses dont biax liz puet estre apareilliez; et
dedenz cel lit gisoit une damoisele morte nouvele-
ment, qui moult avoit esté bele au semblant
35 que ele avoit encore. Et lors dist messire Gau-
vains au roi: « Ha ! sire, ne vos semble il pas
que trop fu la mort vileinne et ennuieuse, quant
ele se mist en cors de si bele damoisele comme
ceste estoit n'a pas granment ? — Certes, fet
40 li rois, il me semble que ceste a esté trop bele
riens; si est trop granz domages quant ele est
morte en tel aage; et por la grant biauté qui
est en li, savroie ge volentiers qui ele fu et
dont ele est nee. » Assez la regarderent longue-
45 ment, et quant messire Gauvains l'a bien avisee,
si connoist que ce est la bele damoisele que il
requist d'amors, cele qui dist qu'ele n'ameroit

ja se Lancelot non; et lors dist au roi: « Sire, ge
sai bien qui ceste damoisele fu. — Et qui fu ele ?
50 fet li rois, dites le moi. — Sire, fet messire Gau-
vains, volentiers; vos souvendroit il ja de la bele
damoisele dont ge vos parloie avant ier, cele que
ge vos dis que Lancelos amoit par amors ? — Oïl,
fet li rois, bien m'en souvient il ; vos me feïstes
55 entendant que vos l'aviez requise d'amors, mes
ele s'en estoit escondite outreement. — Sire, fet
messire Gauvains, ce est cele dont nos parlons.
— Certes, fet li rois, ce poise moi; si savroie
volentiers l'achoison de sa mort, car je croi
60 qu'ele soit morte de doel. »

71. Endementres que il parloient de ceste
chose, messire Gauvains regarde encoste la damoi-
sele et vit pendant une aumosniere moult riche
a sa ceinture; mes cle n'estoit mie vuide par sem-
5 blant; et il i mist la main et l'uevre meintenant
et en tret unes letres; si les baille au roi; et il les
commence meintenant a lire, si trueve que les
letres dient einsi: « A touz les chevaliers de la
Table Reonde mande saluz la damoisele d'Esca-
10 lot. Je faz a vos touz ma complainte: non mie por
ce que vos le me puissiez amender jamés, mes por
ce que ge vos connois a la plus preude gent del
monde et a la plus envoisiee, vos faz ge savoir
tout plainement que por loiaument amer sui ge
15 a ma fin venue. Et se vos demandez por cui
amour ge ai souferte engoisse de mort, je vos
respont que ge sui morte por le plus preudome
del monde et por le plus vilain: ce est Lancelos
del Lac, qui est li plus vilains que ge sache, car
20 onques ne le soi tant prier o pleurs et o lermes que
il volsist de moi avoir merci; si m'en a tant esté
au cuer que g'en sui a ma fin venue por amer

loiaument. » Itex paroles disoient les letres; et
quant li rois les ot leües oiant monseigneur Gau-
25 vain, il dist: « Certes, damoisele, voirement poez
vos bien dire que cil por qui vos estes morte est li
plus vilains chevaliers del monde et li plus vail-
lanz; car ceste vilenie qu'il a fete de vos par est si
grant et si aniouse que tous li mons l'en devroit
30 blasmer; et certes ge qui sui rois, et qui nel devroie
mie fere, en nule maniere n'eüsse soufert que vos
fussiez morte por le meillor chastel que j'aie.
— Sire, fet messire Gauvains, or poez vos bien
savoir que ge le seurdisoie a tort, quant ge disoie
35 avant ier qu'il sejornoit avec dame ou avec damoi-
sele qu'il amoit par amors; et vos deïstes voir
qu'il ne daingneroit pas son cuer abessier por
amer en si bas leu. — Or me dites, fet li rois, que
nos ferons de ceste damoisele, que ge ne m'en sei
40 preu conseillier; ele fu gentil feme et une des plus
beles damoiseles del monde. Fesons la a grant
enneur enterrer en la mestre eglise de Kamaalot
et metons desus la tombe letres qui tesmoignent
la verité de sa mort, si que cil qui vendront aprés
45 nos l'aient en remembrance. » Et messire Gau-
vains respont que il s'acorde bien a ceste chose.
Endementiers que il regardoient les letres et la
damoisele, que il plaignoient sa mescheance, li
haut home furent descendu del palés et venu au
50 pié de la tour pour veoir qu'il avoit en la nacele.
Et li rois fet meintenant la nacele descouvrir
et prendre la damoisele et aporter la amont el
palés; si s'assemblent li un et li autre por veoir
cele merveille. Et li rois commença a conter a
55 monseigneur Yvain et a Gaheriet la verité de la
damoisele, et comment ele morut por ce que
Lancelos ne li volt otroier s'amor; et cil le racon-

tent as autres qui moult estoient engrant de savoir
en la verité; si en est tant montee la parole et
60 d'une part et d'autre que la reïne en set toute la
certeinneté einsi comme ele estoit avenue; si
li dist messire Gauvains meïsmes: « Dame, dame,
or sei ge bien que ge menti seur monseigneur
Lancelot, quant ge vos dis qu'il amoit la damoi-
65 sele d'Escalot et qu'il demouroit avecques lui;
car certes, se il l'amast de si grant amour comme
ge li metoie sus, ele ne fust pas encore morte,
einz eüst fet Lancelos quanqu'ele li requist.
— Sire, fet ele, l'en seurdit meint preudome. Si
70 est domages, car il i perdent meintefoiz plus que
l'en ne cuide. »

72. Lors se part messire Gauvains de la reïne;
et ele remest assez plus dolente qu'ele n'estoit
devant; si se claime fame lasse, chetive, povre
de touz sens, et dist a soi meïsmes: « Maleüreuse
5 chose, comment osas tu cuidier que Lancelos
fust nouveliers, qu'il amast autre dame que toi ?
Por quoi t'ies tu si traïe et deceüe? Or voiz tu bien
que tuit cil de ceste cort te sont failli et t'ont lessiee
en si grant perill que tu n'en pues eschaper sans
10 mort, se tu ne trueves qui contre Mador te
deffende; a ceus de ceanz as tu failli, que nus ne
t'en aidera; car il sevent bien que li torz en est
miens et li droiz Mador; por quoi il te guerpiront
tuit et leront mener a mort vileinnement. Et
15 neporquant par mi le tort que je en ai, se mes
amis fust ceanz, li plus loiax de touz, cil qui autre-
foiz m'a delivree de mort, je sai bien qu'il me
delivrast de cest peril ou je sui enchaoite. Ha!
Dex, por quoi ne set il ore le grant destroit ou
20 mes cuers est et por moi et por li. Ha! Diex,
il ne le savra pas a tens ; si m'en couvendra

a morir honteusement. Et en ce perdra il tant que
il en morra de duel, si tost comme il orra dire que
ge serai del siecle trespassee, a ce que onques
25 hom n'ama autant dame comme il m'a amee ne
si loiaument. »

73. Einsi se complaint la reïne et dolouse et
se blasme et honnist de son fet, de ce que ele
deüst amer et tenir chier seur touz homes celui
qu'ele a chacié et eslongnié d'entor lui. Et li rois
5 fist enfoïr la damoisele en la mestre eglise de
Kamaalot et fist seur lui metre une tombe moult
bele et moult riche, et desus avoit letres qui
disoient : Ici gist la damoisele d'Escalot qui
por l'amor de Lancelot morut. Et estoient ces
10 letres d'or et d'azur trop richement fetes. Mes atant
lesse ore li contes a parler del roi Artu et de la
reïne et de la damoisele et retorne a Lancelot.

. . .

74. Or dit li contes que tant demora Lancelos
chiés l'ermite qu'il fu auques gueriz de la plaie
que li venerres li avoit fete ; un jor aprés eure
de tierce monta seur son cheval, com cil qui
5 se vouloit aler esbatre en la forest ; si se parti
de l'ermitage et se mist en un sentier petit. Si
n'ot guieres chevauchié qu'il trouva une trop
bele fonteinne desouz deus arbres ; et par delés
cele fontaine se gisoit uns chevaliers touz desarmez ;
10 et avoit ses armes mises de jouste li et son cheval
atachié a un arbre. Quant Lancelos vit le cheva-
lier dormant, si pense que il ne l'esveillera pas,
einz le lessera reposer ; et quant il sera esveilliez,
adonques porra a li parler et demander li qui il
15 est. Lors descent et atache son cheval auques pres
de l'autre et se couche de l'autre part de la fon-

teinne. Et ne demora guieres que li chevaliers
s'esveilla por la noise des deus chevax qui s'entre-
combatoient; et quant il voit devant lui Lancelot,
20 si se merveille moult quele aventure l'a illec
amené. Il s'entresaluent en seant et demande
li uns a l'autre de son estre. Et Lancelos qui ne
se volt mie descouvrir, quant il vit que cil ne le
connut pas, li respont qu'il est uns chevaliers
25 del roiaume de Gaunes. « Et ge sui, fet il, del
roiaume de Logres. — Et dont venez vos ? fet
Lancelos. — Je vieng, fet cil, de Kamaalot ou ge
lessai le roi Artu a grant compaignie de gent;
mes tant vos di ge bien qu'il en i a plus de corrou-
30 ciez que de joianz d'une aventure qui leanz
est avenue nouvelement; et si avint a la reïne
meïsmes. — A madame la reïne ? fet Lancelos;
por Dieu, dites moi que ce fu; car moult le desir
a savoir. — Et ge le vos dirai, fet li chevaliers;
35 n'a pas granment que la reïne menjoit en une
soie chambre et avoit avecques lui grant compai-
gnie de dames et de chevaliers, et ge sanz faille
menjoie icelui jor avec la reïne. Et quant nos
eüsmes le premier mes eü, uns vallez vint en la
40 chambre qui presenta fruit a la reïne; et ele
en dona a un chevalier a mengier; et cil morut
erranment que il ot le fruit en sa bouche mis.
Li criz leva par leanz et vindrent tuit por veoir
la merveille; et quant il virent le chevalier mort,
45 assez i ot de ceus qui blasmerent la reïne. Et
il mistrent le chevalier en terre et en lessierent
atant la parole que plus n'en distrent a la reïne.
L'autre semeinne avint que Mador de la Porte,
qui freres estoit au chevalier, vint a cort; et
50 quant il ot veüe la tombe son frere et il sot de
voir que la reïne l'avoit fet morir, il vint devant

le roi et apela la reïne de traïson. Et la reïne
regarda tout entor lui por savoir s'il eüst leanz
chevalier qui por li deffendre venist avant;
55 mes il n'i ot si hardi qui por lui vousist tendre
son gage. Et li rois dona a la reïne respit de quä-
rante jorz par tel couvenant que, se au quaran-
tiesme jor ne trouvoit la reïne aucun chevalier
qui por lui volsist entrer en champ encontre
60 Mador, ele seroit destruite et maubaillie; et ce
est la chose par quoi cil de la cort sont plus
amati, car certes ele ne trouvera ja chevalier
qui por lui vueille en champ entrer. — Or me
dites, sire chevaliers, fet Lancelos, la ou madame
65 la reïne fu einsi apelee com vos me dites, i avoit
il nus des preudomes de la Table Reonde ? —
Oïl, assez, fet li chevaliers; tuit li cinc neveu le
roi i estoient, messires Gauvains et Gaheriez
et li autre frere, et missire Yvains, li filz au roi
70 Urien, et Sagremors li Desreez, et meint autre
bon chevalier. — Et comment fu ce donc, fet
Lancelos, qu'il soufrirent que madame la reïne
ot honte devant eus, qu'il n'i ot qui l'en deffen-
dist ? — Par foi, fet li chevaliers, il n'i ot qui i
75 feïst si grant force; si orent droit, car il ne se
vouloient mie desloiauter por lui, a ce qu'il
savoient bien certeinnement qu'ele avoit ocis
le chevalier; si fussent desloial, ce me semble,
se il se meïssent en faus gages a leur escient. —
80 Et cuidiez vos, fet Lancelos, que cil Mador
viengne jamés a cort por ceste chose ? — Oïl,
par foi, fet li chevaliers, ge sei bien qu'il revendra
au quarantiesme jor por ensuivre l'apel qu'il
a fet; et ge croi bien que la reïne en sera honnie,
85 a ce que ele ne trouvera ja si bon chevalier qui
por lui deffendre en ost prendre son escu. —

Certes, fet Lancelos, ge cuit que si fera; dont
avroit ele mal emploié les biens qu'ele a fez as
estranges chevaliers, se ele ne trouvoit qui por
90 lui desfendre empreïst ceste bataille; et ge vos
di qu'il a aucuns el monde qui por lui metroient
leur cors a mort einz qu'il ne la getassent de
cest perill. Et ge vos pri que vos me diez quant
li quarantiesme jorz sera. » Et cil li dist. « Or
95 sachiez donques, fet Lancelos, qu'il a tel chevalier
en cest païs qui ne leroit por l'enneur le roi
Artu qu'il ne fust a cort celi jor et qu'il ne deffen-
dist madame la reïne encontre Mador. — Et ge
vos di, fet li chevaliers, que cil qui en ceste
100 aventure se metra n'i porra conquerre nule
enneur; car se il veinquoit la bataille, si savroient
bien tuit cil de la cort qu'il avroit erré encontre
droit et a desloiauté. » Atant en lessent la parole,
que plus n'en dient, einz demeurent illec jusqu'a
105 eure de vespres; et lors vint li chevaliers a son
cheval et monta desus et prent congié de Lancelot
et le commanda moult a Dieu. Et quant li cheva-
liers fu auques eslongniez de lui, Lancelos
regarde et voit venir un chevalier armé et un
110 escuier avec lui; et il l'avise tant qu'il sot aperte-
ment que c'estoit Hestor des Mares ses freres.
Si en est moult liez et li vet a l'encontre tout a
pié et li escrie si haut qu'il le pot bien oïr: « Hes-
tor, bien veingniez vos ! Quele aventure vos
115 ameinne ça ? » Et quant Hestor le voit, si des-
cent et oste meintenant son hiaume et li rent
son salu, si liez que nus plus, et li dist: « Sire,
ge aloie a Kamaalot por deffendre madame
la reïne encontre Mador de la Porte qui l'a
120 apelee de traïson. — Vos remeindroiz ennuit
mes avec moi, fet Lancelos, et tant que ge soie

bien gariz; et quant li jorz de la bataille devra
estre, nos irons a cort entre moi et vos; et lors
se li chevaliers qui cest apel a fet ne trueve qui vers
125 lui deffende ma dame, il ne le trouvera jamés. »
75. A cele chose s'acordent ambedui ; et lors
monte Lancelos seur son cheval, et ausi fet
Hestor ; si s'en vont droit a l'ermitage ou Lancelos
avoit tant demoré. Et quant li preudons vit
5 Hestor, si li fist moult grant joie por l'amour
de Lancelot et por ce qu'il l'avoit veü autrefoiz.
Cele nuit fu Hestor moult engrant de savoir
qui avoit navré Lancelot; et il li dist tout einsi
com il li estoit avenu, et cil le tint moult a mer-
10 veille; et demorerent uit jorz leanz, et tant
que Lancelos fu touz gueriz de la plaie que li
veneres li avoit fete et fu ausi sains et ausi hetiez
come il avoit onques esté plus a nul jor. Et lors
se parti de chiés le preudome et commença a
15 chevauchier parmi le païs entre lui et Hestor
et deus escuiers seulement, si celeement que a
peinne peüst l'en connoistre que ce fust Lancelos.
Si avint un jor qu'il encontrerent Boort qui
aloit chevauchant et queroit Lancelot por savoir
20 quel part il le peüst trouver, et s'estoit cele
semeinne partiz de Lionnel son frere et l'avoit
lessié chiés le roi de Norgales qui l'avoit retenu
avec lui por fere li compaignie; quant il s'entren-
contrerent, lors veïssiez joie merveilleuse que li
25 uns cousins fist a l'autre. Lors trest Boorz Lancelot
a une part et li dist: « Avez vos encore oïes les
noveles de ce que madame la reïne est si encorpec
devant le roi ? '— Oïl, fet il, l'en le m'a bien dit.
— Sire, fet Boorz, sachiez qu'il m'en est moult
30 bel; car a ce qu'ele ne puet trouver qui la deffende,
il couvendra a fine force qu'ele face pes a vos

et que li uns de nos se combate encontre Mador.
— Certes, fet Lancelos, s'ele me devoit haïr a
touz jorz en tel maniere que ge ne trouvasse
35 jamés pes a li, si ne voudroie ge pas qu'ele fust
deshonoree a mon vivant; car c'est la dame
del monde qui plus m'a fet d'enneur puis que
ge portai armes; si me metrai en aventure por
li deffendre, non mie si hardiement come j'ai
40 fet en autre bataille, car ge sei bien veraiement,
a ce que g'en ai oï dire, que li torz en sera miens
et li droiz Mador. » Cele nuit jurent li cousin
a un chastel que l'en apeloit Alfain; et de celui
jor n'avoit mes que quatre jorz jusqu'au terme.
45 Et lors dist Lancelos a Hestor et a Boort :
« Vos en iroiz a Kamaalot et demorroiz illuec
jusqu'a mardi, car alors est li jorz a ma dame;
et entre ci et la enquerez de ma dame se ge
jamés porrai avoir ma pes envers li, si que vous
50 venrés aprés moi quant je averai ma bataille
vaincue, se il plaist a Nostre Seigneur que je
en aie l'onour, et lors me dirés ce que vous
avrés trové envers li. » Et il dient que ce feront
il volentiers. Au matin se partirent de Lancelot,
55 et il leur deffendi moult que il ne deïssent a riens
nee que il deüst venir a cort. « Mes por ce, fet il,
que vos me connoissiez quant ge serai venuz,
vos di ge que ge porterai unes armes blanches
et un escu a une bende de bellic; et par ce me
60 porroiz vos connoistre la ou li autre ne savront
qui ge serai. » Et atant se departent andui de
Lancelot, et il remaint el chastel en la compaignie
d'un seul escuier et si fet apareillier unes armes
teles comme il les avoit devisees. Mes atant
65 lesse ore li contes a parler de lui et retorne a
Boort son cousin.

. . .

76. En ceste partie dit li contes que quant li
dui cousin furent parti de Lancelot, il chevau-
chierent tant qu'il vindrent a eure de none a
Kamaalot; et ce porent il bien fere, car d'Alfain
5 n'avoit que quatre liues englesches jusques a
Kamaalot. Et quant il furent descendu et desar-
mé, li rois ala encontre por conjoïr les; car ce
estoient dui des chevaliers del monde que il
plus prisoit; et ausi fist mesire Gauvains et tuit
10 cil de leanz des plus preudomes. Si les reçurent
a si grant enneur comme l'en devoit tieus cheva-
liers recevoir. Mes quant la reïne oï dire qu'il
furent venu, si n'ot onques mes si grant joie
comme ele ot de leur venue; si dist a une damoi-
15 sele qui avec lui estoit: « Damoisele, puis que
cil dui sont venu, or sui ge toute seüre que ge
n'i morrai jamés seule; car il sont si preudome
qu'il metront leur cors et leur ames en aventure
einçois que ge receüsse mort en leu ou il fussent;
20 et beneoiz soit Dex qui a tel point les a amenez,
car autrement me fust il moult mescheoit. »
77. Endementiers qu'ele disoit tieus paroles,
vint Boorz qui moult estoit desiranz de parler
a la reïne; et si tost comme ele le vit venir, ele
se dreça encontre lui et li dist que bien soit il
5 venuz; et il respont que Dex li doint joie. « Certes,
fet ele, a joie ne puis ge faillir, puis que vos estes
venuz; si cuidoie ge bien estre eslongniee de
toute joie; mes or cuit ge bien que ge la recou-
verrai par Dieu et par vos procheinnement. »
10 Et il respont ausi com s'il n'en seüst riens, de
cest afere: « Dame, comment va ce que vos
avez perdue toute joie, se par Dieu et par moi
ne la recouvrez? — Comment, sire, fet ele, ne

savez vos pas comment il m'est puis avenu que
15 vos ne me veïstes ? » Et il respont que nenil.
« Non ? fet ele; et ge le vos dirai en tel maniere
que ja ne vos en mentirai de mot. » Lors li
conte la verité conment ele est avenue, si que
onques n'i failli de riens. « Or m'en apele
20 Mador de traïson, mes il n'a ceanz nul si vaillant
chevalier qui m'en ost deffendre encontre lui. —
Certes, dame, fet Boorz, se chevalier vos faillent,
ce n'est mie de merveille, car vos avez failli au
meilleur chevalier del monde; si ne sera pas grant
25 desreson, ce me semble, s'il vos en meschiet,
car vos feïstes morir le meilleur chevalier que
l'en sache; por quoi ge sui ore plus liez de ceste
mescheance qui vos est avenue que ge ne fui
pieça mes de chose que ge veïsse; car or savroiz
30 vos et connoistroiz quel perte cele fet qui preu-
dome pert; car se il fust ore ceanz, il nel lessast
por tout le monde que il ne feïst ceste bataille
encontre Mador, tout seüst il de voir que li
torz en fust siens. Mes vos en estes a ce menee,
35 Dieu merci, que vos ne trouveroiz ja qui por
vos s'en entremete, dont vos poez bien estre en
aventure de toute honte recevoir, ce m'est avis. —
Boort, fet la reïne, a cui que ge faille de secours,
a vos ne faudrai ge pas, ce sei ge bien. — Dame,
40 fet il, ja Dex ne m'aïst, se vos ja en moi trouvez
secours; car puis que vos m'avez tolu celui
que ge amoie seur touz homes, je ne vos doi
pas aidier, mes nuire de tout mon pooir. —
Conment ? fet la reïne, le vos ai ge donc tolu ?
45 — Oïl, fet il, en tel maniere que ge ne sei qu'il est
devenuz ne onques puis que ge li oi dites nou-
veles de vos ne sai ou il ala, ne plus que se il
fust morz. »

78. Lors est la reïne a malaise, si commence a
plorer trop durement et est tant pensive qu'ele
ne set qu'ele doie devenir; et quant ele parole,
si dist si haut que Boorz le pot bien entendre:
5 « Ha! Dex, por quoi sui ge onques nee quant
il me couvient ma vie fenir a si grant douleur ? »
Et lors se part Boorz de leanz qui moult se vet
venchant de la reïne par parole; et quant il
fu de la chambre issuz et ele voit qu'ele ne trou-
10 veroit riens qui la confortast, ele commence
un duel si merveillex et si grant com s'ele veïst
devant lui morte la riens el monde qu'ele plus
amast; et dist a bassete voiz: « Biaus douz amis,
or sei ge bien que cil del parenté le roi Ban ne
15 m'amoient, se por vos non, car il m'ont failli
quant il cuident que vos m'aiez failli; or puis ge
bien dire que ge avrai a ce besoing soufrete de
vos. »

79. Moult fet la reïne grant duel et pleure
nuit et jor, ne onques ne cesse sa douleur, einz
croist de jor en jor. Si en est li rois moult a
malese, car il ne puet trouver chevalier qui
5 por lui entre en champ por desresnier encontre
Mador; et dit chascuns qu'il ne s'en entremetra
ja, car il sevent bien que la reïne a tort et Mador
a droit. Li rois meïsmes en parla a monseigneur
Gauvain et si li dist: « Biax niés, ge vos pri por
10 Dieu et por l'amor de moi que vos entroiz en
ceste bataille encontre Mador por la reïne deffen-
dre de ce dont ele est aplee. » Et il respont:
« Sire, je sui touz prez de fere vostre volenté,
mes que vos me creantez comme rois que vos
15 me conseilliez loiaument, si comme l'en doit
fere loial chevalier. Car nos savons bien que la
reïne ocist le chevalier dont ele est apelee; si

le vi et meint autre. Or esgardez se ge la puis
deffendre loiaument; car se ge le puis fere, je
20 sui prez que ge m'en mete por li en champ;
et se ge nel puis fere, ge vos di que, se ele estoit
ma mere, n'i enterroie ge mie; car il n'est pas
encore nez por qui ge me volsisse desloiauter. »
Autre chose ne pot li rois trouver en monseingneur
25 Gauvain ne en nul des autres preudomes de
leanz; car il estoient tel sanz faille qu'il ne se
vouloient desloiauter ne por le roi ne por nul
autre. Si en fu li rois moult esmaiez et moult a
malese. Le soir dont la bataille dut estre l'ende-
30 main, peüssiez veoir el palés de Kamaalot
touz les plus hauz homes del roiaume de Logres;
car il i estoient assemblé por veoir quel fin la
reïne feroit de sa bataille. Celui soir dist li rois
a la reïne moult corrouciez : « Certes, dame,
35 ge ne sei que dire de vos; tuit li bon chevalier
de ma cort me sont failli; por quoi vos poez
dire que au jor de demain recevroiz mort hon-
teuse et vileinne. Si volsisse mieuz avoir perdu
toute ma terre que ce fust avenu a mon vivant;
40 car ge n'amai onques riens el siecle autant com
ge vos ai amee et aing encore. » Et quant la
reïne entent ceste parole, si commence a plorer
trop durement, et aussi fet li rois; et quant il
ont grant piece ce duel mené, li rois dist a la
45 reïne : « Requeïstes vos onques Boort ne Hestor
qu'il feïssent por vos ceste bataille ? — Certes,
sire, fet la reïne, ge non; car ge ne cuit mie qu'il
feïssent tant por moi, a ce qu'il ne tiennent riens
de vos, einz sont d'une terre estrange. — Toute-
50 voies vos lo ge, fet li rois, que vos en requerez
l'un et l'autre; et quant cil dui vos seront failli,
aprés ge ne sei que g'en die ne n'i sei nul conseill

metre. » Et ele dit que donques les en requerra
ele por savoir qu'ele i porra trouver.

80. Lors s'en ist li rois de leanz tant dolenz
com nus plus; et la reïne mande meintenant
Boort et Hestor qu'il viengnent parler a lui;
et cil viennent tantost. Et quant la reïne les vit
5 venir, ele se lèsse cheoir a leur piez et leur dit
tot en plorant: « Ha ! gentill home renommé
de haut cuer et de haut lingnaje, se vos onques
amastes celui que l'en apele Lancelot, secorez
moi et aidiez a cest besoing, non mie por l'amor
10 de moi, mès por l'amor de li. Se vos ce ne voulez
fere, sachiez que g'en serai honnie einz demain
au soir et desennoree vileinnement, car en fin
tuit cil de ceste cort me sont failli au grant
besoing. » Quant Boorz voit la reïne si angois-
15 seuse et si a malese, si l'en prent grant pitié,
si la relieve de la terre et li dit tout en plorant:
« Dame, or ne soiés pas si esmaiee; se vos n'avez
demain dedeń eure de tierce meilleur secors
que li miens ne vos seroit, je sui cil qui por vos
20 enterrai en bataille encontre Mador. — Meilleur
secors ? fet la reïne, dont me porroit il venir ? —
Dame, fet Boorz, ce ne vos dirai ge pas; mes ce
que ge vos ai dit vos tendrai ge. » Quant la reïne
entent ceste parole, si en devint moult liee, car
25 ele pense erranment que ce soit Lancelos dont
il parole qui la doie venir secorre; et Boorz
s'en part meintenant de la reïne et avec lui
Hestor et s'en vont en une grant chambre de
leanz ou il gisoient acoustumeement quant il
30 venoient a court.

81. A l'endemain a eure de prime fu li palés
empliz de barons et de chevaliers qui tuit aten-
doient la venue Mador; et tex i avoit qui moult

estoient en grant poor de la reïne, car il cuidoient
5 qu'ele ne trouvast nul chevalier por lui deffendre.
Un pou aprés eure de prime fu Mador venuz
a cort, et avec lui grant compaignie de chevaliers
qui tuit estoient si parent; il descendi a pié,
puis monta el palés touz armez fors de son
10 hiaume et de son escu et de son glaive. Et il
estoit granz chevaliers a merveilles et pleins de
si grant force que l'en ne savoit en la cort
le roi Artu gueres plus fort chevalier de li. Et
quant il vint devant le roi, il se poroffri de sa
15 bataille ausi comme il avoit fet autrefoiz; et li
rois li respondi et dist: « Mador, la querele la
reïne doit estre menee a fin par tel maniere
que, s'ele en ce jor d'ui ne trueve qui la vueille
deffendre, l'en fera de son cors ce que la cort
20 esgardera. Or remanez ceanz jusques a eure
de vespres; et se dedenz celui terme ne vient
avant qui por lui empraigne ceste bataille, vos
estes quites dc l'apel et ele est encolpee. » Et
cil dit que donques atendra il; lors s'assiet en
25 mi le palés et tuit li chevalier de son parenté
entor li. La sale fu emplie si durement que ce
ne fu se merveille non ; mes il se tenoient si
quoi que vos n'i oïssiez riens nee. Si se tindrent
en tel maniere jusques aprés prime grant piece.

82. Un poi devant tierce avint que Lancelos
entra leanz si armez qu'il nc li failloit riens qui
a chevalier couvenist; mes il vint en tel maniere
qu'il n'amena o lui ne chevalier ne serjant, einz
5 vint touz armez d'unes armes blanches et ot
en son escu une bende de bellic de synople.
Quant il vint a la cort, il descendi et atacha
son cheval a un orme qui illec estoit et i pendi
son escu; et quant il ot ce fet, si monta el palés

10 en haut, einz n'osta son hiaume et vint en tel
maniere devant le roi et devant les barons que
onques n'ot ame leanz qui le conneüst fors
seulement Hestor et Boort. Quant il vint pres
del roi, si parole si haut que tuit cil de leanz
15 le porent bien entendre, et dist au roi: « Sire,
ge sui venuz a cort por une merveille que j'ai
oïe conter en cest païs; car aucunes genz m'ont
fet entendant que a cest jor d'ui doit venir
uns chevaliers qui apele madame la reïne de
20 traïson; et se c'est voirs, onques mes de si fol
chevalier n'oï parler. Car ce savons nos bien,
privé et estrange, que en tout le monde n'a une
ausi vaillant dame comme ele est; et por la
valeur que ge sai en lui sui ge ceanz venuz,
25 apareilliez por lui deffendre, se il avoit ceanz
chevalier qui de traïson l'apelast. »

    83. A ceste parole saut avant Mador et dist :
« Sire chevaliers, ge sui prez de prouver qu'ele
desloiaument et en traïson a ocis mon frere. —
Et ge sui prez, fet Lancelos, del deffendre qu'ele
5 n'i pensa onques desloiauté ne traïson.» Et cil
ne se prist garde de ceste parole, si tent son gage
au roi, et Lancelos ausi le sien; et li rois les reçut
ambedeus. Et lors dist messire Gauvains au
roi: « Or creroie ge bien que Mador fust en
10 mauvese querele; car comment que ses freres
moreust, je jurroie seur seinz au mien escient
qu'onques la reïne n'i pensa desloiauté ne traïson;
si l'en porroit tost max avenir, se li chevaliers
avoit en lui point de proesce. — Certes, fait li
15 rois, je ne sai qui li chevaliers est, mais je quit
qu'il en avra l'onour et je le voldroie bien. »

    84. Lors commence li palés a vuidier de genz ;
si descendent li grant et li petit et vont es prez

dehors la vile, la ou il fesoient acoustumeement
les batailles en une place moult bele. Et messire
5 Gauvains prist le glaive au chevalier et dit
qu'il li portera en champ, et Boorz prist l'escu.
Et Lancelos monte erranment, si s'en vet jusques
el champ; et li rois fist venir la reïne et li dist:
« Dame, vez ci un chevalier qui por vos se met
10 en aventure de mort; et sachiez, se il en est
veincuz, vos en seroiz destruite et il maubailliz.
— Sire, fet ele, Dex en soit au droit si veraiement
comme ge n'i pensai desloiauté ne traïson. »
Lors prent la reïne son chevalier, si le met dedenz
15 le champ et li dist : « Biaus douz sire, venez
avant de par Dieu; que Nostre Sires vos soit
hui en aïde. » Atant se traient li uns chevaliers
ensus de l'autre, si lessent corre les destriers et
s'entreviennent si grant erre comme il pueent
20 des chevax trere, et s'entrefierent si durement
que li escu ne li hauberc ne leur ont mestier
qu'il ne se facent plaies granz et parfondes;
Mador vole del cheval a terre, si qu'il est touz
25 debrisiez au cheoir que il fist, a ce qu'il estoit
granz et pesanz; mes il se relieve tantost, comme
cil qui n'estoit mie aseür, car il a trouvé au
jouster son anemi fort et dur. Quant Lancelos
le voit a pié, il li est avis que, s'il le requeroit a
cheval, qu'il en seroit blasmez; si descent et
30 let son cheval aler quel part que il velt; et puis
tret l'espee et giete l'escu seur sa teste et vet
requerre Mador la ou il le trueve, et li donne
parmi son hiaume si granz cox que cil en devint
toz esbahiz; et neporquant il se deffent au mielz
35 qu'il pot et donne a Lancelot de granz cox
menu et souvent; mes tout ce ne li a mestier,
car, ainçois que eure de midi fust passee, l'ot

Lancelos tel atorné qu'il li fist le sanc saillir del
cors en plus de dis leus. Si l'a tant mené et tant
40 traveillié d'une part et d'autre que tuit cil de
la place voient bien apertement que Mador
est au desouz et qu'il est a la mort venuz, se ses
aversaires velt; si loent tuit cil de la place celui
qui a Mador se combat, quar il ne virent mes
45 pieça nul si preudome, ce leur semble. Et Lancelos,
qui bien connoissoit Mador et qui ne vouloit
pas sa mort, por ce que aucune foiz avoient esté
compaignon d'armes, voit que il l'a amené a ce
que il le puet ocirre, se il velt; il en a pitié, si li
50 dit: « Mador, tu ies outrez et ies honniz, se ge
vueill, et voiz bien que tu ies alez, se la bataille
dure plus; por ce loeroie ge que tu lesses ton
apel, einçois que maus t'en avenist; et ge ferai
tant por toi que madame la reïne te pardonra
55 ce meffait que tu li as mis sus et li rois te clamera
tout quite. »

85. Quant Mador entent la deboneretê et
la franchise que cil li offre, il connoist meintenant
que ce est Lancelos; si s'agenoille devant li,
et prent s'espee, si li tent et dit: « Sire, tenez
5 m'espee, ge me met del tout en vostre merci;
et sachiez que ge nel tieng mie a honte, quar
certes a si preudome com vos estes ne me porroie
ge mie prendre; et si l'avez bien moustré ci et
ailleurs. » Lors dit au roi: « Sire, vos m'avez
10 deceü qui encontre moi avez mis monseigneur
Lancelot. » Et quant li rois entent que c'est
Lancelos, il n'atent mie tant que il soit issuz
hors del champ, einz saut avant et cort a Lancelot
et l'acole tout einsi armé com il estoit; et mesire
15 Gauvains vient avant et li deslace son hiaume.
Lors poïssiez veoir entor lui si grant joie que de

greigneur n'orroiz vos jamés parler. La reïne fu
clamee quite de l'apel que Mador avoit fet seur
li; et se ele avoit esté corrouciee vers Lancelot,
20 ele s'en tint a fole et a nice. Un jor avint que la
reïne estoit seule avec Lancelot, et commen-
cierent a parler de pluseurs choses, et tant que
la reïne dist: « Sire, ge vos mescreoie a tort
de la damoisele d'Escalot, car ge sei bien veraie-
25 ment que se vos l'amissiez de si grant amour
comme pluseur genz me fesoient entendant,
ele ne fust pas encor morte. — Conment, dame,
fet Lancelos, est ele donc morte, cele damoisele ?
— Oïl, certes, fet la reïne, ele gist leanz el mostier
30 Seint Estienne. — Par Dieu, fet il, c'est domages,
car trop estoit bele; si m'en poise, se Dex m'aïst. »
Itex paroles et autres distrent assez ensemble.
Et se Lancelos avoit devant ce amee la reïne,
il l'ama orendroit plus qu'il n'avoit onques
35 mes fet a nul jor, et ele ausint lui; et se deme-
nerent si folement que li pluseur de leanz le
sorent veraiement, et messire Gauvains meïsmes
le sot tout apertement, et ausi firent tuit si quatre
frere. Il avint un jor qu'il estoient tuit cinc
40 enmi le palés et parloient de ceste chose moult
a estroit; et Agravains en estoit plus engoissex
assez que nus des autres. Endementiers qu'il
parloient de ceste chose, avint que li rois issi
de la chambre la reïne; et quant messire Gau-
45 vains le voit, il dist a ses freres: « Tesiez, vez ci
monseigneur le roi. » Et Agravains respont
qu'il ne s'en tera ja por lui; li rois oï bien ceste
parole; si dist a Agravain: « Biax niés, dites
moi de quoi vos parlez si hautement. — Ha !
50 fet messire Gauvains, por Dieu, lessiez ester;
Agravains est plus ennuiex qu'il ne deüst; et

ne vos chaille de ce savoir, car nus preuz ne vos
en porroit venir, ne a vos ne a nul preudome. —
En non Dieu, fet li rois, ge le vueill savoir. —
55 Avoi ! sire, fet Gaheriez, ce ne porroit estre en
nule maniere ; car en ce que il dit n'a se fable
non et mençonge la plus desloial del monde ;
et por ce vos loeroie ge com a mon seigneur
lige que vos lessissiez atant le demander. — Par
60 mon chief, fet li rois, non ferai, einz vos requier
orendroit seur le serement que vos m'avez fet
que vos me diez de quoi vos estiez orendroit en
estrif entre vos. — Merveilles est de vos, fet
missire Gauvains, qui si estes ardanz et curieus
65 de savoir nouveles ; certes se vos vos deviez
corrocier a moi et moi giter povre et essilié de
ceste vostre terre, si nel vos diroie ge pas ; que,
se vos le creiez, tout soit ce la greigneur mençonge
del monde, il en porroit avenir tieus max que
70 onques a vostre tens n'avint si grant. » Lors est
li rois assez plus esbahiz que devant ; si dit qu'il le
savra ou il les fera toz destruire. « Par foi, fet
messire Gauvains, ja, se Dieu plest, ne le savroiz
par moi ; car en la fin en avroie ge vostre haïne ;
75 si n'i avroit ne moi ne autre qui encore ne s'en
repentist. » Si s'en part meintenant de la sale et
autresi fait Gaheriez ; et li rois les apele soventes
foiz, mes il ne vuellent retorner, einz s'en vont
tant dolent que nus plus et dient entr'eus deus
80 que mar fu onques cele parole emprise ; que,
se li rois le set et il s'en melle a Lancelot, la cort
sera destruite et honnie, a ce que Lancelos avra
en s'aïde tout le pooir de Gaule et de meint
autre païs.

86. Einsi s'en vont li dui frere tant dolent
qu'il ne sevent qu'il doient fere. Et li rois, qui fu

remez avec ses autres neveuz, si les meinne en
une chambre delez un jardin; et quant il sont
5 leanz, il ferme l'uis seur eus; si leur dit et les
conjure par la foi que il li doivent que il li dient
ce dont il les requiert, et tout premierement
le demande a Agravain; et cil li dit que il ne
li dira pas; as autres le demant! Et cil dient que
10 ja n'en parleront. « Quant vos nel voulez dire,
fet li rois, vos m'ocirroiz ou ge vos. » Si cort
meintenant a une espee qui ert seur un lit, si la
trest hors del fuerre et vient a Agravain et dit
qu'il l'ocirra sanz faille, se il ne li dit ce dont il a
15 si grant desirrier de savoir; et la drece contre-
mont por lui ferir parmi la teste; et quant cil
voit qu'il est si eschaufez, si li crie: « Ha ! sire,
ne m'ociez mie ! Gel vos dirai. Je disoie a mon-
seigneur Gauvain mon frere et a Gaheriet et a
20 mes autres freres, que vos veez ci, que il estoient
desloial et traïteur de ce qu'il ont soufert si lon-
guement la honte et la deshonneur que messire
Lancelos del Lac vos fet. — Conment, fet li rois,
me fet donc Lancelos honte ? De quoi est ce
25 donc ? Dites le moi, car de lui ne me gardasse ge
jamés que il ma honte porchaçast; car ge l'ai
touzdis tant ennoré et chier tenu que il ne deüst
en nule maniere a moi honte fere. — Sire, fet
Agravains, il vos est si loiaus qu'il vos fet desen-
30 neur de la reïne vostre fame et qu'il l'a conneüe
charnelment. » Quant li rois entent ceste parole,
si mue couleur et devint pales, et dist: « Ce sont
merveilles. » Lors commence a penser et ne dit
mot d'une grant piece. « Sire, fet Mordret, nos
35 le vos avons celé tant comme nos poïsmes; mes
or couvient que la verité soit seüe et que nous
le vous dions; et de tant comme nous le vous

avons celé, si avons nous vers vous esté parjuré
et desloial; or nous en aquitons. Si vos disons
40 certeinnement qu'il est einsi; or gardez comment
ceste honte sera vengiee. » De ceste chose est li
rois pensis et dolenz et tant a malese qu'il ne
set qu'il doie fere; et toutevoies quant il parole,
si dit: « Se vos onques m'amastes, fetes tant
45 que vous les preigniez prouvez; et se ge n'en
praing venchement tel com l'en doit fere de
traïteur, ge ne quier jamés porter coronne. —
Sire, fet Guerrehés, dont nos conseilliez; car
c'est une chose qui moult fet a douter comme de
50 mener a mort si preudonme comme Lancelos
est; car il est forz et hardiz et si est ses parages
puissanz en toutes manieres; dont il avendra,
ce savez vos bien, que se Lancelos muert, li
parentez le roi Ban commencera la guerre contre
55 vos si grant et si merveilleuse que li plus poissant
de tout vòstre reingne i avront assez a mein-
tenir. Et vous meïsmes, se Dex ne le fet, si en
porroiz estre ocis, a ce qu'il baeront plus a
Lancelot vengier que a eus garantir. — De moi,
60 fet li rois, ne vos esmaiez; mes fetes ce que ge vos
di, qu'il soient pris ensemble, se vos poez; et si
le vos requier seur le serement que vos me feïstes
quant vos fustes compaignon de la Table Reonde. »
Et cil li creantent qu'il le feront, puis qu'il en
65 est si engoisseus; si li fiancierent tuit troi; et puis
s'en vont hors de la chambre et alerent el palés.

87. Cel jor fu li rois plus pensis qu'il ne selt,
si parut bien qu'il estoit corrouciez. A heure de
none vint messire Gauvains et Gaheriez avec lui;
et quant il virent le roi, si connurent bien a sa
5 chiere que cil li avoient dites novieles de Lancelot;
pour ceste chose ne tornerent il onques vers lui,

einz alerent as fenestres del palés. La sale estoit
coie et serie; si n'i avoit nul leanz qui osast
mot dire por le roi qu'il veoient corroucié. A
10 ces paroles vint leanz uns chevaliers touz armez
qui dist au roi: « Sire, nouveles vos sei dire del
tornoiement de Karahés; cil del roialme de
Sorelois et de la Terre Gaste ont tout perdu. —
I ot il, fet li rois, nul chevalier de ceanz ? —
15 Sire, oïl; Lancelos i fu qui en porte le pris d'une
part et d'autre. » Li rois s'embronche quant
il ot ces nouveles et commence a penser; et quant
il ot assez pensé, il se lieve et dit si haut que
pluseur le porent bien oïr: « Ha ! Dex, quel
20 douleur et quel domage quant en si preudome
se herberja onques traïson!» Li rois s'en entre
en sa chambre et se coucha en un lit touz pensis;
car il set bien de voir que, se Lancelos est pris
a cest afere et il en reçoit mort, onques si grant
25 tormente n'avint en ce païs por la mort d'un
seul chevalier. Et nonpourquant mielz vieut
il mourir que sa honte ne soit vengiee devant
lui. Lors mande ses trois neveuz qu'il viengnent
a lui; et quant il furent venu, il leur dist: « Sei-
30 gneur, Lancelos vendra ja del tornoiement; or
m'enseingniez comment on le porra seurprendre
en cest afere que vos m'avez descouvert. — Par
foi, fet Guerrehés, ge ne sai. — En non Dieu,
fet Agravains, ge le vos enseignerai bien; fetes
35 asavoir a touz vos serjanz que vos iroiz le matin
en bois, et si dites a touz vos chevaliers qu'il aillent
o vos, fors seulement a Lancelot; et il remeindra
moult volentiers, dont il avendra, ce sai ge
bien, que, si tost com vos serez alez ou bois,
40 il vendra couchier avec la reïne; et nous reman-
rons pour faire vous savoir la verité; et nos serons

ceanz repost en une chambre si que nos le pren-
drons et garderons tant que vos reveingniez. »
Et li rois s'acorde moult volentiers a ceste chose.
45 « Mes gardez, fait il, que riens nee ne le sache,
devant que la chose soit faite einsin comme vous
l'avez devisee. » A cest conseill sorvint messire
Gauvains, et quant il les vit parler si a estroit,
si dist au roi: « Sire, Dex doint que de ce conseill
50 ne vos viengne se bien non; car ge i espoir plus
mal a vos qu'a autre. Agravain, biaus freres,
je vos pri que vos ne commenciez chose que vos
ne puissiez parfornir; et ne dites riens de Lancelot,
se vos nel savez veraiement; car il est li mieldres
55 chevaliers que vos onques veïssiez. — Gauvain,
fet li rois, fuiez de ci, car vos estes li hom en qui
ge ne me fierai jamés; car mauvesement vos estes
contenuz envers moi, quant vos saviez ma honte
et la soufriez ne ne le me fesiez asavoir. — Certes,
60 fet messire Gauvains, onques ma traïson ne vos
fist mal. » Lors vient hors de la chambre et vit
Gaheriet, si li dist: « Toutevoies a Agravains
conté au roi ce que nos ne li osions dire; et sachiez
veraiement que maus li en vendra. — Or l'en
65 couviengne bien, fet Gaheriet, que ja ne m'en
entremetrai; ja si preudom comme Lancelos
est ne sera par moi encusez de ceste vilennie.
Or lessons Agravain fere ce que il a empris, et
se biens l'en vient, si le praigne; et se maus l'en
70 vient, il ne porra pas dire que ce soit par nos. »
     88. Atant se partirent de leanz et vont a l'ostel
Gaheriet; en ce qu'il aloient aval la vile, il
encontrerent Lancelot et ses compaignons; et
quant il s'entrencontrerent, de si loing comme
5 il s'entrevirent, il s'entrefirent moult grant joie.
« Missire Lancelos, fet Gaheriet, ge vos demant

un don. » Et il li otroie moult volentiers, mes
que ce soit chose qu'il puist fere. « Granz merciz,
fet Gaheriet; or vueill ge que vos herbergiez
10 huimés o moi et vostre compaingnie. Et sachiez
que ge le faz plus por vostre preu que por vostre
ennui. » Quant Lancelos ot ceste parole, si li
otroie volentiers ; si retornent et descendent a
l'ostel Gaheriet tout issi comme il estoient. Et
15 lors saillent escuier et serjant por Lancelot
desarmer et ciaus qui del tornoiement estoient
venu. Et quant il fu eure de souper, il alerent
a la cort tuit ensemble, car moult amoient Lance-
lot. Touz se merveilla Lancelos, quant il fu leanz
20 venuz, de ce que li rois qui tant le selt bel acoillir
ne li dist a cele foiz mot, einz torna d'autre
part sa chiere si tost comme il le vit venir. Il ne
s'aperçut mie que li rois fust corrouciez vers lui,
quar il ne cuidoit mie que li rois eüst tiex noveles
25 oïes com l'en li avoit dites. Lors s'assist avec les
chevaliers et se commence a envoisier, non mie
einsi comme il souloit, por ce qu'il voit le roi
pensif. Aprés souper, quant les napes furent
levees, li rois semont ses chevaliers d'aler chacier
30 en la forest de Kamaalot a l'endemain matin.
Et lors dist Lancelos au roi: « Sire, vos m'avroiz
a compaignon en ceste voie. — Biaus sire, fet
li rois a Lancelot, vos poez bien remanoir a
ceste foiz; car j'ai tant des autres chevaliers que
35 je me sofferroie bien de vostre compaignie. »
Lors s'aperçut Lancelos que li rois estoit a lui
corrouciez, mes il ne set onques de quoi; si l'en
poise moult.

89. Au soir, quant il fu tens de couchier,
Lancelos se parti de leanz a grant compaignie
de chevaliers; et quant il furent a lor ostel,

Lancelos dist a Boort: « Avez vos veüe la chiere
5 que li rois Artus m'a moustree ? Je cuit qu'il est
a moi corrouciez d'aucune chose. — Sire, fet
Boorz, sachiez qu'il a nouveles oïes de vos et
de la reïne. Ore esgardez que vos ferez, que nos
somes venu a la guerre qui ja ne prendra fin. —
10 Ha! fet Lancelos, qui fu cil qui en osa dire nou-
veles ? — Sire, fet Boorz, se chevaliers le dist,
ce fu Agravains, et se ce fu fame, ce fu Morgue,
la suer le roi Artu. » Assez parlerent cele nuit
li dui cousin de ceste chose. A l'endemain, quant
15 li jorz parut, dist messire Gauvains a Lancelot:
« Sire, entre moi et Gaheriet irons en la forest;
vendroiz i vos ? — Nenil, fet Lancelos, ainçois
remeindrai, car ge ne sui ore mie bien aiesiez
d'aler a ma volenté. » Missire Gauvains et Gahe-
20 riet alerent aprés le roi en la forest. Et si tost
comme li rois se fu partiz de leanz, la reïne prist
un messaje, si l'envoia a Lancelot qui encore
se gisoit; si li mande qu'il ne lest en nule maniere
qu'il ne viengne a li; et quant messire Lancelos
25 vit le messaje, si en fu moult liez; si li dist qu'il
s'en alast, car il le sivroit. Lors se vest et apareille
et se porpense comment il porra aler plus cou-
vertement, si que nus ne le sache; il s'en conseille
a Boort; et cil li prie por Dieu qu'il n'i aut mie.
30 « Et se vos i alez, maus vos en vendra; que mes
cuers, qui onques mes n'ot poor de vos fors a
ceste foiz, le me va disant. » Et Lancelos li res-
pont qu'il ne leroit en nule maniere qu'il n'i
alast. « Sire, fet Boorz, puis qu'il vos plest que
35 vos i ailliez, je vos enseignerai par ont vos iroiz.
Veez ci un jardin qui dure jusqu'a la chambre la
reïne; entrez i. Si trouverez la plus coie voie
et la plus estrainge de gent que je saiche. Or si

vos pri por Dieu que vos ne lessiez en nule
40 maniere que vos ne portoiz vostre espee. » Et
lors le fet Lancelos si comme Boorz li avoit
enseignié; si se met en la sente del jardin qui
duroit jusqu'a la meson le roi Artu. Quant
Lancelos aprocha de la tour, Agravains, qui avoit
45 ses espies mises de toutes parz, sot bien qu'il
venoit, car uns garçons li avoit dit: « Sire, par
deça vient messire Lancelos. » Et il dit qu'il se
tese. Agravains va meintenant a une fenestre
qui ovroit devers le jardin et regarde Lancelot
50 qui venoit moult grant oirre vers la tor. Agravains
qui grant compaignie avoit avec lui de chevaliers
les meinne a la fenestre et leur moustre Lancelot
et dit: « Veez le la. Or gardez, quant il sera
en la chambre, qu'il ne vos eschape. » Et il
55 dient que de l'eschaper est il noiant, car il le
sorprendront tout nu. Et Lancelos, qui de l'aguet
ne se donoit garde, vint a l'uis de la chambre
qui ouvroit par devers le jardin, si l'uevre et
entre dedenz et va de chambre en chambre
60 tant que il vient la ou la reïne l'atendoit.

90. Quant Lancelos fu la dedenz, si ferma
l'uis aprés lui, si comme aventure estoit qu'il n'i
devoit pas estre ocis. Si se deschauça et despoilla et
se coucha avec la reïne. Mes il n'i ot mie gran-
5 ment demoré que cil qui por lui prendre estoient
en aguet vindrent a l'uis de la chambre; et quant
il le truevent fermé, si n'i ot celui qui n'en fust
touz esbahiz; lors sorent il bien qu'il avoient
failli a ce qu'il vouloient fere. Il demandent a
10 Agravain comment il enterront enz; et il leur
enseigne l'uis a brisier, car autrement n'i enter-
roient il pas. Et il hurtent et boutent tant que
la reïne l'entent; si le dist a Lancelot: « Biaus

douz amis, nos somes traï. — Coment ? dame,
15 fet il; que est ce ? » Lors escoute et ot a l'uis
moult grant noise de gent qui voloient l'uis
brisier a force, mais il ne pooient. « Ha ! biaus
douz amis, fet la reïne, or somes nous honi et
mort; or savra li rois l'estre de vos et de moi.
20 Tout ce plet nos a basti Agravains. — Voire,
fet Lancelos; dame, or ne vos chaille; qu'il a
sa mort porchaciee, car ce sera li premiers qui
en morra. » Lors saillent sus ambedoi del lit
et s'apareillent au miex qu'il puent. « Ha !
25 dame, fet Lancelos; avez vos ceanz hauberc
ne autre armeüre dont ge poïsse mon cors armer ?
— Certes, fet la reïne, nennil, einz est la mes-
cheance si grant qu'il nos i estuet morir, et moi
et vos. Si m'en poise, se Dex m'aït, plus por vos
30 que por moi, car trop sera plus grans damaiges
de vostre mort que de la moie; et neporquant,
se Dex volsist otroier que vos de ci eschapissiez
sainz et haitiez, je sei bien qu'encore n'est il pas
nez qui por ce meffet m'osast livrer a mort,
35 por qu'il vos seüst en vie. » Et quant Lancelos
entent ceste parole, si s'adrece vers l'uis comme
cil qui riens ne doute, einz crie a ceus qui a l'uis
boutoient : « Mauvés coarz chevaliers, atendez moi,
car ge vois l'uis ouvrir por veoir qui avant ven-
40 dra. » Lors tret l'espee et uevre l'uis et dit
qu'il viengnent avant. Uns chevaliers qui avoit
non Tanaguins, qui haoit Lancelot de mortel
haïne, si se met devant les autres, et Lancelos,
qui ot l'espee hauciee, le fiert si durement, a ce
45 qu'il i mist toute sa force, que li hiaumes ne la
coife de fer nel garantist qu'il nel porfende
jusqu'es espaules; il estort son cop, si l'abat
mort a terre. Et quant li autre le voient si atorné,

si n'i ot celui qui ne se traie arrieres en tel maniere
50 que l'entree remest toute vuide. Quant Lancelos
vit ce, si dist a la reïne: « Dame, ceste guerre
est finee; quant vos plera, ge m'en irai, que ja
por home qui ci soit nel lerai. » La reïne dist
qu'ele voudroit qu'il fust a sauveté, que qu'il
55 deüst de lui avenir. Lors regarde Lancelos le
chevalier qu'il avoit ocis, qui estoit chaoiz a
l'uis de la chambre par dedenz; il le trest a soi
et ferma l'uis; si le desarma et s'en arma au mieuz
qu'il pot. Lors dist a la reïne: « Dame, puis
60 que ge sui armez, je m'en devroie bien huimés
aler seürement, se il plaisoit a Damedieu. » Et
ele dist que bien s'en aut, se il puet. Il vet a l'uis,
si l'ueuvre, et dit qu'il ne le tendront huimés.
Lors s'en saut enmi eus touz, l'espee trete, et
65 fiert si le premier qu'il encontre qu'il le porte
a terre tout estendu en tel maniere qu'il n'a
povoir de soi relever. Quant li autre voient ce,
si se traient arrieres, et li fet voie touz li plus
hardiz. Et quant il voit qu'il l'ont lessié ester,
70 si se met el jardin et s'en vet a son ostel et trueve
Boort qui moult redoutoit qu'il ne s'en retornast
a sa volenté; car bien li estoit cheü el cuer que
cil del parenté le roi Artu l'avoient espïé par
aucune maniere por lui prendre. Quant Boorz
75 voit venir son seigneur tout armé, qui desarmez
i estoit alez, si s'aperçut bien qu'il a eüe mellee;
si vint encontre lui et li demanda: « Sire, quele
aventure vos a fet armer ? » Et il li conte comment
Agravains et si dui frere l'avoient espïé, qui le
80 vouloient prendre prouvé avec la reïne et avoient
avec els amenee grant chevalerie. « Si m'eüssent
toutevoies pris a ce que ge ne m'en donoie garde,
mes ge me sui deffenduz forment, et tant ai fet

a l'aïde de Dieu que ge m'en sui eschapez.
85 — Ha ! sire, fet Boorz, or vaut pis que devant,
car ore est la chose descouverte que nos avions
tant celee. Or verroiz la guerre commencier
qui jamés ne prendra fin a nos vivans. Car se li
rois vos a jusques ci amé plus que nul home,
90 de tant vos haïra il plus, des qu'il savra que vos
li meffesiez tant com de lui vergonder de sa
fame. Or couvient que vos esgardoiz comment
nos le ferons entre nos, car ge sei bien que li rois
nos sera des ore mes ennemis mortex; mes de
95 madame la roïne qui por vos sera livree a mort
me poise trop, se Dex m'aïst. Si voudroie bien,
s'il pooit estre, que l'en i meïst conseill en tel
maniere qu'ele fust delivree de cest afere a sauveté
de son cors. »

91. A cest conseill seurvint Hestor; quant
il sot que la chose est a ce venue, il en fu tant
dolans que nus plus, si dist: « Li mieuz que
ge i voie, si est que nos partons de ceanz et alons
5 en cele forest la dehors en tel maniere que li
rois, qui orendroit i est, ne nos truist; et quant
ce sera chose que madame la reïne sera jugiee,
de ce vos asseür je bien qu'ele sera la hors menee
por destruire; lors la rescorrons, ou cil vueillent
10 ou non qui a sa mort la cuideront avoir amenee.
Et quant nos l'avrons avec nos, si nos en porrons
aler hors del païs, et irons el roiaume de Benoïc
ou en celui de Gaunes; et se nos poions tant
fere que nos l'eüssons la conduite a sauveté,
15 nos ne douterions riens le roi Artu ne tot son
pooir. » A cest conseill s'acorde Lancelos et
Boors; si font meintenant monter chevaliers et
sergenz, et estoient par conte trente et uit, et
vont tant qu'il sont de la vile issu et se metent

20 en l'oraille de la forest, la ou il la savoient plus
espesse, por ce qu'il soient meins aperceü jus-
qu'au soir. Lors prent Lancelos un suen escuier,
si li dist: « Va t'en droit a Kamaalot et fai tant
que tu saiches les noveles de madame la reïne
25 et que l'en voldra fere de li; et se l'en l'a jugice
a mort, si le nos vien dire hastivement; car por
peinne ne por travaill que nos doions avoir de
lui rescorre, ne seroit il pas lessié qu'ele ne fust
de mort guerie a nos pooirs. » Lors se part li
30 vallez de Lancelot et s'en va seur son roncin
la plus droite voie qu'il pot vers Kamaalot, et
fet tant qu'il vient a la cort le roi Artu. Mes
atant lesse ore li contes a parler de lui et retorne
as trois freres monseigneur Gauvain, si comme
35 Lancelos se parti d'eus quant il l'orent trouvé
en la chambre la reïne.

. . .

92. Or dit li contes que, a celi point que Lan-
celos se fu partiz de la reïne et fu eschapez de
ceus qui le cuidierent prendre, cil qui furent
a l'uis de la chambre, maintenant que il virent
5 qu'il s'en fu alez, entrerent en la chambre et
pristrent la reïne et li firent honte et laidure
assez plus qu'il ne deüssent et distrent que ore
estoit la chose prouvee et qu'ele n'en puet
eschaper sanz mort. Assez li firent honte, et ele
10 escoutoit tant dolente que trop et pleure tant
durement que bien en deüssent avoir pitié li
felon chevalier. A eure de none vint li rois del
bois. Et quant il fu descenduz en la cort aval,
tantost li vint la nouvele de la reïne qui avoit
15 esté prise avec Lancelot; si en fu moult dolenz

li rois, et demandé se Lancelos avoit esté retenuz.
« Sire, font il, nenil, qu'il se deffendi si durement
que ce ne feïst nus hom qu'il a fet. — Puis qu'il
n'est ceanz, fet li rois Artus, nos le trouverons
20 a son ostel. Or fetes, fet li rois, moult grant
plenté de gent armer; si l'alez prendre, et quant
vos l'avroiz pris, venez a moi; si ferai justise de
lui et de la reïne ensamble. » Lors s'en vont
armer par laienz jusqu'a quarante chevaliers,
25 non mie par leur bone volenté, mes por ce qu'il
le couvient a fere, car li rois leur avoit commandé
de bouche. Et quant il furent venu a l'ostel
Lancelot, si nel trouverent pas leanz; si n'i ot
celui des chevaliers qui n'en fust moult liez,
30 car il savoient bien que, se il fust trovez et il le
vossissent prendre a force, il ne falsissent pas a
mellee grant et cruel. Lors revindrent au roi,
si li distrent que a Lancelot avoient il failli,
car il s'en estoit alez pieça et en a avec lui menez
35 toz ses chevaliers. Quant li rois l'entent, si dist
qu'il ne l'en estoit pas bel; et puis qu'il est issi
que de Lancelot ne se puet vengier, il se vengera
de la reïne en tel maniere qu'il en sera parlé
a toz jorz mes. « Biaus sire, fet li rois Yons,
40 qu'en baez vos a fere ? — Je bé, fet li rois, que
por ce mesfet qu'ele a fet l'en en face grant
justise. Et ge vos commant, fet il, tout premie-
rement, por ce que vos estes rois, et as autres
barons, qui ceanz sont, aprés, et si le vos requier
45 seur le serement que vos m'avez fet, que vos
esgardoiz entre vos de quel mort ele doit morir;
que sanz mort n'en puet ele eschaper, se vos
meïsmes vos teniez devers lui, en tel maniere que,
se vos disiez qu'ele ne deüst pas morir, si morra
50 ele. — Sire, fet li rois Yons, il n'est pas us ne

coustume en cest païs que l'en face aprés none
jugement de mort d'onme ne de fame; mes le
matin, se nos sonmes a ce mené qu'il nos cou-
viengne a fere jugement, nos le ferons. »

93. — Atant en lessa li rois Artus la parole
et fu tant dolenz que onques la nuit ne but ne
ne menja, ne onques ne volt que la reïne fust
amenee devant li; et au matin a eure de prime,
5 quant li baron furent assemblé el palés, si dist
li rois: « Seigneur, que doit l'en fere de la reïne
par droit jugement ? » Et li baron se trestrent
a un conseill, si le demandent a Agravain, que
l'en en devoit fere, et aus autres deus freres;
10 et il distrent qu'il esgardoient par droit qu'ele
en devoit morir a honte, car trop avoit fet grant
desloiauté, quant ele en leu del roi qui tant
estoit preudom avoit lessié gesir un autre cheva-
lier. « Et nos disons par droit jugement que de
15 ceste chose seulement avoit ele mort deservie. »
A ceste chose s'acordent li un et li autre a fine
force, car il voient bien que li rois le velt. Quant
messire Gauvains vit que li jugemenz estoit a
ce menez que la mort la reïne i estoit toute
20 esclairiee, lors dist que, se Deu plest, ja ceste
dolour n'esgardera que il voie morir la dame
del mont qui greigneur enneur li a portee. Lors
vient messire Gauvains au roi, si li dit: « Sire,
ge vos rent quanque ge tieng de vos, ne jamés
25 jor de ma vie ne vos servirai, se vos ceste desloiauté
soufrez. » Li rois ne li respont mot a ce qu'il dit,
car il entendoit a autre chose; et meintenant
messire Gauvains se part de court et s'en vet
droit a son ostel si grant duel fesant com s'il
30 veïst devant li mort tout le monde. Et li rois
commande a ses sergenz qu'il feïssent en la

praerie de Kamaalot un feu grant et merveillex,
ou la reïne sera mise; car autrement ne doit
reïne morir qui desloiauté fet, puis que ele est
35 sacree. Lors lieve li criz et la noise par la cité de
Kamaalot et font si grant duel com se la reïne
fust leur mere. Cil cui il fu commandé a fere
feu le firent si grant et si merveillex que tuit
cil de la cité le porent veoir. Li rois commande
40 que l'en li amaint avant la reïne; et ele vint moult
plorant, et ot vestue une robe de cendal vermeill,
cote et mantel. Si estoit si bele dame et si avenanz
qu'en tout le monde ne trovast l'en si bele ne si
avenant de son aage. Quant li rois la vit, si en ot
45 si grant pitié qu'il ne la pot regarder, einz com-
mande que l'en l'ost de devant lui et que l'en
en face ce que la cort esgarde par le jugement;
et il la moinent maintenant hors dou palés et la
conduient tout contreval les rues. Quant la reïne
50 fu issue de la cort et cil de la cité la virent venir,
lors oïssiez genz crier de toutes parz: « Ha !
dame debonere seur toutes autres dames et plus
cortoise que nule autre, ou trouveront jamés
povre gent pitié ? Ha ! rois Artus, qui as por-
55 chaciee sa mort par ta desloiauté, encor t'en
puisses tu repentir, et li traïteur qui ce ont por-
chacié puissent morir a honte ! » Itiex paroles
disoient cil de la cité et aloient après la reïne
plorant et criant aussi com s'il fussent hors del
60 sens. Et li rois commande a Agravain qu'il
praingne quarante chevaliers et aille garder le
champ ou li feus estoit alumez, si que, se Lancelos
i vient, qu'il n'ait pooir vers eus. « Sire, voulez
vos donques que ge i aille ? — Oïl, fet li rois. —
65 Or commandez donc a Gaheriet mon frere qu'il
viengne o nos. » Li rois li commande et il dit

qu'il n'en fera riens; et neporquant li ʳois le
menace tant que il li promet que il ira͵ Si vet
prendre ses armes et tuit li autre ausint. Et
70 quant il furent armé et il furent hors de la cité,
si esgarderent qu'il furent bien quatre vins.
« Ore, Agravain, fet Gaheriet, cuidiez vos que
g'i soie venuz por moi mesler a Lancelot, se il
vouloit la reïne rescorre ? Or sachiez bien que
75 ja ne me mellerai a lui; einz voudroie ge mielz
qu'il la tenist toz les jorz de sa vie einz que ele
moreust issi. »

94. Tant alerent parlant entre Agravain et
Gaheriet qu'il aprouchierent del feu. Et Lancelos,
qui fu enbuschiez a l'entree de la forest a toute
sa gent, si tost comme il voit son message revenir,
5 si li demande quex nouveles il aporte de la cort
le roi Artu. « Sire, fet il, mauveses; que madame
la reïne est jugiee a mort, et veez la le feu que
l'en apareille por li ardoir. — Seigneur, fet il,
or del monter ! que tel i a qui la cuide fere
10 morir qui ainçois en morra. Or doint Dex que,
s'il onques oï priere de pecheeur, que ge truisse
premierement Agravain qui m'a cest plet basti. »
Et lors regarderent entr'eus quant chevalier
il sont; si troverent qu'il furent trente et dui
15 par conte; chascuns monte seur son cheval,
et pranent escuz et lances; si tornent cele part
ou il voient le feu. Et quant cil qui es prez
estoient les virent venir, si s'escrierent tuit
ensemble: « Veez ci Lancelot ! fuiez ! fuiez ! »
20 Et Lancelos, qui venoit devant trestouz les autres,
s'adresce cele part ou il vit Agravain; si li escrie:
« Cuiverz, traïtres, vos estes a vostre fin venuz. »
Lors le fiert Lancelos si durement que arme nule
nel garantist qu'il ne li mete parmi le cors le

25 glaive; si l'empaint bien comme cil qui assez
avoit cuer et force; si l'abat del cheval a terre
et au cheoir brise li glaives. Et Boorz, qui venoit
tant comme il pooit del cheval trere, crie a
Guerrehet que il se gart de lui, que il le deffie
30 de mort; si li adresce le cheval et le fiert si dure-
ment que nule armeüre nel garantist qu'il ne
li mete le fer parmi le piz; si l'abat del cheval
a terre si atorné qu'il n'a mestier de mire. Et
li autre metent les meins as espees et commencent
35 la mellee. Mes quant Gaheriez voit que si dui
frere sont abatu, ne demandez pas s'il fu corrou-
ciez, a ce qu'il cuide bien qu'il soient mort. Et
lors s'adresce vers Meliadus le Noir qui moult
se penoit d'aidier Lancelot et de vengier la
40 honte la reïne. Si le fiert si durement qu'il
l'abat enmi le feu et puis met la main a l'espee,
comme cil qui estoit de grant hardement, et fiert
un autre chevalier, si qu'il l'abat enmi la place
devant les piez Lancelot. Et Hestor, qui bien
45 s'en prenoit garde, voit Gaheriet; si dist a soi
meïsmes: « Se cist vit longuement, il nos porra
bien nuire, a ce qu'il est de grant hardement;
si vient mielz que ge l'ocie que il nos face pis
qu'il n'a fet. » Et lors lesse corre Hestor le cheval
50 et vient vers Gaheriet l'espee trete, et le fiert
si durement qu'il li fet voler le hiaume de la
teste hors. Et quant cil sent son chief desarmé,
si est toz esbahiz; et Lancelos, qui aloit les rens
cerchant, nel connut mie; si le fiert si durement
55 parmi le chief qu'il le fent jusqu'es denz.

95. — A cest coup se desconfirent la gent
le roi Artu, si tost comme il virent Gaheriet
cheoir; mes cil qui les sivoient les tienent si corz
que de touz les quatre vins n'i remest que trois;

5 si en fu Mordrez li uns et li autre dui de la Table
Reonde. Et quant Lancelos vit qu'il n'i ot mes
nul de la meson le roi qui riens li contretenist,
il vient a la reïne, si li dist: « Dame, que fera
l'en de vos ? » Ele respont comme cele qui
10 estoit liee de ceste aventure que Dex li avoit
envoiee: « Sire, je voudroie bien que vos m'eüs-
siez a sauveté mise en tel leu ou li rois Artus
n'eüst pooir. — Dame, fet Lancelos, vos monte-
roiz seur un palefroi; si vos en vendroiz avec
15 nos en cele forest, et illuec prendrons nos conseill
tel qui bons sera. » Et ele li otroie.

96. Lors la montent seur un palefroi et s'en
vont en la forest la ou il la voient plus espesse.
Et quant il furent bien enforesté, lors pranent
garde s'il i sont tuit; si virent qu'il orent perdu
5 trois de leur compaignons. Lors demande li
uns a l'autre qu'il sont devenu. « Par foi, fet
Hestor, je en vi trois morir que Gaheriet ocist
de sa main. — Conment ? fet Lancelos, fu donc
Gaheriet a cest afere ? — Sire, fet Boorz, que
10 demandez vos ? Ja l'avez vos ocis. — En non
Dieu, fet Hestor, vos l'oceïstes. — Or poons
nos bien dire, fet Lancelos, que jamés n'avrons
pes au roi Artu ne a monseigneur Gauvain por
amour de Gaheriet, car or commencera la guerre
15 qui jamés ne prendra fin. » Moult fu Lancelos
corrouciez por la mort de Gaheriet, car ce estoit
uns des chevaliers del monde que il plus amoit.
Et Boorz dist a Lancelot: « Sire, il couvendroit
que l'an preigne conroi coment madame la roïne
20 fust mise a salveté. — Se nos peüssons tant fere,
fet Lancelos, que nos la poïssons mener en un
chastel que ge conquis jadis, je cuit qu'ele ne
douteroit guere le roi Artu; li chastiax est forz

a merveille et siet en tel leu que l'en ne le puet
25 assegier. Se nos i estions et nos l'avions bien garni,
je manderoie chevaliers pres et loing que j'ai
serviz par maintes fois qu'il venissent a moi;
et il en i a tant parmi le monde qui sont tuit a
moi par leur fiance que jes avrai toz en aïde. —
30 Ou est, fet Boorz, cist chastiax que vos dites,
et comment a il non ? — Il a non, fet Lancelos,
li chastiax de la Joiouse Garde; mes quant je le
conquis, a cel point que je fui noviax chevaliers,
l'en l'apeloit la Dolereuse Garde. — Ha ! Dex,
35 fet la reïne, quant sera ce que nos i serons ! »

97. A ceste parole s'acordent tuit; si se metent
el grant chemin de la forest et dient que ja tant
ne savra venir de la mesniee le roi aprés eus
qu'il n'ocient. Si chevauchierent en tel maniere
5 tant qu'il vindrent a un chastel qui ert enmi
la forest, qui estoit apelez Kalec. Si en iert sires
uns cuens qui ert bons chevaliers· et de grant
pooir et amoit Lancelot seur touz homes; et quant
il sot sa venue, si en fu moult liez et le reçut
10 moult ennorablement, et li fist toute l'aneur
qu'il onques pot, et li promist a aidiér contre
touz homes, neïs encontre le roi Artu, et li dist:
« Sire, fait il, s'il vos plaisoit, je vos bailleroie
cest chastel a vos et a madame la roïne; et vos
15 le me devés bien otroier, ce me samble, car molt
est fors, et, se vos i volés demorer, vos n'avés
garde de tot le monde ne de tot le pooir le roi
Artu. » Lancelos l'en mercie moult et dit qu'il
n'i demoreroit en nule maniere. Atant se partent
20 de leanz et chevauchent tant par leur jornees
qu'il vindrent a quatre liues de la Joieuse Garde.
Et lors i envoia Lancelos avant messages por
dire qu'il venoit; et quant cil del chastel le sorent,

si li vindrent a l'encontre ausi grant joie fesant
25 com se ce fust Dex meïsmes, et le reçurent assez
plus hautement qu'il ne feïssent le roi Artu;
et quant il sorent qu'il volt leanz demorer et por
coi il i estoit venuz, si li jurerent sur seinz qu'il li
aideroient jusqu'a la mort. Lors manda Lancelos
30 chevaliers del païs et il vindrent a grant plenté.
Mes atant lesse ore li contes a parler d'eus et
retorne a parler del roi Artu.

* * *

98. Or dit li contes que a celui point que li
rois Artus vit revenir Mordret afuiant tout contre-
val la cité de Kamaalot a si pou de compaignie,
si se merveilla moult que ce pooit estre; si deman-
5 da a ceus qui avant venoient por quoi il fuient.
« Sire, fet uns vallez, nouveles vos sai dire mau-
veses, et a touz ceus de ceanz. Sire, sachiez que de
touz les chevaliers qui la reïne menerent au feu
n'en sont eschapé que troi; si en est li uns Mor-
10 drés et les autres deus ne sai qui il sont; que
cuit ne soient mort li autre. — Ha ! fet li rois
Artus, i a donc esté Lancelos ? — Oïl, sire,
fet il, et encore a il plus fet, qu'il enmeinne avec
soi la reïne, qu'il a de mort rescousse, et s'est
15 atout li embatus en la forest de Kamaalot. »
Li rois fu si dolenz de ceste nouvele qu'il ne set
qu'il doie fere. A ces paroles vint leanz Mordret
qui dist au roi: « Sire, malement nos vet; Lance-
los s'en va qui nos a toz desconfiz et enmoine
20 avec lui la roïne. — Ore aprés, fet li rois, ja
einsint ne s'en iront, que ge puisse. » Lors a fet
armer chevaliers et serjanz et touz ceus qui avec
lui estoient; et il montent au plus tost que il

pueent, et s'en issent de la cité tuit covert de fer,
25 et font tant qu'il viennent en la forest et vont
sus et jus por savoir s'il porroient ceus trouver
qu'il queroient. Mes si leur avint qu'il n'en
troverent nus; li rois loe qu'il se departent par
divers chemins, si les troveront plus legierement.
30 « En non Dieu, fet li rois Karados, ce ne loeroie
ge pas, car se il se departent et Lancelos les trueve,
a ce qu'il a grant compaignie de chevaliers
avec lui fors et hardis, cil qu'il enconterra sont
alé sans faille, car il les ocirra. — Et qu'en fera
35 l'en donc ? fet li rois Artus. — Envoiez voz
messages a touz les mariniers des porz de ce païs,
que nus ne soit si hardiz qu'il past Lancelot ;
adonc le couvendra remanoir, ou il vueille ou
non, en ceste terre, et puis qu'il i sera remés et
40 nos porrons legierement savoir ou il sera, nos
irons sus lui atout tel plenté de gent que nos
le prendrons legierement, et lors vous en porroiz
vengier, ce est mes conselz. » Lors apele li rois
Artus ses messages et les envoie par touz les porz
45 de la terre et deffent que nus ne soit si hardiz
qu'il past Lancelot. Et quant il ot ses messages
envoiez, il retorne vers la cité ; et quant il vint
en la place ou si chevalier gisoient mort, il regarda
seur destre et voit gesir Agravain son neveu
50 que Lancelos avoit ocis ; et estoit feruz parmi
le cors d'un glaive, si que li fers en paroit de
l'autre part ; et si tost comme li rois le voit, si le
connoist ; lors a si grant doel qu'il ne se puet
tenir en sele, ains chiet a terre tous pasmés sor
55 le cors ; et quant il ot a chief de piece s'alaine
reprise et il pot parler, si dist : « Ha ! biaus niés,
tant vous haoit voirement cil qui si vous a feru ;
certes ce sache on bien qu'il m'a mis moult

grant doel el cuer qui de tel chevalier come
60 vous estiés a descreü mon lignage. » Lors li oste
le hiaume de la teste et le regarde; aprés li
bese les euz et la bouche qui moult estoit froide;
et tout ensi le fet porter en la cité.

99. Li rois fet duel a desmesure et vet tout
plorant la place cerchant; si a tant cerchié qu'il
a trouvé Guerrehet que Boorz avoit ocis. Lors
veïssiez au roi grant duel fere, et fiert ses meins
5 ensemble qui encore estoient armees; car il estoit
touz armez fors de son hiaume. Il fet grant
duel et dit qu'il a trop vescu, quant il voit morz
a tel douleur ceus qu'il avoit soëf norriz. En ce
qu'il demenoit tel duel et qu'il avoit fet metre
10 Guerrehet seur son escu por porter en la cité,
il aloit encore la place cerchant; lors regarde
a senestre et voit le cors Gaheriet que Lancelos
avoit ocis; et c'estoit cil de ses neveus qu'il amoit
plus, fors seulement Gauvain. Quant li rois voit
15 le cors de celui que il seut tant amer, il n'est
douleur que hom puisse fere por autrui qu'il ne
face; et lors corut a lui de plain cours et l'em-
brace parmi les flans si estroitement que trop.
Il se pasme si qu'il n'i a baron qui n'ait poor qu'il
20 ne muire devant els. Si fu en tel point plus lon-
gement que uns hom alast demie licue de terre ;
quant il revint de pasmoison, si dist si haut que
tuit l'oïrent: « Ha! Dex, ore ai ge trop vescu!
Ha! Mort, se vos plus demorez, je vos tendrai
25 a trop lente. Ha! Gaheriet, se ge de duel doi
morir, je morrai por vos. Biax niés, mar fu onques
l'espee forgiee dont vos fustes feruz et mal ait
qui si vos feri; car il a destruit moi et mon
lingnage. » Li rois li bese les euz et la bouche,
30 tout ensi sanglent come il estoit, et fet tel duel

que tuit cil qui le voient s'en merveillent; et
neporquant il n'i ot nul en la place qui n'en fust
dolenz, car trop amoient Gaheriet de grant
amour.

100. A ces criz et a ces noises issi hors missires
Gauvains de son ostel, qui bien cuidoit veraie-
ment que la reïne fust morte et que cil grans
duels fust por li; quant il fu venuz en mi les rues
5 et cil de·laiens le voient, cil qui primes le choi-
sirent li distrent: « Missire Gauvain, se vos voulez
veoir vostre grant duel et la destruction de
vostre char, si alez en ce palés lasus, et illecques
trouveroiz la greigneur doleur que vos onques
10 veïssiez. » Lors est mesire Gauvains trop dure-
ment esbahis de ces noveles, si ne lor respont
mot, ains s'en vait tout contreval les rues, le
chief enclin, ne ne cuide mie que cis grans doels
soit pour ses freres, car encore n'en savoit il riens,
15 einz cuide que ce soit por la reïne. En ce qu'il
aloit tout contreval les rues, il regardoit a destre
et a senestre et voit communalment plorer et
vielz et jeunes, et chascuns li dist ainsint com il
venoit endroit lui: « Alés, mesire Gauvain, alés
20 veoir vostre grant duel. » Quant messire Gau-
vains entent ce que chascuns disoit, si est plus
esmaiez que devant, mes autre semblant n'en
ose faire. Et quant il est venuz enmi le palés,
et il voit que tuit cil de leanz font duel si grant
25 com s'il veïssent touz les princes del monde
morz. Et quant li rois vit venir monseigneur
Gauvain, si dist: « Gauvain, Gauvain, veez ci
vostre grant duel et le mien; car ci gist morz
Gaheriet vostre frere, li plus vaillans de nostre
30 lignage. » Si le li moustre tot ensi sanglent com
il estoit entre ses bras contre son pis. Quant

messire Gauvains entent ceste parole, il n'a tant
de pooir qu'il responde mot ne que il se tiengne
en estant, einz li faut touz li cuers, si chiet a terre
35 pasmez; si en sont li baron tant courecié et tant
dolant qu'il n'en quident jamais avoir joie; quant
il voient' monsignour Gauvain chaoir en tel
maniere, il le prendent entre lor bras et plourent
sor lui trop durement, ét dient: « Ha! Diex,
40 trop a. ci grant damage de toutes pars. » Quant
messire Gauvains revint de pasmoisons, si se
dreça et cort la ou il voit Gaheriet mort; si le
tolt au roi et l'estraint contre son pis et le com-
mence a besier; en cel besier li faut li cuers; si
45 chiet a terre et fu greigneur piece en pasmoisons
qu'il n'avoit esté devant. Quant il revint de pas-
moison, si s'assiet atout Gaheriet, et le commence
a regarder; et quant il le voit feru si durement,
si dist: « Ha! biaus frere, li braz soit maleoiz
50 qui si vos feri! Biaus douz frere, moult vos haoit
qui si vos feri. Frere, comment ot il le cuer de vos
livrer a mort? Biaus douz frere, comment pot
soufrir Fortune vostre destruiement si let et si
vilain, qui vos avoit garni de toutes bontez?
55 Ja vos seut ele estre si douce et si amiable et
vos avoit levé en sa plus mestre roe. Biaus frere,
ce a ele fet por moi ocire et por ce que ge muire
de duel de vos; certes ge ai grant droit, et bien
m'i acort, que, puis que ge voi vostre mort
60 avenir, je sui cil qui plus ne quier vivre, fors
tant sanz plus que ge vos aie vengié del desloial
qui ce vos fist. »

101. Tex paroles avoit commenciees messire
Gauvains a dire; et encore en deïst il plus, mes
li cuers li serre si durement qu'il ne puet mot
dire. Et quant il s'est grant piece teüz, tant

5 dolenz que nus plus, si regarde sor destre et voit
Guerrehet et Agravain qui devant le roi gisoient
mort sor lor escus en coi on les avoit aportés;
et quant il les voit, si les connut; si dist si halt
que tuit le porent bien oïr: « Ha! Dex, voire-
10 ment ai ge trop vescu, quant ge voi ma char
ocise a si grant douleur. » Lors se lesse cheoir
seur eus menu et souvent, et fet tant par le grant
duel qu'il a au cuer que li baron qui illuec
estoient avoient poor qu'il ne moreust entre
15 leur mains. Et li rois demande a ses barons qu'il
porra fere de Gauvain; « que, se il est illuec
longuement, ge cuit qu'il morra de duel. — Sire,
font li baron, nos loerions bien que l'en l'emportast
de ci et que l'en le couchast en une chambre et
20 qu'il fust tant gardez que si frere fussent enterré.
— Or le fetes issi », fet li rois. Lors pristrent mon-
seigneur Gauvain qui encore estoit en pasmoisons;
si le porterent en une chambre. Si jut messire
Gauvains en tel maniere que nus n'en trest parole
25 ne bone ne male.

102. La nuit ot si grant duel en la cité de Ka-
maalot qu'il n'i ot nul qui ne plorast. Li chevalier
ocis furent desarmé et enseveli chascuns selonc
ce que il estoit de lignaige ; et a touz fist l'en
5 sarquex et tombiax; et a Guerrehet et a Agravain
fist l'en fere deus sarquex si biax et si riches
com l'en devoit fere a filz de roi et mist l'en les
cors l'un delez l'autre el mostier Saint Estiene
qui alors estoit la mestre iglise de Kamaalot;
10 el milieu des deus tombes fist li rois fere une
tombe plus bele et plus riche que nules des autres
et la fu mis li cors Gaheriet par desus ses deus
freres; au metre le en terre poïssiez veoir moult
granz pleurs. Tuit li evesque et tuit li arcevesque

15 del païs i vindrent et tuit li halt home de la terre
et firent as cors des chevaliers ocis tele honor
come il porent, meïsmement au cors Gaheriet,
et tout por ce qu'il avoit esté si preudom et si
bons chevaliers; et firent metre seur sa tombe
20 letres qui disoient: CI GIST GAHERIET, LI NIÉS LE
ROI ARTU, QUE LANCELOS DEL LAC OCIST. Et
mistrent sus les autres deus tombes les nons de
ceus qui les avoient ocis.

    103. Quant tuit li clergié qui la estoient venu
orent fet le servise tel comme il durent, li rois
Artus revint en son palés et s'asist entre ses
barons tant dolans et tant pensis comme nus
5 plus, et ne fust mie tant coureciés s'il eüst perdu
demi son roialme; et ausi estoient tout li autre
baron. La sale fu emplie de toutes parz de hauz
barons; si furent si quoi com s'il n'i eüst ame;
et quant il les vit si estre en pais, si parla li rois
10 si haut que tuit le porent bien oïr: « Ha! Dex,
tant m'avez meintenu en grant enneur, et or
sui en pou d'eure abessiez par droite mescheance,
que nus hom ne perdi tant comme j'ai perdu.
Car quant il avient que aucuns pert sa terre
15 ou par force ou par traïson, ce est une chose
que l'en puet bien recovrer aucune fois; mes
quant il avient que l'en pert son ami charnel
que l'en ne puet puis recovrer por chose qui
aviegne, lors est la perte sanz retor, lors est li
20 domaiges si granz qu'il ne puet estre amendez
en nule maniere. Ceste perte ne m'est pas avenue
par la justise Damledieu, mes par l'orgueill
Lancelot; se ceste dolereuse perte nos fust avenue
par la vengance de Nostre Seignor, lors i eüssiens
25 nos aucune honor et la deüssiens legierement
souffrir, mes ele nos est avenue par celui que nos

avons eslevé et escreü en nostre terre par meintes
fois, ausint come s'il fust estrez de nostre char
meïsmes. Icil nos a fet cest domaige et ceste
30 honte. Et vos estes tuit mi home et mi juré et
tenez de moi terre; por quoi ge vos requier par
ce serement que vos m'avez fet que vos me con-
seilliez, si come on doit conseillier son signour lige,
en tel maniere que ma honte soit vengiee. »

104. — Atant se test li rois et se tient en pes
et atent que si baron li respoignent; il s'entre-
commencent a regarder et semont li uns l'autre
de parler avant. Quant il se sont grant piece
5 teü, li rois Yons se dresce en son estant et dist
au roi: « Sire, ge sui vostre hom; si vos doi conseil-
lier a nostre enneur et a la vostre; vostre enneur,
sanz faille, si est de vengier vostre honte. Mes
qui au preu del reigne voudroit garder, je ne
10 cuit mie que ja commençast guerre contre le
parenté au roi Ban; car nos apertement savons
que Nostre Sires l'a eslevé par desus touz autres
lingnajes, si qu'il n'a ore a mon escient si preu-
dome el monde, s'il leur vouloit mouvoir guerre,
15 qu'il n'en eüst le peior, se vos solement n'estiez.
Pour ce, Sire, vous proi je pour Dieu que vous
ne commenciés pas la guerre encontre aus,
se vous ne quidiés estre del tout au desus, car
certes au mien escient il seront moult fort a
20 desconfire. » A ceste parole leva la noise el
palés; car molt blasment et escrient le roi Yon de
ce qu'il avoit dit, et dient tuit en audience que
ceste parole avoit il dite par couardie. « Certes,
fet il, onques nel dis por ce que j'en eüsse plus
25 grant paor qu'entre vos avez; mes je sai veraie-
ment que, puis que la guerre sera commenciee,
se il pueent tant fere que il soient en lor païs

sain et haitié, il douteront moult mains vostre
effors que vos ne cuidiez. — Certes, missire Yons,
30 fet Mordret, onques a si preudome come vos
samblez n'oï doner si malvés conseil com cist
est; mes se li rois m'en creoit, il ira et vos i
menra, ou vos vueilliez ou non. — Mordret,
fet li rois Yons, ge irai plus volentiers que vos
35 ne feroiz; mueve li rois quant il voudra. —
De merveilleuse chose estrivez ore, fet Mador
de la Porte; se vos voulez guerre commencier,
il ne covendra mie que vos la queriez loing,
car l'en m'a dit que Lancelos est de ça la mer
40 a un chastel qu'il conquist jadis, quant il com-
mença a aler querant aventures; si est apelez
la Joieuse Garde. Ce chastel sei ge moult bien,
car ge i fui une foiz en prison, et avoie doute
de mort, quant Lancelos m'en gita et moi et
45 mes autres compaignons. — Par foi, fet li rois,
cest chastel sai ge bien; or vos demant ge se
vos cuidiez qu'il ait o lui menee la reïne. — Sire,
fet Mador, sachiez que la reïne i est; mes ge ne lo
pas que vos i ailliez, car li chastiax est si forz qu'il
50 ne crient siege de nule part; et cil qui dedenz
se sont mis sont si preudome qu'il douteroient
petit vostre efforz; et quant il verroient leur
point de vos fere vilenie, il la vos feroient volen-
tiers. » Quant li rois oï ce, si dist : « Mador, del
55 chastel qui est forz dites vos verité, et de l'orgueill
a ceus dedenz ne me mentez vos mie. Mes vos
savez bien, et tuit cil qui ci sont, que puis que
ge portai primes corone n'enpris ge guerre
dont ge ne venisse a chief a l'enneur de moi et
60 de mon roiaume; por ce vos di ge que en nule
maniere ne m'en tendroie que ge ne guerroie
encontre cex qui m'ont domaigié de mes amis

charnex. Si en semoing orendroit ceus qui ci
sont; et si manderai loing et pres touz ceus qui
65 de moi tiennent terre; et quant il seront assemblé,
si partirons d'ui en quinze jors de la cité de
Kamaalot. Et por ce que ge ne vueill pas que
nus de vos se traie arriere de ceste emprise, vos
requier je que vos juroiz tuit sor sainz que vos
70 ceste guerre meintendroiz jusques a tant que
ceste honte soit vengiee a l'onor de nous. »

105. Maintenant furent aporté li saint et
jurerent tout cel sairement cil qui el palais
estoient, ausi li povre comme li riche; et quant
il orent tout juré cel sairement de maintenir
5 ceste guerre, li rois manda par ses messages
pres et loing a touz ceus qui de lui tenoient
terre qu'il soient au jor nomé a Kamaalot,
car lors voudra il mouvoir atout son pooir pour
aler au chastel de la Joieuse Garde. A ceste chose
10 s'acordent li un et li autre et s'apareillent d'aler en
la terre qui est close del Hombre. Einsint fu la
guerre emprise qui puis torna au domage le
roi Artu; et comment qu'il fussent au commen-
cement au desus, il furent desconfit en la fin.
15 Mes Nouvele, qui si tost est espandue par le
monde, ala, l'endemain meïsmes que ceste
chose fu si porparlee, a la Joieuse Garde et l'i
porta uns valez qui se parti de cort tantost et
estoit serjanz Estor des Mares. Et quant il vint
20 la ou cil l'atendoient qui molt desirroient a
oïr noveles de la cort, si dit que la guerre est si
afermee et emprise qu'ele ne puet remanoir, car
li plus puissant de la cort ont ceste chose juree
et aprés sont mandé tuit li autre qui del roi
25 Artu tienent terre. « Voire, fet Boorz, est donc
la chose a tant venue ? — Sire, oïl, fet li messages;

vos porroiz par tens veoir le roi Artu atout son
pooir. — Par Dieu, fet Hestor, mar i vendront,
car il s'en repentiront. »

106. Quant Lancelos entent ceste nouvele,
si prent un message, si l'envoie el roiaume de
Banoïc et el roiaume de Gaunes et manda a
ses barons qu'il garnissent les fortereces, que,
5 s'il avenoit par aventure qu'il partist de la Grant
Bretaigne et qu'il li couvenist venir el roiaume
de Gaunes, qu'il trouvast les chastiax forz et
deffensables por tenir encontre le roi Artu, se
mestier est. Puis mande en Sorelois et el roiaume
10 de la Terre Foreinne touz les chevaliers qu'il
avoit serviz qu'il le secorent encontre le roi Artu;
et por ce qu'il estoit tant amez de toutes parz,
en vint tant que, se Lancelos fust rois tenanz
terre, ne cuidassent mie moult de genz qu'il
15 assemblast si grant chevalerie comme il assembla
adonc. Mes atant lesse ore li contes a parler de
lui et retorne au roi Artu.

. . .

107. Or dit li contes que a celi jor que li
rois Artus atermina a ses homes qu'il venissent
a Kamaalot, il vindrent et tant en i ot que a
pié que a cheval que nus hom ne vit onques
5 si grant chevalerie. Si fu messire Gauvains
gueriz, qui avoit esté malades, si que, a celui
jor qu'il furent leanz assemblé, dist au roi:
« Sire, ainz que vos partoiz de ci, vos loeroie
ge que de ceste baronnie qui ci est eslisiez autant
10 de bons chevaliers comme l'en ocist avant ier
a rescorre la reïne; si les meïssiez a la Table
Reonde en leu de ceus qui sont trespassé, si
que nos aions autel nombre de chevaliers comme

nos estions, si que nos soions cent et cinquante;
15 et je vous di, se vous ce faites, vostre compaingnie
valdra miels en toutes manieres et plus en sera
redoutee. » Li rois s'acorde bien a ceste parole, si
commande que ce soit fet et dit que ce n'est
se bien non; si apele tout meintenant les hauz
20 barons et leur commande seur leur seremenz
qu'il eslisent des meilleurs chevaliers tant comme
il en faut de la Table Reonde et nel lessent por
nule povreté qu'il aient; et il dient que si feront
il moult volentiers. Si se traient a une part et
25 s'assieent au chief del palés; si esgardent combien
il leur failloit de ceus de la Table Reonde; si
trouverent qu'il leur en failloit par conte soissante
et douse; et meintenant en eslisent autretant et
les assieent es sieges a cels qui sont trespassé
30 ou qui estoient avec Lancelot. Mes el Siege
Perillex n'ot si hardi qui s'i osast asseoir. Uns
chevaliers s'assist el siege Lancelot, qui avoit
non Elianz; et c'estoit li mieudres chevaliers
de toute Illande et estoit filz de roi. El siege
35 Boort s'assist uns chevaliers qui avoit non Balynor
et estoit filz au roi des Illes Estranges et estoit
moult bons chevaliers. El siege Hestor s'assist
uns chevaliers d'Escoce, puissanz d'armes et
d'amis; el siege Gaheriet fu assis uns chevaliers
40 qui fu niés au roi de Norgales. Et quant il orent
ce fet par le conseill monseingneur Gauvain, les
tables furent mises et s'asistrent li un et li autre;
et servirent cel jor a la Table Reonde et a la
table le roi Artu set roi qui de lui tenoient lor
45 terres et estoient si home lige. Celui jour apareil-
lierent lor oirre li chevalier qui a la guerre
devoient aler et assez travellierent la nuit ançois
qu'il fuissent tout apresté.

108. Au matin, ainçois que soleuz fust levez,
se partirent tel mil de leanz qui tuit baoient a
Lancelot mal faire. Et li rois Artus, si tost comme
il ot messe oïe a la mestre iglise de Kamaalot,
5 monta entre li et ses barons; si chevauchierent
jusqu'a un chastel qui a non Lamborc. Et l'ende-
main firent ausi grant jornee comme il avoient
fet le jor devant; si errerent tant de jor en jor
qu'il vindrent a demie liue de la Joieuse Garde;
10 et por ce qu'il virent que li chastiax estoit si
forz qu'il ne doutoit force de gent, se logierent
seur la riviere del Hombre en paveillons; mes ce
fu moult loing del chastel. Toute jor entendirent
a eus logier et orent par devant eus mis leur
15 chevaliers touz armez que, se il avenist que cil
del chastel ississent hors pour assembler, que
il fussent si bien receü comme l'en doit recevoir
son anemi. En tel maniere se furent cil logié.
Mes cil del chastel, qui estoient de haut afere
20 et qui avoient grant partie de gent envoié des
la nuit devant en un bois qui pres d'iluec estoit
por seurprendre ceus de l'ost quant il en ven-
droient en point, si qu'il fussent assailli devers le
bois et devers le chastel, cil dedenz ne s'esmaie-
25 rent onques de cel siege quant il le virent, einçois
distrent entr'eus cil qui leanz estoient qu'il leur
tendroient pes la premiere nuit, mes l'endemain
les assaudroient, se il veoient leur point. Et
cil qui estoient avant envoié el bois estoient
30 quarante chevalier par nonbre; si les conduisoit
Boort et Hestor. Si leur avoient cil del chastel
dit que, quant il verroient desus la mestre for-
teresce dresciee une enseigne vermeille, qu'il
se ferissent de plain front seur la gent le roi Artu;
35 et cil qui remanroient el chastel s'en istroient

fors a celui point meïsmes, si que cil de l'ost
seroient assailli de deus parz.

109. — Tout le jour esgarderent cil qui el bois
estoient vers le chastel pour savoir se il veïssent
l'enseigne vermeille qui lor estoit senefiance de
fors issir; mais il n'en virent point, car onques ne
5 pot Lancelos souffrir que cil de l'ost fuissent
assailli le premier jour, ançois les laissa reposer
tout le jour et toute la nuit, que onques n'i
ot trait ne lancié; et par ce furent cil de l'ost
plus asseür que il n'estoient devant et disent
10 entr'als que se Lancelos eüst grant compaingnie
de gent, il n'eüst laissié en nule maniere qu'il
ne fust issus fors pour assembler a els a tout son
ost; car ce n'est pas chevaliers qui volentiers
souffrist le damage de son anemi. Quant Lancelos
15 voit que li chastiax estoit assis en tel maniere
del roi Artu et de l'ome del monde qu'il avoit
plus amé et or le connoist a son ennemi mortel,
si est tant dolenz qu'il ne set que fere, non mie
por ce qu'il ait poor de soi, mes por ce qu'il
20 amoit le roi. Il prent une pucele, si l'enmaine en
une chambre et li dist tout a conseil: « Damoisele,
vos iroiz au roi Artu et li diroiz de par moi que
ge me mervell moult por quoi il a commenciee
guerre encontre moi; car ge ne li cuidoie mie
25 tant avoir forfet. Et s'il dit que ce est por madame
la reïne dont l'en li a fet entendant que ge li ai
fet honte, si li dites que ge sui prez de deffendre
encontre un des meilleurs chevaliers de sa cort
que de ceste chose ne sui veraiement encorpez;
30 et por s'amor et por la bone volenté conquerre
de lui, que j'ai perdue par malvese achoison,
me metrai ge en l'esgart de sa cort. Et se la guerre
est commenciee por la mort de ses neveuz, dites

li que de cele mort ne sui je pas si encorpez que
35 il deüst avoir vers moi si mortel haïne, car cil
meïsmes qui furent ocis furent achoison de leur
mort. S'il ne se velt acorder a ces deus choses,
si li dites que ge esgarderai sa force, tant dolenz
que nus plus de cest courous qui est entre moi
40 et lui, si qu'a peinne le porroit nus cuidier. Et
si sache li rois que, puis que la guerre est commen-
ciee, je sui cil qui se deffendra a son pooir. Lui
veraiement, pour ce que je le tieng a mon signour
et a mon ami — encore ne me soit il venus veoir
45 comme sires, mais comme anemis mortels —
asseür je que ses cors n'a garde de moi, einz le
garantirai touz jorz a mon pooir de toz cels qui
mal li voldront fere. Damoisele, tant li dites de
moie part. » Et la damoisele li respont que cest
50 messaje fornira ele bien.

110. Atant vint la damoisele a la porte del
chastel et s'en ist priveement; si fu eure de vespres
et estoit li rois Artus assis au mengier. Et quant
ele fu venue en l'ost, ele ne trouva qui la retenist,
5 car il voient que c'est une damoisele qui porte
messaje; et por ce l'en menerent il au tref le roi
Artu. Cele qui bien connoist le roi entre ses
barons s'aproucha vers lui et si li dist ce que
Lancelos li avoit commandé a dire et ensi come
10 il li mandoit. Et messire Gauvains, qui estoit
pres del roi Artu et qui ot oï cest messaje, parla
avant que nus des autres compaignons de la cort
sonnast mot de ceste chose, et dist oiant touz les
barons : « Sire, vos estes pres de vostre honte
15 vengier et le domaje que Lancelos vos a fet de voz
amis ; et quant vos partistes de Kamaalot, vos
jurastes de metre a neant le parenté le roi Ban.
Et ceste chose, sire, vós ai ge dite por ce que vos

estes en bon point de vengier ceste honte; si
20 seriez honis et vostres lignages abaissiés, si que
vous n'avriés jamais honour, se vous faisiés pais
a Lancelot. — Gauvain, fet li rois, la chose est
tant alee que jamés tant com ge soie vis, por chose
que Lancelos sache fere ne dire, n'avra pes a moi;
25 si est ce li hom el monde a qui je devroie plus
legierement pardoner un grant meffait, car sans
faille il a plus fait pour moi que nus autres cheva-
liers; mes au derrien le m'a trop vendu chiere-
ment, car il m'a tolu mes amis charnex et ceus
30 que ge plus amoie, fors vous tant solement;
et por ceste chose ne porroit il avoir pes entre moi
et lui, ne non avra il, ce vos creant je come rois. »
Lors se tourne li rois vers la damoisele et li dist:
« Damoisele, vos poez bien dire a vostre seigneur
35 que riens qu'il me requiere je ne feroie en nule
maniere, einz l'asseür de guerre mortel. — Certes,
sire, fet la damoisele, c'est domages plus por vós
que por autre; et vos, qui estes uns des plus
puissanz rois del monde et li plus renomez, vos
40 en seroiz destruiz et menez a mort, ou li sage
home par maintes fois sont deceü. Et vos, messire
Gauvain, qui deüssiez estre li plus sages, estes li
plus fox de touz les autres, et assez plus que ge ne
cuidoie; car vos pourchaciez vostre mort, et si
45 le poez veoir tout apertement. Ore esgardez:
ne vos souvient de ce que vos veïstes jadis el
Palés Aventurex chiés le Riche Roi Pescheor,
en celui point que vos veïstes la bataille del ser-
pent et del liepart ? S'il vos souvenist bien des
50 merveilles que vos i veïstes et de la senefiance
que li hermites vos devisa, ja ceste guerre ne fust,
tant com vos la poïssiez destorner. Mes vostre
maus cuers et vostre granz mescheance vos

chace en ceste emprise. Si vos en repentiroiz la
55 ou vos ne le porroiz amender. » Lors se torne
la damoisele vers le roi, si li dist : « Sire, puis que
ge ne puis trouver en vos fors guerre, je m'en
irai ariere a mon signour et li conterai ce que vous
li mandés. — Damoisele, fet li rois, alez. »

111. Atant se part la damoisele de l'ost et vet
au chastel ou ele est atendue; si entre dedenz.
Et quant ele fu devant son seigneur et ele li ot
conté que il en nule maniere ne pourroit pes trou-
5 ver vers le roi Artu, si en fu Lancelos moult
corrouciez, non mie por ce qu'il le doutast, mes
por ce qu'il l'amoit de grant amor. Lors s'en
entre en une chambre et comença a penser trop
durement; et en cel penser sospiroit moult par-
10 fondement, si que les lermes li venoient as iex
et contreval la face li coroient; et quant il ot
grant piece esté en tel maniere, il avint que ma-
dame la roïne sorvint iluec et le trouva si pensif
qu'ele fu grant piece devant lui, ains qu'il la
15 veïst; et quant ele vit qu'il pensoit si durement,
ele l'aresna et li demanda por coi il fesoit si mate
chiere; et il dist que il pensoit trop durement a
ce qu'il ne pooit trover pes ne merci envers le roi
Artu. « Dame, fet il, ce ne di je mie por ce que
20 nos aions doute de lui qu'il nos puisse granment
grever, mes gel di por ce qu'il m'a fet tantes
enneurs et tantes bontez que trop me peseroit,
s'il li mesavenoit. — Sire, fait ele, il covient a
regarder sa force, mais toutes voies me dites que
25 vous en baés a faire. — Je bé, fet il, que nos nos
combatons demain, et qui Dex en donra l'ennor,
si l'ait, car por chose que ge puisse fere ne remein-
dra il que li os dont cist chastiaus est assegiés
n'en soit ostés prochainement. Et puis qu'il est

30 einsi que je ne puis pes ne amor trover vers elz,
je sui cil qui jamés nul n'en espargnerai, fors
seulement le cors le roi Artu. » Atant ont finé leur
conseill, et s'en vet Lancelos el grant palés, et
s'assiet entre ses chevaliers et fet greigneur sem-
35 blant de joie que ses cuers ne li aporte et com-
mande que les tables soient mises et qu'il soient
ausi richement servi comme s'il fussent a la cort
le roi Artu. Et quant cil qui la estoient orent
mengié, li plus privé de lui demandent: « Que
40 ferons nos demain ? Ne baez vos mie a assaillir
ceus de l'ost ? — Oïl, fet il, einz eure de tierce.
— Certes, font il, se nos sonmes plus enserré,
cil de la nos tendront a mauvés. — Or ne vos
esmaiez, fet Lancelos; de ce que nos ne nos
45 somes meü sont il or plus asseür qu'il n'estoient
devant, et si nos doutent meins. Car il cuident
bien, por ce que nos ne somes issu hors, que nos
n'aions ame ceanz. Mes, se Dieu plest, einz
demain eure de vespres savront il se ge sui seus
50 ceanz, et s'en repentiront, se ge puis, de ce
qu'il ont empris; car sanz faille nos istrons demain
fors et leur corrons sus; por quoi ge vos pri que
vos soiez tuit garni, si que nos puissons mouvoir
de quele eure que nos verrons mieuz nostre
55 point. » Cest conseill tindrent tuit a bon, car
moult leur plest et atalente qu'il puissent assem-
bler a la gent le roi Artu; et ce leur done grant
cuer qu'il ont en aïde Lancelot et Boort, qui plus
sont renomé de grant prouece et de chevalerie.
60 Cele nuit furent en grant peinne d'apareillier
leur harnois et de veoir qu'il ne leur faussist
riens; si se tindrent cele nuit si coiement que cil
de l'ost en parlerent assez et distrent au roi que
bien seüst il que leanz avoit si pou de genz qu'il

65 pooit legierement prendre le chastel. Et li rois
dist qu'il ne pooit croire qu'il n'i eüst grant
plenté de gent. « Certes, sire, fait Mador, il i a
gent a grant plenté, vraiement le vous di, et
chevalerie bone et bele. — Conment le savez
70 vous ? fait mesire Gauvains. — Sire, je le sai
bien, fait Mador, et si vous donrai ma teste a
coper, se vous ne les veés issir ains demain au
soir. » En tel maniere parlerent longement en
l'ost cele nuit de ciaus del chastel, et quant il fu
75 ore de couchier, il firent lor ost gaitier de toutes
pars si bien et si richement que poi lor peüst on
forfaire.

112. — L'endemain, si tost com cil del chastel
furent apareillié et il orent fet sis batailles, il
mistrent sus la mestre tor l'enseigne vermeille;
et si tost com cil de l'aguet la choisirent, si la
5 moustrerent a Boort; et il leur dist: « Or n'i
a fors del movoir; que messires est montez,
entre lui et sa compaignie, et istront hors tout
maintenant. Si n'i a que de ferir soi en l'ost,
si que en nostre venir ne remaingne riens en
10 estant, que tout ne soit versé par terre. » Et
cil dient qu'il en feront tout leur pooir. Lors
issent hors del boschet ou il avoient fait lor
enbuschement et se mistrent au plain; si les-
sent ensemble leur chevax aler au plus coiement
15 qu'il porent; mes il nel porent issi fere que cil
de l'ost ne s'en aperceüssent bien par la friente
des chevax qu'il oïrent venir. Si crierent cil
qui premier les virent: « Ore as armes! » Et ce
fu si haut que cil del chastel le porent bien oïr;
20 si distrent que li aguez s'estoit feruz en l'ost
et qu'il n'i avoit fors que de l'assaillir d'autre part.
Si le firent tout issi; lors commanda Lancelos

que la porte fust ouverte et qu'il ississent hors
si ordeneement comme il doivent fere; et il si
25 firent maintenant, car grant talent avoient de
issir hors. Et Boort, qui fu issuz de l'enbuschement,
si tost comme il aproucha de l'ost, il encontra
sor un grant destrier le fill le roi Yon; et si tost
comme il s'entrevirent, si lessent leur chevax
30 aler l'un encontre l'autre. Li filz le roi Yon
brise son glaive; et Boorz le fiert si durement que
li escuz ne li haubers nel garantist qu'il ne li
mete parmi le cors et fer et fust, et le porte a terre
tel atorné comme a la mort. Et li autre qui aprés
35 venoient commencierent a trebuschier paveillons
et tres et a ocirre genz et metre par terre quan-
qu'il aconsivent. Adont commence li criz et la
huee parmi l'ost si grans que l'en n'i oïst neïs Dieu
tonnant; si queurent as armes cil qui estoient
40 desarmé; et messire Gauvains, quant il voit que
la chose est a tant alee, si commande que l'en
li aport ses armes hastivement; et cil qui il fu
commandé li aporterent. Et li rois meïsmes se fet
armer a grant besoing, et tuit li baron, por la
45 grant noise qu'il oient de toutes parz. Et si tost
comme li rois fu montez entre lui et ceus qui entor
lui estoient, il vit que ses paveillons cheï a terre, et
li dragons qui seur le ponmel estoit, et li autre
paveillon; et tout ce fesoit Boorz et Hestor qui
50 vouloient prendre le roi. Quant messire Gauvains
voit la merveille qu'il fesoient, si les moustre
au roi et dit: « Sire, vez la Boort et Hestor qui
vos font cest domage. » Lors let corre missire
Gauvains a Hestor; si le fiert si durement seur son
55 hiaume que tout l'estone; et s'il ne se fust isnelement
pris au col de son cheval, il fust cheüs a terre;
et messire Gauvains, qui tant le haoit mortel-

ment, quant il le vit si estonné, si ne le volt mie
atant lessier, comme cil qui assez savoit de guerre,
60 einz le fiert un autre coup, si qu'il le fet encliner
seur l'arçon devant. Et quant Boorz voit monsei-
gnor Gauvain qui tenoit Hestor si pres qu'a
pou qu'il ne le porte a terre, il ne se pot tenir qu'il
ne li aidast, car moult amoit Hestor. Lors
65 s'adrece a monseigneur Gauvain, l'espee levee
contremont, et le fiert si durement qu'il li met
l'espee el hiaume deus doie en parfont; si fu
si estonnez qu'il point outre maintenant, et lesse
Hestor, et se part de Boort si estordiz qu'il ne set
70 quel part ses chevaus l'emporte.

113. Einsi commence la mellee devant le tref
le roi; mes cil de la compaignie Boort i fussent
ocis, se ne fust Lancelos et cil del chastel qui
lessierent corre quant il furent tuit venu en l'ost
5 et li un se furent mellé as autres; lors veïssiez
cox donner et recevoir et homes morir a grant
douleur. Si s'entremoutrerent en pou de terme
qu'il s'entreheent mortelment, car tant en i ot
de navrez et d'ocis celi jor que el monde n'a
10 cuer si dur a qui pitié n'en preïst. Mes seur touz
ceus qui en cele bataille furent et qui le jor
porterent armes le firent bien entre monseigneur
Gauvain et Lancelot. Si dit li contes que mesire
Gauvains, qui encore estoit dolenz pour la mort
15 Gaheriet, leur ocist le jor trente chevaliers; et
onques sanz faille celui jor ne pot recroire de bien
fere jusqu'a eure de vespres. Quant la nuit fu
venue, li chevalier le roi Artu se remistrent en
leur loges au plus tost qu'il onques porent, comme
20 cil qui avoient grant travaill eü. Autresi firent li
autre et s'en alerent en leur chastel; et quant il
furent dedens entré, il garderent combien il

orent perdu de leur gent; si trouverent qu'il leur
failloit bien cent chevaliers, sanz les serjanz ocis,
25 dont li contes ne fet mie mencion; et de tout ce
n'avoient il retour fors dis prisons qu'il avoient
amenez au chastel a fine force.

114. Quant il furent desarmé as ostex, il
alerent tuit mengier a cort, ausint li navré come
li sain, si come il estoit mielz avenu a l'un que a
l'autre; cele nuit aprés souper parlerent moult de
5 monseigneur Gauvain et distrent bien que nus
ne l'avoit si bien fet le jor, fors seulement Lancelot
et Boort. Et cil de l'ost, quant il furent a leur
tentes et il orent gardé combien il orent perdu de
leur chevaliers, si trouverent qu'il leur en failloit
10 deus cens, dont il furent trop durement corroucié.
Quant il orent cel soir mengié, si comencierent
a parler de çax del chastel et distrent que voire-
ment n'estoient il mie el chastel sanz grant gent
et qu'assez estoient preudome et viguereux;
15 si donerent de celui jour tout le pris a monseignor
Gauvain et a Lancelot et distrent que c'estoient
li dui chevalier qui mielz l'avoient fet en la
bataille; et quant il fu tans et hore de couchier,
por ce qu'il estoient las et traveillié, si s'alerent
20 repouser li un, et li autre gaitierent l'ost toute
nuit, car il avoient doute que cil del chastel ne
venissent as tentes, si qu'il nes trouvaissent pas
desgarnis, mes aprestez d'eus recevoir.

115. Cele nuit aprés souper parla Lancelos a ses
compaignons; si lor dist: « Seigneur, vos avez
ore apris comment cil de l'ost sevent ferir d'espees,
car de pres vos ont hui essaié et nos eus; mes il
5 ne se puent mie granment esjoïr de gaaing qu'il
i aient fet, ja soit ce qu'il aient plus gent que nos
n'avons; si nos est il bien avenu, la Dieu merci;

car a pou de gent nos somes tenu encontre leur
esforz. Ore esgardez que nos ferons demain et
10 comment nos nos contendrons d'ore en avant;
car je voldroie bien, s'il pooit estre et Dex le nos
vouloit soufrir, que nos menissons ceste guerre
a si honoree fin que nostre honors i fust maintenue
ausint com ele a esté a cest comencement; or me
15 dites que vos voldroiz que j'en face, car riens n'en
sera fet fors a vostre los. » Et il dient qu'il vuellent
a l'endemain assembler. « Seigneur, fet Lancelos,
puis qu'il est einsi que vos voulez assembler a
eus, ore esgardez donques qui primes s'en istra. »
20 Et Boorz dit que nus ne s'en istra devant lui, car
ja si tost li jorz ne sera venuz qu'il s'en istra toz
aprestez de ses armes por assambler a çax de
l'ost; et Hestor dist qu'il s'en istra aprés lui avec
la seconde bataille; et Eliezier, li filz au roi
25 Pellés, bons chevaliers et hardiz, dist qu'il
conduira la tierce bataille et menra ceus de son
païs; et uns autres, chevaliers de Sorelois, dus
d'Aroel, qui moult estoit bons chevaliers a mer-
veilles, demanda la quarte bataille a conduire,
30 et on li otroie volentiers, pour ce que prodom estoit
et assés savoit de guerre. Aprés furent tant de
gent del chastel qu'il establirent uit batailles et
si ot en chascune cent chevaliers armez; en la
derrienne, ou il avoient lor greignor pooir et
35 lor greignor fiance, mistrent il et establirent par
lor comune volenté Lancelot. Einsi establirent
toutes leur batailles des le soir devant et mistrent
bon conduiseeur en chascune; cele nuit regarde-
rent les navrez; quant Boorz vit que Hestor
40 estoit navrez et il sot que messires Gauvains
·l'avoit blecié, il ne fu mie petit corrouciez; si
dist oiant touz qu'il le vengera, s'il en vient en

leu. Cele nuit se reposerent cil del chastel qui
navré estoient, car assez estoient lassé. A l'ende-
45 main, si tost com il fu jours, avant que li solaus
fust levés, tantost com il se furent vestu et chaucié,
il corurent as armes; si en issirent del chastel
li uns aprés l'autre moult ord'eneement. Et quant
cil de l'ost les virent avaler, si saillirent a leur
50 armes et issirent hors des paveillons tuit apareillié;
si avint que messire Gauvains conduisoit la pre-
miere bataille, et Boorz conduisoit les premiers
des suens; si n'en fu pas dolenz messire Gauvains,
car c'estoit li hom del monde qu'il plus haoit
55 de mortel haïne. Quant il aprouchierent li uns
de l'autre, il laissierent coure ensamble, lor glai-
ves alongiés, tant come li cheval porent aler,
et s'entrefierent si durement qu'arme nes garan-
tist qu'il ne s'entreportent a terre si enferré qu'il
60 n'i a celui qui ait pooir de soi relever; et n'estoit
pas grant merveille, car a l'un et a l'autre pas-
soit li fers par derrieres. Aprés cestui cop se des-
buchierent les deus premieres batailles; si lais-
sierent corre li un encontre les autres et s'en vont
65 entreferir si merveillousement, a ce qu'il s'entre-
haoient de mortel haïne, que vous en peüssiés
veoir en poi de terme chaoir tels cent qui n'ont
pooir d'els relever, car li pluisour gisent tout mort
et li pluisour sont navré; si tourna a celui point
70 la desconfiture et la mescheance sor ciaus de
l'ost. Car en la premiere bataille de ciaus del
chastel avoit un chevalier de la Terre Foraine
qui fist si grans merveilles d'armes a cele em-
painte que par lui se desconfirent la gent le roi
75 Artu; et quant il orent un poi vuidiee la place,
cil del chastel coururent cele part ou mesire
Gauvains et Boors gisoient navré. Si les prisent

et en eüssent a force enmené monsignour Gau-
vain, a ce qu'il ne trouvoient en lui nule deffense,
80 se ne fuissent cil de l'ost qui vinrent cele part pour
lui rescourre; si fisent toutes voies tant a quel que
paine que il le covint laissier a cels de l'ost, ou
cil del chastel volsissent ou non. Et nonporquant
en cele destrece et en cele grant angoisse tra-
85 veillierent tant cil del chastel qu'il emporterent
Boort sor son escu el chastel amont, si navré
com il estoit; si ne veïstes onques si grant doel
demener a home ne a feme comme la roïne
faisoit, quant ele le vit si navré et si sanglent com
90 il estoit. Li mire furent mandé qui li traisent le
tronçon del glaive atout le fer; et quant il orent
veüe la plaie ensi come il la porent veoir, il disent
qu'ele estoit moult perillose a garir; mais toutes
voies le quident il rendre sain et haitié dedens
95 court terme a l'aïde de Dieu; si i metent paine
et entente selonc ce qu'il sevent et qu'il pueent.
Et cil qui furent assemblé es pres desus la riviere
del Hombre commencierent des le matin la mellec
qui dura jusqu'a ore de vespres en tel saison
100 comme en esté; si ne veïstes onques, ne vous ne
autres, si cruel bataille ne si felenesse comme cele
fu le jour, car moult en i ot d'ocis et de navrés
d'une part et d'autre. Et celui jor porta li rois
Artus armes et le fist si bien qu'il n'a el monde
105 home de son aage qui ausi bien le poïst avoir fet;
encore l'aferme l'estoire qu'il n'i ot de sa partie
nui chevalier ne viell ne juenne qui si bien le fcïst;
et par essample de son bien fere le firent si bien
li suen que cil del chastel eüssent esté veincu, se
110 ne fust Lancelos. Et quant li rois, qui bien le
connut as armes, vit ce qu'il fesoit, si dist a soi
meïsmes: « Se cist vit longuement, il honnira mes

hommes. » Lors li cort sus li rois, l'espee trete,
come cil qui estoit de trop grant hardement;
115 et quant Lancelos le vit venir, il ne s'apareille
pas de lui deffendre, fors de soi couvrir, car trop
amoit le roi de grant amour. Et li rois le feri si
durement qu'il trencha le. cheval parmi le col,
si qu'il abati Lancelot. Et quant Hestor, qui pres
120 de Lancelot estoit, vit ce coup, il fu trop corrociez,
car il avoit poor que Lancelos ne fust navrez;
si lest corre au roi et le fiert si durement seur le
hiaume qu'il fu si estordiz qu'il ne sot s'il fu
nuiz ou jorz. Et Hestor, qui bien connoist que c'est
125 li rois, recuevre un autre coup, si que li rois n'a
pooir qu'il se tiengne en sele, einz vole a terre
jouste Lancelot. Lors dist Hestor a Lancelot:
« Sire, coupez li le chief; si sera nostre guerre
finee. — Ha! Hestor, fet Lancelos, qu'est ce que
130 vos me dites? Ne le dites mes, car ce seroit peinne
gastee. »

116. Par ceste parole resqueust Lancelos de
mort le roi Artu; car Hestor l'eüst ocis. Quant
Lancelos meïsmes ot remonté le roi Artu, si se
partirent de la bataille; li rois vint a son ost et
5 dist, oiant touz ceus qui avec lui estoient: « Avez
veü que Lancelos a fet hui por moi, qui estoit
au desuz de moi ocirre et ne volt pas metre
main en moi? Par foi, ore a il passez de bonté
et de cortoisie touz les chevaliers que ge onques
10 veïsse; or voudroie ge que ceste guerre n'eüst
onques esté commenciee, car plus a hui veincu
mon cuer par debonereté que touz li monz
n'eüst par force. » Ceste parole dist li rois a son
privé conseil, dont misire Gauvains, tout fust il
15 navrés, fu moult courrouciez, quant il l'oï dire.
Quant Lancelos fu revenuz au chastel, cil qui le

desarmerent trouverent qu'il avoit meinte plaie,
dont maint autre chevalier se tenissent a encom-
bré de la plus petite. Quant il furent desarmé
20 entre li et Hestor, si alerent Boort veoir et deman-
derent a son mire s'il estoit durement navrez ;
et cil lor dist que la plaie estoit granz a merveille,
mais il en garroit bien prochainement, si com il
cuidoit.

117. Einsi tint li rois son siege devant la
Joieuse Garde deus mois et plus. Si avint que cil
dedens issirent fors menu et sovent et assamblerent
a ciaus de fors par tantes fois qu'il perdirent
5 assés de lor chevaliers, pour ce qu'il n'avoient
mie si grant gent comme cil de l'ost avoient. De-
denz celui terme avint que li apostoiles de Rome
sot que li rois Artus avoit sa fame lessiee et qu'il
prometoit qu'il l'ocirroit, s'il la pooit tenir; et
10 quant li apostoles ot oï que on ne l'avoit pas
prise provee el meffait que on li metoit sus, si
manda as arcevesques et as esvesques del païs
que toute la terre que li rois Artus tenoit fust
entredite et en escommunication, se il ne repre-
15 noit sa fame et la tenist en pes et en honor, ensi
comme rois doit tenir reïne. Quant li rois ot ce
mandement, si fu moult courrouciez; et non-
pourquant il amoit la roïne de si grant amour,
tot quidast il bien qu'ele li eüst meffait, que il fu
20 legierement vaincus; mes il dist que, se la reïne
revenoit, que ja por ce la guerre ne remeindra
entre li et Lancelot, puis qu'il l'avoit emprise.
Adont vint a la reïne li esvesques de Rovecestre,
qui li dist: « Dame, il couvient que vos railliez
25 au roi Artu vostre seignor, car einsi le commande
li apostoiles; il vos acreantera, voiant touz ses
barons, qu'il vos tendra des ore en avant ausint

come rois doit tenir reïne, ne de parole qui ait
esté dite de vos ne de Lancelot ne tendra jamés
30 conte ne il ne hom de sa cort, en leu ou vos soiez.
— Sire, fet ele, ge m'en conseillerai et vos dirai
prochainnement ce qu'en m'en loera. »

118. Lors mande la reïne Lancelot et Boort et
Hestor et Lyonnel en une chambre; et quant il
furent devant lui, ele leur dist: « Seigneur, vos
estes li home el monde ou ge plus me fi; or vos
5 pri que vos me conseilliez a mon preu et a m'en-
neur, selonc ce que vos cuideroiz qui me vaille
mieuz. Il m'est venue une nouvele qui moult me
doit plere et a vos ausi; car li rois, qui est li plus
preudom del monde, si com vos meïsmes dites
10 chascun jor, m'a requise que ge m'en aille a lui,
et il me tendra ausi chiere comme il onques
fist plus; si me fait grant honour de ce qu'il me
requiert et de ce qu'il ne regarde a ce que je
me sui tant meffaite envers lui. Et vous avrés
15 prou en ceste chose, car sans faille je ne me par-
tirai jamais de ci, s'il ne vos pardone son mauta-
lent, a tout le moins en tel maniere qu'il vos en
lera aler hors del païs, si que vous n'i perdrés
riens, tant comme vous serez en cest païs, vail-
20 lant un esperon. Or m'en loez ce que vous vou-
droiz, car s'il vos plest mieus que je remaigne
ci avoc vous, je remanrai, et se vos volez que je
m'en aille, je m'en irai. — Dame, fet Lancelos,
se vos en fesiez ce que mes cuers desirre, vos
25 remeindriez; mes neporquant, por ce que ge
vueill que cist aferes aut plus a vostre enneur que
selonc mon desirier, vos en iroiz a vostre seigneur
le roi Artu. Car se vous ore n'i aliés après cest offre
qu'il vous a fait, il n'est nus qui ne puist aperte-
30 ment connoistre vostre honte et ma grant des-

loialté; et pour ce voel je que vous mandés au
roi que vous irés a lui demain. Et je vous di que,
quant vous partirés de moi, vous serez si riche-
ment convoiee a nos pooirs que onques haute
35 dame ne fu plus bel; et ceste chose, dame, ne
di je mie pour ce que je ne vous aim plus que
onques a nostre vivant chevaliers n'ama dame,
mais je le di pour vostre honour. » Et lors li
commencent li oel a larmoier et la roïne commen-
40 ça d'autre part a plourer. Quant Boorz entent
que Lancelos a otroié a la reïne qu'ele ira au roi
Artu, si dist : « Sire, vos avez ceste chose otroiee
moult legierement; or doint Dex que biens vos
en viengne. Mes certes ge cuit que vos ne feïstes
45 onques chose dont autant vos repentissiez. Vos
en iroiz en Gaule et madame la roïne sera en ce
païs, en tel leu que vos ne la verroiz ne tost ne
tart, ne une foiz ne autre. Je connois tant vostre
cuer et le grant desirier que vous avrés de li
50 que je sai vraiement que vos n'i avroiz ja esté un
mois que vos voudriez avoir donné tout le monde,
s'il estoit vostres, par covent que vos onques
n'eüssiez fet cest don; si dout que vos n'en aiez
encore pis assez que vos ne cuidiez. » Quant
55 Boorz ot dite ceste parole, li autre dui s'i acor-
derent bien et commencent Lancelot a blasmer; si
dient : « Sire, quel poor avez vos del roi que vos
madame li rendés ? » Et il dit qu'il la rendra, que
qu'il l'en doie avenir, neïs s'il en devoit morir
60 par defaute de lui. Atant est li parlemenz finez,
quant il oent ce que Lancelos dit qu'il nel leroit
en nule maniere qu'il ne la rendist. La reïne
rala a l'evesque qui l'atendoit enmi la sale et
dist : « Sire, or poez aler a monseingneur le roi;
65 si le saluez de par moi et li dites que en nule

maniere ne partiroie de ceanz, s'il n'en lessoit
aler Lancelot en tel maniere qu'il n'i perdist
vaillant un esperon, ne ame de sa mesniee. »
Quant li esvesques entent cele parole, si en
70 mercie Dieu de bon cuer, car or voit il bien que la
guerre est faillie. Il commande la roïne a Dieu
et tous ciaus del palais ausi; si s'en avale del
chastel et ne fina onques de chevauchier tant
qu'il vint au tref le roi; se li conte les noveles qu'il
75 a oïes el chastel. Quant li rois entent qu'en li
rent volentiers la reïne, si dist, oiant touz ceuz
qui avec lui estoient: « Par Dieu, s'il fust autant
a Lancelot de la roïne comme on me faisoit
entendant, il n'est mie si au desous de ceste guerre
80 qu'il la rendist des mois, se il l'amast de fole
amour. Et por ce qu'il a fet de ceste requeste si
debonairement ma volenté, ferai je outreement
ce que la roïne m'a mandé; car je l'en lairai aler
hors de cest païs en tel maniere qu'il ne trovera
85 ja qui li toille del suen vaillant un esperon que
je ne li rende a doubles. » Lors comande li rois
a l'esvesque qu'il s'en aille arrieres el chastel et
die a la reïne de par le roi que Lancelos s'en
puet aler toz quites hors del païs; et li rois mees-
90 mes, por ce qu'il a faite si debonairement sa
requeste, li trovera del sien propre navie por
passer en Gaule. Li esvesques monte tantost et
s'en revient arrieres el chastel et conte a la reïne
ce que li rois li mande. Si est ainsint la chose
95 afinee d'ambedouz pars que la reïne sera rendue
l'endemain a son seignor, et Lancelos se partira
del roiaume de Logres; si s'en ira entre lui et sa
compaignie el roiaume de Gaunes dont il sont
droit seignor et droit eritier. Cele nuit furent cil
100 de l'ost lié et joiant quant il virent que la guerre

estoit faillie; car moult avoient li pluseur d'eus
grant poor que li pis n'en tornast seur eus, se li
afaires durast longuement. Et se il furent assés
plus lié qu'il ne soloient estre et plus joiant,
105 cil del chastel furent plein de lermes et dolent,
ausi li povre comme li riche; et savés vous pour
coi il estoient si dolant ? Por ce qu'il veoient que
Boorz et Lancelos et Hestors et Lyonniaus fe-
soient duel merveillex ausi comme se il veïssent
110 tout le monde ocis.

119. Cele nuit ot grant duel a la Joieuse
Garde; et quant li jorz fu ajornez, Lancelos dist
a la reïne: « Dame, hui est li jorz que vos depar-
tirés de moi et qu'il m'en couvendra a aler de cest
5 païs. Je ne sai se je jamais vos verrai. Veés ci un
anel que vous me donastes jadis quant je premie-
rement m'acointai de vous, et je l'ai des lors
gardé jusques ci por l'amour de vous; or vos pri
ge que vos le portoiz mes por l'amor de moi tant
10 com vos vivroiz; et ge avrai celui que vos portez
en vostre doi. » Et ele li donne volentiers. Atant
fenissent leur parlement; si se vont apareillier
au plus bel qu'il porent. Celui jor furent riche-
ment acesmé li quatre cousin. Quant il furent
15 monté et tuit li autre del chastel, il alerent a
sauves trives jusqu'a l'ost a plus de cinc cens
chevax touz couverz de soie, et venoient bohor-
dant et fesant le greignour samblant de joie que
vos onques veïssiez. Et li rois vint encontre eus
20 o grant chevalerie; et quant ce fu chose que Lan-
celos vit le roi aprochier de lui, il descendi et
prist la reïne par le frain et dist au roi: « Sire,
vez ci la reïne que ge vos rent, qui fust pieça
morte par la desloiauté de ceus de vostre ostel,
25 se ge ne me fusse mis en aventure de li rescore.

Si ne le fis ge mie por bonté qu'ele me feïst
onques, fors por tant soulement que je la conois
a la plus vaillant dame del monde, dont il eüst
esté trop grans domaiges et trop dolerouse perte,
30 se li desloial de vostre ostel, qui a mort l'avoient
jugiee, en eüssent fet ce qu'il vouloient fere. Si
vaut mielz qu'il soient mort en leur desloiauté
qu'ele fust ocise. » Lors la reçoit li rois moult
maz et moult pensis des paroles qu'il li ot dites.
35 « Sire, fet Lancelos, se ge amasse la reïne de fole
amour, si com l'en le vos fesoit entendant, ge ne
la vos rendisse des mois et par force ne l'eüssiez
vos pas. — Lancelos, fet li rois, vos en avez tant
fet que ge vos en sei bon gré; et ce que vos en
40 avez fet vos porra valoir en aucun tens. » Lors
vint avant messire Gauvains et dist a Lancelot:
« Vous avez tant fait pour monsignour le roi qu'il
vous en set bon gré. Mais encore vous requiert il
une autre chose. — De coi, sire ? fait Lancelos,
45 dites le moi et je le ferai, se je puis. — Il vos
requiert, fait messires Gauvains, que vos li vui-
diez sa terre en tel maniere que vos n'i soiez
trouvez jamés. — Sire, fet Lancelos au roi, vos
plest il que ge le face issi ? — Puis que Gauvains
50 le velt, fet li rois, il me plest bien. Laissiés ma terre
par deça la mer et alés en la vostre par dela, qui
assez est bele et riche. — Biaus sire, fet Lancelos,
quant ge serai en ma terre, serai ge asseür de vos ?
Lequel atendrai ge de vos, ou pes ou guerre ? —
55 Asseür poez estre, fet missire Gauvains, qu'a la
guerre ne poez vos faillir, que vos ne l'aiez plus
fort que vos ne l'avez eüe jusques ci, et durra
tant que Gaheriez mes freres, que vous oceïstes
malvaisement, sera vengiez de vostre cors meïs-
60 mes; et je ne prendroie mie en eschange tout le

monde que vous n'en perdissiés la teste. — Missire Gauvains, fet Boorz, lessiez atant le menacier, que ge vos di veraiement que mes sires ne vos crient se petit non; et se vos tant fesiez que vos
65 aprés nos venissiez el roiaume de Gaunes ou en celui de Banoïc, asseür soiez que vos seriés plus pres de perdre la teste que messires ne seroit. Et si avez dit que messires ocist desloiaument vostre frere; se vos ce vouliez prouver comme loiax
70 chevaliers, je deffendroie mon seigneur encontre vostre cors, si que, se g'estoie veincuz en champ, que messires Lancelos fust honniz, et se ge vos pooie recreant fere, que vos fussiez maubailliz comme faus apelerres. Si remeindroit la guerre
75 atant. Certes, s'il vos plesoit, moult seroit ceste chose couvenable que par moi et par vos fust ceste querele desresniee plus que par quarante mile homes. » Et messire Gauvains tent son gage et dit au roi : « Sire, puis qu'il s'offre de ceste chose,
80 il n'en ira jamés avant, car ge sui prez de prover encontre son cors que par traïson ocist Lancelos Gaheriet mon frere. » Et Boorz saut avant et dit qu'il est prez del deffendre; si fust la bataille afermee, se li rois volsist, car messire Gauvains
85 ne demandoit autre chose et Boort volsist estre cors a cors encontre lui. Mais li rois refusa d'ambes deus les gages et dist que ceste bataille ne seroit otroiee en nule maniere, mais quant il seroient d'iluec parti, que chascuns feïst del mieuz qu'il
90 poïst, et bien fust Lancelos asseür que ja si tost ne seroit en son païs qu'il troveroit la guerre greignour qu'il ne porroit quidier. « Certes, sire, fait Lancelos, de ceste guerre maintenir ne fuissiés vous pas si aaisiés comme vous estes
95 ore, se je eüsse tant esté en vostre nuisement

comme je ai esté en vostre aïde le jor que Gale-
hols, li sires des Lontaines Illes, devint vostres
hom liges en celui point meïsmes ou il avoit
pooir de vous tolir terre et honour et la ou vos
100 estiés aprochiés de toutes hontes recevoir, ce
fu de perdre la courone et d'estre desiretés;
et se il de cele journee vous ramenbrast, ensi
comme il deüst faire, ja certes de ceste guerre
bastir encontre moi ne vos entremeïssiés, ne ceste
105 chose, sire, ne vos di je mie pour ce que je aie
doute de vos, ains le di pour l'amour que vous
deüssiés avoir a moi, se vous estiés si bons guerre-
donerres de bontés comme rois deüst estre; car
certes puis que nous serons venu en nostre païs
110 entre nos homes liges, et nos avrons mandé
nostre pooir et nos amis, et nous avrons nos
chastiaus garnis et nos fermetés, je vous asseür
que, se vous i venés et nous vous volons de tout
nostre pooir nuire, onques certes chose ne feïstes
115 dont vous vous repentissiés autant comme vous
ferés de ceste; car bien sachiés que vous n'i
avriés ja prou ne hounour. Et vous, mesires
Gauvains, qui si estes cruous de nous empirier
vers le roi, certes vous nel deüssiés pas faire,
120 car, se il vous sovenist de ce que je vous ostai
jadis de la Dolerouse Tour, celui jour que vous
jetai de la prison Karados le Grant que je ocis,
qui vous avoit ensi mis comme a la mort, ja
n'eüssiés haïne envers moi. — Lancelot, fait
125 mesire Gauvains, onques ne feïstes riens pour
moi que vous ne m'aiés moult chier vendu au
daerrain; car vous m'avés si dolerousement
adamagié de ciaus que je plus amoie que nostres
parentés en est del tout abaissiés et je en sui
130 honnis; et pour ce ne porroit il mie avoir pais

entre moi et vous, ne si n'avra il jamais tant comme
je vive. » Lors dist Lancelos au roi: « Sire, je
m'en irai demain fors de vostre terre en tel
maniere que pour tous les services que je vous
135 ai fais, puis que je fu primes chevaliers, n'empor-
terai del vostre vaillant un esperon. »

120. Atant fine li parlemenz; si s'en revient
li rois as tentes et enmeinne avec soi la reïne.
Lors commença entr'eus la joie si grant comme
se Damledex i fust descenduz. Mes encontre
5 ce que cil de l'ost furent joiant et lié, autresi
s'en alerent cil del chastel dolent, car trop estoient
a malese de ce qu'il veoient leur seigneur plus
pensif qu'il ne souloit; et quant Lancelos fu
descendus, il commanda a toute sa mesnie qu'il
10 apareillent leur harnois, car il mouvra demain,
si comme il cuide, a aler a la mer por passer en la
terre de Gaunes. Cel jor prist Lancelos un escuier
qui avoit non Kanahins et li dist: « Pren mon
escu en cele chambre et t'en va droit a Kamaalot,
15 et si le porte en la mestre eglise de Saint Estienne
et le lesse en tel leu ou il puisse remanoir et ou
il soit bien veüz, si que tuit cil qui des ore mes le
verront aient en remenbrance les merveilles
que ge ai fetes en ceste terre. Et sez tu por quoi
20 ge faz a cel leu ceste enneur ? Por ce que ge i
reçui primes l'ordre de chevalerie; si en aing
plus la cité que nule autre ; et por ce voil je que
mes escuz i soit en leu de moi, car je ne sai se
jamés aventure m'i amenra, puis que je serai
25 partiz de cest païs. »

121. Li vallez prist l'escu, et avec li bailla
Lancelos quatre somiers touz chargiez d'avoir,
por ce que cil de l'eglise proiassent por lui a tous
jours mais et en amendassent le leu. Et quant

5 cil qui ce present porterent furent la venu, l'en
les reçut a moult grant joie; et quant il virent
l'escu Lancelot, il ne furent mie meinz lié que de
l'autre don; il le firent tout meintenant pendre el
milieu del moustier a une chaenne d'argent aussi
10 richement com se ce fust uns cors sainz. Et quant
cil del païs le sorent, il le vindrent veoir espessement
a grant feste, et en ploroient li pluseur, quant il
veoient l'escu, de ce que Lancelos s'en estoit
alez. Mes atant s'en test ore li contes a parler
15 d'eus et retorne a Lancelot et a sa compaignie.

.   .   .

122. En ceste partie dit li contes que, aprés
ce que la reïne fu rendue au roi, se parti Lancelos
de la Joieuse Garde; et fu voirs qu'il donna
par l'otroi le roi meïsmes le chastel a un sien
5 chevalier qui servi l'avoit longuement, en tel
maniere que, en quel que leu que li chevaliers
fust, qu'il recevroit les rentes del chastel a son
vivant. Et quant Lancelos s'en fu issuz a toute
sa compaignie, il regarderent qu'il porent bien
10 estre quatre cens chevalier, sanz les escuiers et
sanz les autres qui a pié et a cheval sivoient
cele route. Quant ce fu chose que Lancelos
vint a la mer et il fu entrez en la nef, il regarda
la terre et le païs ou il avoit eü tant de biens et
15 ou l'en li avoit fetes tantes enneurs; il commença
a muer couleur et a giter soupirs de parfont;
et li eill li commencierent a lermoier durement.
Et quant il ot grant piece esté en tel maniere,
il dist si basset que nus ne l'entendi qui fust
20 en la nef, fors seulement Boort:

123. « Hé ! douce terre pleinne de toutes
beneürtez, et en qui mes esperis et ma vie remaint
outreement, beneoite soies tu de la bouche de
celui qu'en apele Jhesucrist, et beneoit soient
5 tuit cil qui en toi remanent, soient mi ami ou
mi ennemi. Pes aient il ! Repos aient il ! Joie lor
doinst Dex greignor que je n'ai ! Victoire et honor
lor doint Dex envers toz cels qui riens li voldront
forfaire ! Et certes si avront il, car nus ne pourroit
10 estre en si dolz païs com cist est qui ne fust plus
bien eürez que nus autres ; por moi le di ge qui
esprové l'ai, car autant come g'i demorai m'i
avint il toute boneürté plus abandoneement que
ele ne feïst se je fuisse en une autre terre. »

124. Itex paroles dist Lancelos quant il parti
del roiaume de Logres ; et tant comme il pot
veoir le païs, il le regarda, et quant il en ot per-
due la veüe, il s'ala couchier en un lit. Si com-
5 mença a fere si grant duel et si merveillex que nus
qui le veïst ne fust qui pitié n'en preïst ; et dura cist
duelz jusqu'a l'ariver. Et quant ce fu chose
qu'il vindrent a terre, il monta el cheval entre lui
et sa compaignie et alerent tant qu'il aprochierent
10 d'un bois. En cel bois descendi Lancelos et com-
manda que si paveillon fussent illuec tendu, car
il vouloit la nuit remanoir ; et cil le firent mcinte-
nant qui de celui mestier devoient servir. Cele
nuit s'i herberja Lancelos et l'endemain s'en
15 parti, et erra tant qu'il vint en sa terre. Quant
cil del païs sorent qu'il venoit, si alerent a l'en-
contre et le reçurent a moult grant joie comme cil
qui estoit leur sires.

125. A l'endemain qu'il fu venuz, aprés ce
qu'il ot oï messe, il vint a Boort et a Lyonnel,
si leur dist : « Donez moi un don, car ge vos

en pri. — Sire, font il, il ne couvient pas que vos
5 nos en proiez, mes commandez, que ja ne sera
lessié, por perdre ne vie ne menbre, que nos
ne le façons orendroit. — Boort, ge vos requier
que vos teingniez l'enneur de Benoïc; et vos,
Lyonniaus, vos avroiz celui de Gaunes qui fu
10 vostre pere. De celui de Gaule, por ce que
li rois Artus le me donna, ne vos tendrai ja parole,
car s'il m'avoit tout le monde doné, si li rendroie
ge a cest point. » Et il dient, puis que sa volenté
i est, il le feront; et Lancelos dit qu'il velt qu'il
15 soient coroné a la Touz Seinz.

126. Si l'en vont ambedui au pié et reçoivent
de lui ceste seignorie; et de cel jor que il les
en saisi n'avoit jusques al jor de la Toz Sainz
que un mois et deus jors. Quant cil del païs
5 sorent que a celui jor devoient estre li dui frere
coroné et saisi, li uns del reaume de Benoyc
et li autres del reaume de Gaunes, lors poïssiez
veoir grant feste par toute la terre et laboreors
esleecier outre ce qu'il ne souloient. Si pooient
10 bien dire cil dou païs que toz li plus pensiz d'els
touz et li plus amatiz estoit Lancelos, car a
poines en pooit l'en trere bele chiere; et nepor-
quant encor fesoit il assez greignor joie et greignor
samblant de leesce que ses cuers ne li aportoit.

127. Au jor que la feste Touz Seinz fu venue,
furent assemblé a Benoïc tuit li haut baron de
la terre. A celui jor meïsmes que li dui frere
furent coronné, oï nouveles Lancelos que li rois
5 Artus vouloit venir a ost sus li, et vendroit sanz
faille, maintenant que l'ivers seroit passez, car
ja avoit fet auques son estorement, et toute ceste
chose estoit par l'esmuete monseignor Gauvain.
Et quant il oï ceste novele, il respondi a celui

10 qui ce li ot dit: « Or lessiez venir le roi; que bien
soit il venuz ! Certes nos le recevrons bien, se
Diu plest, car nostre chastel sont fort de murs
et d'autres choses, et nostre terre est bien garnie
de viande et de chevalerie. Et viengne li rois
15 seürement, car il n'a garde de mort en leu ou
je soie, tant comme je le puisse connoistre. Mes
de monseignor Gauvain qui tant nos contralie,
et si nel deüst pas fere, et qui tant chace nostre
mal, vos di ge bien que, se il vient çà, il ne s'en
20 ira jamés seinz ne hetiez, se je onques puis, ne
il ne s'entremist onques jor de sa vie de guerre
dont il se repentist autant come il se repentira
de ceste, se il i vient. » Ainsint dist Lancelos
a celui qui ces noveles li ot aportees, et bien
25 l'aseüra que li rois Artus seroit miex receüs
qu'il ne cuidoit; et cil li dist que li rois ne s'en
entremeïst mie, se messires Gauvains ne li feïst
fere. Mes atant lesse ore li contes a parler de
Lancelot et retorne au roi Artu et a monseigneur
30 Gauvain.

128. Or dit li contes que tout cel yver demora
li rois Artus el roiaume de Logres tant aiese que
nus plus, car il ne veoit chose qui li despleüst.
Endementiers qu'il aloit chevalchant par ses
5 viles et sejornant de jor en jor par ses chastiax
la ou il les savoit muez aiesiez, l'amonesta tant
messires Gauvains qu'il recomençast la guerre
encontre Lancelot qu'il li acreanta come rois
que, ja plus tost la Pasque ne seroit passee, qu'il
10 iroit a ost banie seur Lancelot et tant se tra-
veilleroit, s'il i devoit morir, qu'il abatroit les
for13reces de Banoïc et de Gaunes en tel maniere

qu'il ne leroit en mur pierre seur autre. Ceste
promesse fist li rois a monseigneur Gauvain;
15 si li promist ce qu'il ne li pot mie tenir.

129. Aprés la Pasque au tens nouvel que la
froidure fu auques departie, semont li rois touz
ses barons et apareilla ses nes por passer la mer;
et fu cele assamblee en la cité de Londres. Et
5 quant il durent mouvoir, messire Gauvains
demanda a son oncle: « Sire, en la qui garde
leroiz vos madame la reïne? » Et li rois comença
maintenant a penser a cui il la porroit lessier.
Et Mordrés saut avant et dit au roi: « Sire,
10 s'il vos plesoit, je remaindroie por li garder,
et ele sera plus salvement, et plus asseür en devez
estre, que se ele estoit en autre garde. » Et li
rois dist que il velt bien que il remaigne et que
il la gart come son cors. « Sire, fet Mordrés,
15 je vos creant que je la garderai ausint chierement
come mon cors. » Et li rois la prent par la main,
si la li baille et li dist qu'il la gart ausi loiaument
com hons liges doit garder la feme son seignor.
Et il la reçoit en tel maniere. Si en fu la reïne
20 moult corrociee de ce qu'ele li fu bailliee a garder,
car ele savoit tant de mal en lui et tant de des-
loiauté qu'ele pensoit bien que corrouz et anuis
l'en vendroit; et si fist il assez plus grant qu'ele
ne peüst cuidier. Li rois bailla a Mordret les
25 cles de touz ses tresors, por ce que, s'il li fust
mestiers d'argent ne d'or, quant il sera passés
el roiaume de Gaunes, que Mordrés l'en envoiast,
s'il en mandast. Li rois commanda a ceus del
païs qu'il feïssent outreement ce que Mordrés
30 voudroit, et lor fist jurer sor sainz que ja chose
qu'il lor comandast ne trespasseroient; et cil
firent le serement dont li rois se repenti p̄uis si

doulereusement qu'il en dut estre vaincuz en
champ en la plaigne de Salesbieres ou la bataille
35 mortex fu, si come ceste estoire meïsmes le devisera
apertement.

130. Aprés ceste chose s'esmut li rois Artus
de la cité de Londres tout maintenant o grant
compaingnie de bone gent et erra tant qu'il vint
a la mer, et jusques la le convoia la reïne, ou il
5 volsist ou non. Quant li rois dut entrer en la nef,
la reïne fist trop grant duel et li dist tout en
plorant, la ou il la besoit: « Sire, Nostre Sires
vos conduie la ou vos devez aler et vos rameint
sain et hetié; car certes ge n'oi onques mes si
10 grant poor de vos comme j'ai ore. Et comment
qu'il soit de vostre revenir, li cuers me dit que
jamés ne vos verrai ne vos moi. — Dame, fet li
rois, si feroiz, se Dieu plest, et n'en aiez ja poor
ne doutance, car en poor avoir ne porriez vos
15 riens gaaignier. » Atant entra li rois en la nef
et li voile furent levé por le vent recevoir et li
maistre maronier furent apareillié pour faire
ce qu'il devoient; si ne demora pas granment
que li venz les ot si esloigniez de la rive qu'il
20 se porent veoir en haute mer. Il orent bon vent;
si vindrent tost a rive; si en loerent moult Nostre
Seigneur. Quant il furent arivé, li rois commanda
que l'en tresist hors des nes tout leur harnois et
qu'il tendissent leur paveillons seur la rive, por ce
25 qu'il se vouloit reposer. Et cil le firent tout ensi
com il lor ot comandé. Cele nuit jut li rois en
une praerie assez pres de la rive de mer. Au matin,
quant il s'enparti d'ilec, il regarda combien il
pooit avoir de genz; si troverent qu'il estoient
30 plus de quarante mile. En tel maniere errerent
tant qu'il furent el roiaume de Benoïc. Et quant

il i furent entré, il ne troverent pas les chastiaus
desgarnis, car il n'i avoit celui que Lancelos
n'eüst fait amender ou refaire tout de novel.
35 Et quant il i furent, li rois demanda a ses homes
quel part il iroit. « Sire, fet messire Gauvains,
nos irons droit a la cité de Gaunes ou li rois
Boorz et li rois Lioniax et Lancelos et Hestor
demeurent atout leur pooir; et se nos par aucune
40 aventure les poions entreprendre, nos porrions
nostre guerre legierement metre a fin. — Par
Dieu, fet messire Yvains, c'est folie d'aler droit
a cele cité, car illuec demeure touz li esforz de
ceste terre, por coi il nous venist miels premiere-
45 ment aler destruire les chastiaus et les viles
d'entour cele cité, si que nous n'eüssions garde
entour nous, quant nous eüssions assis ciaus
dedens. — Ha ! fet missire Gauvains, or ne vos
esmaiez, que ja n'i avra si hardi qui s'ost mouvoir
50 de chastel tant comme il nos sachent en ceste
terre. — Gauvains, fet li rois, ore alons asseoir
Gaunes, puis que vos le voulez. » Lors s'en vet
li rois Artus droit a Gaunes entre lui et sa com-
paignie. Quant il vint pres, si encontra une dame
55 vielle durement qui chevauchoit un palefroi
blanc et estoit moult richement apareilliee;
quant ele connut le roi Artu, si li dist:

131. « Rois Artus, voiz la cité que tu ies venuz
assaillir. Saches veraiement que c'est grant folie
et que tu crois fol conseil; car ja de ceste emprise
que tu as comenciee n'avras honor, car tu ne la
5 prendras ja, ains t'en partiras sans ce que tu
n'i avras riens fait; ce sera l'onor que tu i avras.
Et vos, messire Gauvains, qui ceste chose avés
loee au roi et par qui conseil ceste guerre est
commenciee, sachiez que vous porchaciez si

10 durement vostre damage que vous jamais ne
reverrés le roialme de Logres sains ne haitiés.
Si poez dire veraiement que ore est li termes
aprochiez qui jadis vos fu promis quant vos vos
partistes de chiés le Riche Roi Pescheor ou vos
15 eüstes assez honte et laidure. »

132. Quant ele ot dite ceste parole, ele s'en
torna grant oirre, que onques ne volt oïr parole
que messire Gauvains ne li rois Artus li deïst;
si s'en ala droit a la cité de Gaunes et se feri
5 dedenz et vint el mestre palés la ou ele trouva
Lancelot et les deus rois, qui avoient avec ax
grant compaignie de chevaliers; et quant ele fu
montee el mestre palés, ele vint as deus rois.
Si leur dist que li rois Artus estoit a demie liue
10 de la cité et que l'en puet ja veoir plus de dis
mile homes des lor. Il distrent qu'il ne leur
chaloit, qu'il n'ont doute d'eus. Lors demandent
a Lancelot: « Sire, que ferons nos ? Li rois Artus
fet ses homes logier la dehors. Nos leur deüssons
15 corre sus einçois que il fussent parlogié. » Lancelos
dist que demain leur corroit sus. A ceste chose
s'acorde li rois Boorz et li autre tuit. Lancelos
fet crier par la cité qu'il soient le matin monté
devant prime; si en sont li pluseur lié et joiant,
20 car il ainment mieuz la guerre que la pes. Cele
nuit furent aiese cil de l'ost et cil dedenz furent
en pes. Au matin, si tost com li jorz aparut, se
leverent cil de la cité et pristrent leur armes
au plus tost qu'il porent; car moult desiroient
25 cil dedens que il veïssent l'ore que il poïssent
assembler a çax dehors. Quant il furent apareillié,
il vindrent devant le palés et s'arresterent enmi
la rue tuit monté, tant que il ississent hors.
Celui jor ordenerent Lancelos et Hestor lor

30 batailles et donnerent a chascune bon conduiseeur;
et ausi firent cil de l'ost vint batailles; si fu en
la premiere bataille messires Gauvains et messire
Yvains, por ce qu'il avoient oï dire que Lancelos
et Boort estoient de l'autre part en la premiere

35 bataille. Et quant ces deus batailles s'entrencon-
trerent, missire Gauvains et Lancelos assemblerent,
et Yvains et Boorz; si s'entreporterent a terre
tuit quatre, si que a poi que Yvains n'ot le bras
brisié. Atant desbuschent les batailles d'une part

40 et d'autre; si commence illuec endroit la mellee
si grant et si pleniere que assez poïssiez veoir
chevaliers cheoir. Mes Lancelos fu remontez
seur son cheval et ot mis la main a l'espee et
commence a ferir granz cox environ soi; et la

45 gent le roi Artu orent remonté monsignour
Gauvain, ou cil de la cité volsissent ou non; si
assemblerent toutes les batailles einz que heure
de tierce fust passee et commencierent la mellee
dont maint preudome morurent et meint bon

50 chevalier. Mes quant li rois Lyons fu venuz en la
bataille, lors veïssiez les honmes le roi Artu
esmaier moult durement por les merveilles qu'il
veoient que li rois Lyons fesoit; si eüssent celui
jor cil dehors assez perdu, se ne fust li rois Artus

55 qui trop bien le fist en cele bataille; et il meïsmes
navra le roi Lyon el chief; si en orent cil dedens
si grant paour, quant il le virent si durement
navré, que la bataille en remest ains ore de vespres,
et s'en entrerent en la cité.

133. Ensi assemblerent cil de l'ost a ciaus
dedens quatre foiz en une semeinne; si i ot assez
chevaliers morz et ocis d'une part et d'autre;
mes toutevoies i perdirent cil dehors plus que cil

5 dedenz, car Lancelos et Boorz et Hestor qui a

toz besoinz estoient prest et estoient touz jorz
apareillié de nuire a leur ennemis le firent trop
bien; cil dedenz estoient trop asseür por les trois
cousins, car il sembloit qu'il n'i eüst se eus non,
10 dont cil dehors furent trop espoenté. Mes li
contes lesse ore a parler d'eus touz et retorne a
Mordret.

. . .

134. Or dit li contes que quant li rois Artus
ot bailliee la reïne a garder a Mordret et il se fu
partiz del roiaume de Logres por venir sor Lan-
celot, einsi com li contes a ja devisé, et Mordrés
5 fu remez sesiz de toute la terre le roi, si manda
a soi touz les hauz barons del païs et commença
a tenir les granz corz et a doner les granz dons
souvent et menu, tant qu'il conquist les cuers de
touz les hauz honmes qui remés estoient en la
10 terre le roi Artu, si enterinement qu'il ne pooit
riens commander el païs qui ne fust autresi fete
comme se li rois Artus i fust. Si repera tant
Mordrés avec la reïne qu'il l'ama de si grant
amour qu'il ne veoit pas qu'il n'en moreust,
15 s'il n'en eüst ses volentez; si ne li osoit dire en
nule maniere; si l'amoit si tres durement que nus
ne poïst plus amer sanz mort par amors. Lors
s'apensa Mordrés d'une grant traïson dont il fu
puis touz jorz parlé, car il fist fere unes letres
20 et furent seellees en un faus seel contrefet au seel
le roi Artu, et furent aportees a la reïne et leües
devant les hauz barons; si les lut uns esvesques
d'Irlande; si devisoient les letres einsi:

135. « Je vos mant saluz com cil qui sui navrez
a mort par la main Lancelot, et tuit mi home
ocis et decoupé; et il me prent de vos pitié plus

que de nule gent por la grant loiauté que j'ai
5 en vos trouvee; et por pes vos pri ge que vos
Mordret que ge tenoie a neveu — mes il ne l'est
pas — que vos en faciez roi de la terre de Logres,
car moi sanz faille ne verroiz vos jamés, car Lan-
celos m'a navré a mort et Gauvain ocis. Et encore
10 vos requier ge sus le serement que vos m'avez
fet que la reïne doigniez a famé a Mordret;
et se vos nel fesiez, trop granz domages vos en
porroit avenir, car se Lancelos savoit qu'ele
ne fust mariee, il vendra seur vos et la prendra
15 a fame, et c'est la chose par quoi m'ame seroit
plus dolente. »

136. Toutes ces paroles estoient escrites es
fausses letres et furent, teles com eles estoient,
leües devant la reïne. Quant Mordrés, qui
toute ceste traïson ot fete si que nus n'en sot
5 mot, fors lui et le valet qui les letres avoit aportees,
oï ces letres, si fist semblant qu'il en fust courrou-
ciez, si qu'il se lessa cheoir entre les barons
ausi comme touz pasmez. Mes de la reïne, qui
bien cuidoit que ces noveles fussent veraies,
10 vos puet l'en bien dire qu'ele comença a fere
un duel si grant qu'il n'est nus qui la veïst qui
pitié n'en eüst. Li deus commence par le palés
de toutes parz si qu'en n'i oïst pas Dieu tonnant.
Quant la nouvele fu espandue par la cité et
15 l'en sot que li rois Artus fu ocis et tuit cil qui o
lui estoient alé, grant duel firent et li povre et li
riche por le roi Artu; car c'estoit li princes del
monde qui plus estoit amez, car il leur avoit
esté touz jorz douz et deboneres. Li deus de ceste
20 nouvele dura uit jorz tos plains si merveilleuse-
ment qu'il n'i ot nul qui se reposast se petit non.
Et quant li deus fu auques abessiez, Mordrés

vint as barons, a ceus qui estoient plus poissant,
et leur demanda qu'il feroient de ce que li rois
25 avoit mandé; et il distrent qu'il parleroient
ensemble. Il trouverent en leur conseill qu'il
feroient de Mordret roi et li donroient la reïne
a fame et deviendroient si home lige; si le devoient
fere por deus choses: l'une, por ce que li rois
30 Artus les en avoit proiés; l'autre, por ce qu'il
ne veoient entr'ex home qui si bien fust digne
de tele enneur comme il estoit.

· **137.** Lors dient a Mordret qu'il feroient
outreement ce dont li rois les avoit requis, et
Mordrés les en mercie moult: « Puis qu'il vos
plest que ceste chose aviengne en tel maniere
5 com li rois l'a requise, il n'i a fors que de mander
la reïne; si la me donra cist arcevesques a fame. »
Et il dient qu'il la feront avant venir; si la vont
querre en une chambre ou ele estoit, et li dient:
« Dame, li haut home de vostre terre vos atendent
10 en cel palés et vos prient que vos veingniez a eus;
si orroiz qu'il voudront dire; et se vos n'i voulez
venir, il vendront a vos. » Ele dit qu'ele ira,
puis qu'il la demandent. Ele se lieve et vient
en la sale; et quant li baron la virent venir,
15 si se leverent encontre lui et la reçurent a grant
enneur; et li uns d'eus, qui mieuz estoit emparlez,
li dist ceste parole:

138. « Dame, nos vos avons mandee por une
chose; Dex doint que biens en viengne a nos et
a vos ! Car certes nos le voldrions, et si vos dirons
que ce est. Morz est, ce savons nos bien, li rois
5 Artus, vostre sires, qui tant estoit preudom et
tant nos tint en pes; ore est trespassez de cest
siecle, ce poise nos durement. Et por ce que cist
reignes, ou si grant seignorie est espandue par

toutes terres, est remés sanz gouverneeur, si
10 nos est bien mestiers que nos i metons conseill
et tel home qui fust dignes de tenir empire si
riche com cist est, a qui vos fussiez livree comme
dame, car sanz faille cil a cui Dex donra l'enneur
de ce reigne ne puet estre qu'il ne vos ait a fame.
15 De ceste chose nos sonmes nous porveü en tel
maniere, por ce que nos en avons mestier, que
nos vos avons quis un preudome et bon chevalier
qui bien savra le reingne gouverner; si avons
esgardé entre nos qu'il vos avra a fame, et nos
20 li ferons homage. Dame, qu'en dites vos ? »

139. La reïne, qui tant est esbahie de ceste
chose, dist en plorant a celui qui a li parloit
qu'ele n'avoit talent de baron prendre. « Dame,
fet il, ainsi ne puet il estre; nus ne vos en puet
5 deffendre, car en nule maniere nos ne lairions
cest regne sanz seignor; car il ne porroit estre
qu'il ne nos en mescheïst, se guerre nos sordoit
d'aucune part, et por ce vos covient il, ausint
comme a force, fere nostre volenté de ceste chose. »
10 Et ele dist que ele lairoit ançois le regne et s'en
iroit hors del païs, comme esgaree, qu'ele preïst
jamés seignor. « Et savez vos, fet ele, por coi
je le di ? Ge le di por ce que je ne porroie jamés
avoir si preudome com j'ai eü; et por ce vos
15 pri je que vos ne m'aresnoiz plus de ceste chose,
car je n'en feroie riens, et si vos en savroie mal
gré. » Lors li corent li autre sus de parole et
dient: « Dame, vostre escondires ne vos vaut
neant; il covient que vos faciez ce qu'il vos
20 estuet a fere. » Quant ele les entent, si est cent
tanz plus esmaiee que devant; si demande a
ceus qui la tenoient corte: « Or me dites celui
que vos me voulez donner a seignor. » Et il

dient: « Mordret; nos ne savons entre nos nul
25 chevalier qui si bien soit dignes de tenir un empire
ou un roiaume com il est; car il est preudom
et bons chevaliers et hardis durement. »

140. Quant la reïne entent ceste parole,
a vis li est que li cuers li doie partir, mes semblant
n'en ose fere, por ce que cil qui devant li estoient
ne s'en aperceüssent; car ele s'en bce a delivrer
5 tout en autre maniere qu'il ne quident. Quant
ele a a ce qu'il ont dit grant piece pensé, si lor
respont: « Certes de Mordret ne di ge mie qu'il
ne soit preudom et bons chevaliers, ne de ceste
chose fere ne vois ge mie encontre, ne n'otroi
10 encores. Mes tant me donez de respit que ge
m'en soie conseillee, et demain a eure de prime
vos en respondrai. » Et Mordrés saut avant et
dit: « Dame, vos avroiz encore assez greigneur
respit que vos n'avez demandé: il vous donront
15 respit jusques a uit jours; mes que vos me crean-
toiz que vos a celui terme feroiz outreement
ce qu'il vos requerront ! » Ele l'otroie volentiers
comme cele qui ne quiert mes qu'ele soit delivre
d'eus.

141. Atant fine li parlemenz de ceste chose ;
si s'en vet la reïne en sa chambre et s'enserre
en la compaignie d'une pucele seulement. Et
quant ele se voit a privé conseil, si commence
5 a fere un duel si tres grant comme s'cle veïst
devant li tout le monde mort; si se claime lasse,
dolante et debat son viaire et detort ses mains.
Et quant ele ot grant piece ce duel mené, ele
dist a la damoisele qui avec lui estoit: « Alez
10 moi querre Labor et li dites qu'il viengne a moi
parler. » Et cele dist que ce fera ele volentiers.
Et cist Labors estoit chevaliers merveillex et

de grant proesce, et cousins germains la reïne;
et c'estoit li hom del monde ou la reïne se fiast
15 plus tost au grant besoing, fors Lancelot. Quant
il fu venus devant lui, ele commande a la damoi-
sele qu'ele se parte de leanz; et ele si fist. La reïne
meïsmes ferme l'uis seur eus deus. Et quant
ele se voit toute seule avec celi ou ele se fioit
20 tant, ele commence a fere un trop grant duel;
et lors dit au chevalier tout en plorant: « Biax
cousins, por Dieu, conseilliez moi. » Quant
Labors la voit si durement plorer, il commence
trop grant duel a fere et li dit: « Dame, por quoi
25 vos tormentez vos si? Dites moi que vos avez;
et se ge vos puis aidier de ce duel, por chose
que ge puisse fere, ge vos en osterai; ce vos acreant
ge comme loiaus chevaliers. » Lors li dist la
reïne tot en plorant: « Biaus cousins, je ai tout
30 le duel que fame puisse avoir de ce que cil de
cest reigne me vuellent marier a cel traïteur,
a cel desloial, qui fu, gel vos di veraiement,
filz le roi Artu, mon seignor; et s'il ne le fust
ore pas, si est il si desloiaus que je en nule maniere
35 nel prendroie; ge voudroie mieuz que l'en me
feïst ardoir. Mes ge vos dirai que j'ai enpensé
a fere; si m'en conseilliez selonc ce que vos
orroiz. Ge vueill fere garnir la tour de ceste
vile de serjanz et d'arbalestriers et de viandes,
40 et vueill que vos meïsmes querez les sergenz
et que vos leur façoiz jurer seur seinz a chascun
par soi qu'il ne descouverront a nului porquoi
il i soient mis; et se l'en me demandoit, dedenz
le terme que ge leur doi respondre, porquoi
45 ge faz la tor garnir, ge leur respondroie que ce
seroit contre la feste de mon mariage. — Dame,
fet Labor, il n'est riens que je ne feïsse por vos

garantir; je vous querrai chevaliers et sergans
a garder la tour, et vos i feroiz endementiers
50 metre viandes; et quant vos avroiz bien garnie
cele tor, se vos m'en creez, vos envoierez un
message a Lancelot et si li manderoiz qu'il vos
secorre. Et je vos di, quant il savra vostre
besoing, il ne laira en nule maniere qu'il ne vous
55 viengne secourre atout tel gent par cui efforz
il vos porra legierement delivrer de cest corrouz
ou vos estes, mal gré toz çax de cest païs, ne ja
Mordrés, ce sai je bien, n'avra tant de hardement
qu'il l'atende en bataille champel; et s'il avenoit
60 que messires li rois fust vis — que je ne croi pas
qu'il soit mors — et li messages le trovast en Gaule
par aventure, il n'orroit ja si tost novelles qu'il
s'en vendroit en cest païs a toute la gent qu'il
en mena; et ainsint porroiz estre delivree de
65 Mordret. »

142. Quant la reïne entent cel conseil, ele
dist que ce li plest molt, car en tel maniere
cuide ele bien estre delivree de cest perill ou
cil del païs l'ont mise. Si depart atant leur con-
5 saus; si se porchace Labors de chevaliers et de
serjanz la ou il plus se fie, et tant que, ainçois que
li uit jor fussent passé, en ot il assamblez jusqu'a
deus cens que sergenz que chevaliers qui tuit
li orent juré seur seinz qu'il iroient en la tour de
10 Londres et deffendroient la reïne encontre
Mordret, tant comme il se porroient tenir jus-
qu'a la mort. Et si fu fete ceste chose si celeement
que nus nel sot fors seulement cil qui s'en devoient
entremetre; et dedenz ce terme ot fet la reïne
15 la tour garnir de toutes les choses, qui a cors
d'onme puissent aidier ne valoir, que l'en pot
trover el païs. Et quant vint au jor que la reïne

dut respondre de sa fiance et li haut baron del
roiaume furent venu et assemblé qui mandé
20 estoient por ceste chose et il furent en la sale,
la reïne, qui ne s'estoit pas oubliee, ot ja fet
entrer en la tour ceus qui compaignie li devoient
fere et estoient si bien garni d'armes qu'il ne
pooient estre mielz. Et quant il furent trestuit
25 leanz, la reïne se mist avec et fist de meintenant
lever le pont et vint en haut as querniax de la
tor et dist a Mordret qui estoit desouz et qui bien
s'estoit aperceüz que a la reïne avoit il failli:
« Mordret, Mordret, malement avez moustré
30 que mes sires vos apartenist, qui me vouliez avoir a
fame, ou ge vousisse ou non. Certes mar le pen-
sastes; que ge vueill bien que vos sachiez que ceste
chose vos metra a mort. » Atant avale des quer-
niax et vint en une chambre qui en la tour estoit
35 et demanda a ceus qui avec lui estoient qu'ele
porra fere. « Dame, font il, ne vos esmaiez
onques; sachiez nos deffendrons bien ceste
tor encontre Mordret, se il est tiex qu'il la veille
asalir, car nous ne doutons, se petit non, son
40 pooir, ne il n'avra ja pooir qu'il i mete le pié
ne nus de sa compaignie, tant com nous aiens
ceans viande. » La reïne est moult a ese de ceste
parole; et quant Mordrés, qui hors estoit entre
lui et sa compaignie, s'aperçut qu'il estoit de-
45 ceüz ainsint et il a a la roïne failli, il demande
as barons qu'il porra fere de ceste chose. « Car
la tor est fort et deffensable et garnie merveil-
leusement de viande; et cil qui dedenz se sont
mis sont moult preudome et hardi. Seigneur,
50 fet il, quel conseill m'en loez vos ? — Sire, font
il, il n'i a ne mes que la tour soit assaillie de toutes
parz souvent et menu; et sachiez qu'ele n'est

mie de si grant force qu'ele puist longuement
durer contre nos, a ce qu'il n'avront de nule part
55 secors, se par devers eus ne l'ont. — Par foi,
fet Mordrés, je ne sui pas conseilliez de l'asseoir,
se ge n'estoie plus seürs de vos que ge ne sui en-
core. » Et il dient qu'il li feront toute la seürance
qu'il leur savra requerre. « Dont vos pri ge,
60 fet il, que vos m'afiez voz foiz loiaument et
me jurez seur seinz que vos contre mes ennemis
mortex m'aideroiz jusqu'a la mort, neïs contre
le roi Artu, se aventure l'aportoit jamés ceste
part. — Ce vos ferons nos moult volentiers »,
65 font il. Lors s'agenoillent devant lui et devien-
nent tuit si home lige et li jurent seur seinz
qu'il li aideront contre touz homes jusqu'a la
mort. Et quant il orent fet cel serement, il leur
dist: « Seigneur, les voz merciz ! Vos en avez
70 assez fet por moi qui m'avez esleü a seigneur
deseur vos touz et m'avez fet homage. Certes
or sui ge si asseür de vos qu'il n'a si haut home
el monde que ge n'osasse bien atendre en champ,
por quoi g'eüsse voz pooirs en ma compaingnie.
75 Or n'i a fors que vos me sesissiez de voz chastiax
et de voz fortereces. » Et chascuns li tent mein-
tenant son gaje en leu de sesine, et il le reçoit
de chascun; lors commande que la tor soit de
meintenant assise de toutes parz et fet armer
80 ses homes et drecier engins et eschieles por monter
as querniax; mes cil qui en la tour estoient cou-
rurent as armes; si veïssiez illuec moult grant
assaut et moult merveillex, car cil dehors vo-
loient monter a force por ce qu'il estoient grant
85 gent, mes cil dedenz nel voldrent soufrir, ainz
les ocient et abatent contreval les fossez, et
tant se defendent bien que, ainçois que li assaus

remansist, en veïssiez vous gesir es fossez plus de
deus cens. Quant cil dehors virent que cil de-
90 denz les domageoient si durement, il se tres-
trent arrieres et comanderent que li assalz
remansist atant; et il si font ainsint com il fu com-
mandé, car assez estoient esmaié cil qui assail-
loient, por ce que cil dedenz se defendoient
95 si bien. Einsi fu la reïne assise et assaillie sovent
et menu en la tor de Londres; mes de tant li
avint bien qu'ele avoit genz avec lui qui bien
la deffendirent en toz poinz. Un jor prist la reïne
un sien vallet message, ou ele se fioit moult,
100 et li dist: « Tu t'en iras en Gaule, por savoir
noveles de mon seigneur le roi, ou de sa mort
ou de sa vie; s'il est vis, tu li diras mon estre et li
proieras por Dieu qu'il ne lest en nule maniere
qu'il ne me viengne secorre au plus tost qu'il onques
105 porra; car autrement seroie je honnie, que touz
jorz ne se porroit mie ceste tour tenir contre
Mordret et contre ceus qui li sont en aïde.
Et s'il est einsi que mes sires soit morz et que
tu en saches veraies novelles de lui et de monsei-
110 gnor Gauvain, tu t'en iras droit a Gaunes ou
a Benoïc, ou tu trouveras Lancelot; et quant
tu l'avras trouvé, di li que ge li mant saluz et
amistiez et qu'il ne lest en nule maniere qu'il
ne me viengne secorre atout le pooir qu'il avra
115 de Gaunes et de Benoïc. Si li puez dire que,
s'il de secors me faut, je sui honnie et desennoree,
car ge ne porroie mie longuement durer encontre
Mordret, a ce qu'il a en son conseil et en s'aïde
touz ceus de ceste terre. — Dame, fet li vallez,
120 tout ce ferai ge bien, se Dieu plest que je en
la terre de Gaunes puisse venir sains et haitiés;
mes ge m'esmai moult que ge ne puisse de ceste

tour issir a ma volenté, car ele est si avironee
de nos anemis de toutes pars que je n'i sai conseil
125 metre. — Il covient, fet ele, que vos façoiz
tant que vos soiez hors et que vos façoiz cest
mesage ainsint come je vos ai devisé; car autre-
ment ne seroie je jamés delivre de ces traïtors. »

143. Au soir, quant il fu anuitié, prist li vallez
congié a sa dame et vint a la porte et fist tant
qu'il s'en issi et s'en ala tres parmi les homes
Mordret; si li avint si bien qu'il ne fu arrestez
5 de nule part ne de cestui ne de cest autre, car
chascuns qui le veoit cuidoit bien qu'il fust
des lor. Et meintenant qu'il se fu d'eus esloin-
gniez, il ala en la vile ostel querre et se pour-
chaça tant le soir qu'il ot un roncin bon et fort.
10 Si acueilli meintenant son chemin et erra tant
qu'il vint a la mer et passa outre; et lors oï
nouveles que li rois Artus n'estoit pas morz, einz
avoit assegiee la cité de Gaunes; et li vallez fu
moult liez de ceste nouvele. Mes atant lesse ore
15 li contes a parler del message et retorne au roi
Artu et a ses compaignons.

. . .

144. Or dit li contes que quant li rois Artus
ot sis devant la cité de Gaunes entor deus mois,
il connut bien que el siege n'avroit il ja enneur;
car merveilleusement se deffendoient cil dedenz
5 en tel maniere qu'il les domajoient toz jorz.
Un jor dist li rois Artus priveement a monsei-
gneur Gauvain: « Gauvains, vos m'avez fet
tel chose emprendre ou nos n'avrons ja enneur:
ce est de la guerre que vos avez commenciee
10 encontre le parenté le roi Ban; car il sont si

preudome as armes qu'en tout le monde n'en a
autretant. Ore esgardez que nos en porrons
fere; ge vos di bien que nos i porrons plus perdre
que gaaignier, a ce qu'il sont en leur terres et
15 entre leur amis et ont avec eus chevalerie a
grant plenté. Et sachiez veraiement, biax niés,
que s'il nos haïssent autant com nos eus, nos
eüssons le tout perdu, a ce qu'il sont de grant
pooir et de grant efforz; or gardez que nos
20 ferons de ceste chose. — Sire, fet messire Gauvains,
je m'en conseillerai a moi meïsmes; si vos en
savrai a respondre ou ennuit ou le matin. »
Celui jor fu messire Gauvains plus pensis qu'il
ne seut; et quant il ot tant pensé com lui plot,
25 il apela un suen vallet et li dist: « Va t'en leanz
en la cité de Gaunes et di a Lancelot del Lac,
s'il a tant de hardement en soi qu'il ost deffen-
dre que il mon frere n'oceïst en traïson, je sui
prez del prouver encontre son cors que il des-
30 loiaument et en traïson l'ocist. Et s'il me puet
conquerre de tel apel com ge li faz, mes oncles
s'en ira arrieres a toute s'ost el roiaume de Logres,
ne jamés ne demandera riens a ceus de Benoïc
de chose qui entre nos ait esté; et se gel puis
35 conquerre en champ, je ne demanderai plus,
einz remeindra la guerre atant, se li dui roi
vuellent tenir terre del roi Artu; et s'il nel
vuellent fere, nos ne partirons jamés de ci devant
qu'il soient honni et mort. » Quant li vallez
40 entent ceste parole, il commence tendrement
a plorer et dist a monseigneur Gauvain: « Sire,
qu'est ce que vous volez faire ? Avés vos si
grant talent de vous honir et de vous mener a
mort ? Car trop est mesire Lancelos bons che-
45 valiers et adurés, et se vos estiés ocis en tel ma-

niere, nos en seriens tuit abaissié et honi, a ce
que vous estes li mieldres chevaliers de cest
ost et li plus haus hom. Icestui message ne ferai
je ja, se Deu plaist, la ou je voie si apertement
50 vostre mort, car trop seroie mauvés et desloiax,
se par mon porchaz ne par ma parole estoit
si preudom com vos estes menez a mort. —
Tout ce que tu me dis, fet messire Gauvains,
ne valt riens; il covient que tu faces cest mesage,
55 ou autrement ne sera ja ceste guerre finee, et
il est bien drois qu'ele soit afinee par moi et lui;
car il, ses cors, la comença, et je aprés; puis
qu'ele fu del tot lessiee, la fis je recomencier
a mon oncle le roi Artu; si est bien droiz que
60 j'en aie la premiere joie ou le premier duel.
Si te di bien que, se je n'i veïsse mon droit
apertement, je n'assamblasse oan a lui por la
meillor cité del monde, a ce que je aperçoif
bien et connois qu'il est par son cors li mieldres
65 chevaliers que je onques acointasse. Mes ce
sevent bien tuit que torz et desloiautez feroit
del meillor chevalier del monde mauvés, et
droiz et loiautez feroit del plus mauvés et seür
et preu, et ce est la chose par coi je douteroie
70 moins Lancelot, car je sai bien que li tors en
est siens et li drois en est miens; par coi ne
toi ne autres ne devez avoir poor de moi, car
en toz leus aïde Nostre Sires au droit: c'est ma
fiance et ma creance. » Tant dist messire Gau-
75 vains au vallet qu'il li creante qu'il ira en la cité
de Gaunes et dira a Lancelot quanqu'il li a
enchargié. « Or gardes, fet messire Gauvains,
que tu i ailles einz demain prime. » Et cil dit
que si fera il voirement.

145. Cele nuit soufrirent a tant que plus n'en
parlerent. Il avoient entr'ex pris trives uit jorz
devant, si qu'eles devoient faillir trois jorz aprés.
L'endemain einz prime s'en ala li vallez a la
5 cité de Gaunes et atendi tant que Lancelos fu
levez et qu'il ot. oïe messe, et li dui roi ausi.
Et quant il furent venu el palés et assis aus mes-
tres sieges de laienz, li vallez vint a Lancelot
et li dist: « Sire, a vos m'envoie messire Gau-
10 vains a cui ge sui; et si vos mande par moi que
se voz genz et les noz assemblent auques ensemble
si comme il ont commencié, il ne puet estre
qu'il n'i ait trop doulcrex domage et d'une
part et d'autre. Mes fetes le bien: ce vos mande
15 messire Gauvains, se vos vos en osez entremetre,
qu'il est prez de prover, voiant touz ceus de
cest païs, que vos desloiaument oceïstes ses
freres. Et se il de cest apel vos puet fere recreant,
vos n'en poez eschaper sanz mort; car sanz faille
20 il ne prendroit mie de vostre chief tot le monde
en reançon; et se vos en poez deffendre et lui
fere recreant, li rois ses oncles s'en ira arrieres
el roiaume de Logres et vos tendra pes touz les
jorz de sa vie, que jamais de ceste chose ne
25 parlera; et se vous ce refusés, que vous encontre
lui n'osés aler, tous li siecles vous en devroit
honir; car adont le porroit on veoir et connoistre
apertement, que vous de ceste chose estes cou-
pables dont il vous apele. Ore esgardez que vos
30 feroiz, car ceste chose vos mande il par moi. »
Quant Lancelos entent ce que li mes li dit, il
respont moult corrouciez de ceste nouvele,
car sanz faille il ne se queïst ja combatre a
monseigneur Gauvain: « Certes, biax amis, moult
35 m' est cist messages forz et ennuiex, car ge sui

cil qui ja jor de ma vie ne me queïsse por nule
chose del mont combatre contre monseigneur
Gauvain, por ce qu'il est preudom et por la bone
compaignie qu'il m'a puis tenue que je fui
40 primes chevaliers; mes li apiax, qui est si granz
comme de traïson, me seroit si hontex que, se
ge ne m'en deffendoie, jamés n'avroie enneur;
car il est plus vilz et honis qui ne se deffent,
quant il est de traïson apelez, que d'autre chose;
45 pour ce li dites de par moi que, s'il velt doner
plege de ceste couvenance tenir, il me trouvera
armé en champ de quele eure qu'il voudra.
Or vos en poez aler; si li dites tout einsi com
ge vos ai dit, non mie por poor que j'aie de lui,
50 mes por ce que ge l'amoie si que ja ne queïsse
assembler a lui cors contre cors en bataille. »
Et cil dit que cest message fera il bien; si se part
atant de leanz. Et li rois Boorz dist a monseigneur
Lancelot: « Certes de si fol apel ne s'entremist
55 onques nus si sages hom comme messires Gauvains
deüst estre, car tuit sevent bien que onques en
traïson n'oceïstes ses freres, mes en apert, en
tel leu ou il avoit plus de cent chevaliers. —
Je vos dirai, fet li rois Lyons, porquoi il le fet
60 en tel maniere; il a si grant duel de ses freres
qui sont ocis qu'il voudroit mielz morir que vivre;
si s'en vencheroit a monseigneur Lancelot plus
volentiers qu'a autre; et por ce l'a si felonnesse-
ment apelé, car autant li est s'il muert com s'il
65 vit. — Je cuit, fet Lancelos, que nos en vendrons
assez procheinement a la bataille; si ne sei
comment il en avendra, mes tant sei ge bien,
se g'en estoie au desus et ge li deüsse le chief
couper, ge nel ocirroie por tout le monde; car
70 trop me samble prodom et si est il li hom el

monde qui riens ne m'est que je plus ai amé et
aim encore, fors le roi solement. — Par foi,
fait li rois Boorz, moult estes ore merveillous,
qui si l'amés de grant cuer, et il vous het mortel-
75 ment. — Par foi, fait Lancelos, ceste merveille
poés veoir; il ne me savra ja tant haïr que je
ne l'aime; si nel deïsse mie encore si aperte-
ment, mais je sui el point de morir ou de vivre,
puis que je a la bataille en sui venus. »

146.   Tel parole dist Lancelos de monseigneur
Gauvain, dont tuit cil qui l'oïrent se merveil-
lierent moult et l'en prisierent assez plus qu'il
ne fesoient devant; et li vallez qui de par mon-
5 seigneur Gauvain estoit venuz ot oï le respons
Lancelot; si se parti de la cité de Gaunes et erra
tant qu'il vint a monseigneur Gauvain; si li
conta erranment ce qu'il avoit trouvé leanz
et li dist tout autretant: « Sire, a la bataille
10 ne poez vos faillir, se vos trouvez pleges a mon-
seigneur Lancelot que li rois s'en ira arrieres
en son païs, s'il vos puet outrer en champ. —
Par foi, fet missire Gauvains, se ge nel faz que
li rois meïsmes l'acreantera, ge ne quier jamés
15 porter armes. Or te tes, ne parole mes de ceste
chose, car g'en cuit bien venir a chief. » Lors
vint messire Gauvains au roi et s'agenoille devant
lui, si li dist: « Sire, ge vos pri et requier que vos
me doigniez un don. » Et li rois li otroie moult
20 debonerement comme cil qui ne savoit quel
chose il vouloit requerre, et le prent par la
main et l'en lieve; et messire Gauvains l'en mercie
moult et puis li dist: « Sire, savez vos quel don
vos m'avez donné ? Vos m'avez otroié que vos
25 me pleviroiz vers Lancelot que, s'il me puet
outrer en champ, vos leroiz le siege et vos en

iroiz el roiaume de Logres en tele maniere que
ja tant com vos vivroiz ne commenceroiz guerre
contre eus. » Quant li rois entent ceste nouvele,
30 il fu touz esbahiz et dist a monseigneur Gau-
vain: « Avez vos donc enprise bataille vers
Lancelot? Par quel conseill feïstes vos ceste
chose ? — Sire, fet messire Gauvains, il est einsi;
la chose ne puet mes remanoir, jusque li uns
35 de nos en gise morz ou recreanz. — Certes,
biax niés, fet li rois, ge sui tant dolenz de ceste
emprise que vos avez fete que ge ne fui pieça
autant corrouciez de chose qui m'avenist com
ge sui de ceste. Je ne sei chevalier el siecle vers
40 qui ge ne volsisse mieuz que vos eüssiez bataille
enprise que vers cestui, car nos le connoissons
au plus preudome et au plus esprouvé de tout le
monde et au plus esleü que l'en i sache trouver;
por quoi ge me crieng tant de vos que sachiez
45 que ge volsisse mieuz avoir perdue la meilleur
cité que j'aie que vos onques en eüssiez parlé.
— Sire, fet messire Gauvains, la chose est tant
alee qu'ele ne puet mes remanoir; et s'ele pooit
bien remanoir, nel leroie ge en nule maniere,
50 car ge le hé si mortelment que ge voudroie
mieuz morir que ge ne me meïsse en aventure
de lui ocirre. Car se Dex estoit si deboneres
qu'il soufrist que ge le poïsse mener a mort et
vengier mes freres, jamés n'avroie doleur de chose
55 qui m'avenist; et s'il avient qu'il m'ocie, toute-
voies sera li deus afinez que ge maing jor et
nuit; car sachiez que pour a aise estre en aucune
maniere, ou morz ou vis, ai je empris ceste
bataille. — Biax niés, fet li rois, ore en soit Dex
60 en vostre aïde, car certes vos ne feïstes onques
emprise dont ge fusse autant esmaiez com ge

sui de ceste, et a droit, car trop est Lancelos
bons chevaliers et adurez, et vos l'avez esprouvé
en aucune maniere, si com j'ai oï dire a vos
65 meïsmes. » Lors dist messire Gauvains au vallet
qui le message avoit fet: « Va dire a Lancelot
qu'il viengne parler au roi mon oncle et a moi
entre l'ost et la cité, et viengne toz desarmez,
car aussi ira mes sire sanz armes et tuit cil qui
70 avec lui seront. » Li vallez se part de son seigneur
et vient en la cité et trueve Lancelot et Boort
et son frere qui estoient a privé conseill a unes
fenestres et parloient encore de ce que messire
Gauvains avoit mandé; et Lancelos disoit tou-
75 tevoies que de la bataille li pesoit il trop et qu'il
n'avoit deus chevaliers en l'ost contre qui il ne
se combatist plus volentiers que contre monsein-
gneur Gauvain por l'amour qu'il avoit a lui.
Et li messages fu venuz droitement la ou il les
80 vit, si s'agenoilla devant Lancelot et li dist:
« Sire, a vos m'envoie li rois et messire Gauvains
qui vos mandent que vos ailliez la hors parler
a eus entre vos troiz compaignons toz desarmez,
car il i vendront tout en autel maniere; illec
85 sera acreanté d'une part et d'autre si fetement
que nus ne se puisse retrere des couvenances. »
Et Lancelos dit qu'il ira moult volentiers et
menra o lui le roi Boort et Hestor son frere;
et cil s'en part maintenant et vient as loges
90 et dit ce qu'il a trouvé au roi et a monseingneur
Gauvain.

147. Lors monte meintenant li rois Artus et
semont a aler avec lui le roi Karados; et li tierz
fu messire Gauvains. Si monterent sus les destriers
et alerent vers la porte de la cité tout désarmé,
5 et furent vestu de cendal por la chaleur qui granz

estoit. Et quant il vindrent pres de la cité, il
virent issir des portes le roi Boort et Lancelot
et Hestor. Et meintenant qu'il s'entraprochierent
tant qu'il porent parler ensemble, Lancelos
10 dist a Boort: « Descendons encontre monsei-
gneur le roi qui ci vient, qui est li plus preudom
qui or soit el siecle. » Et eil dient que contre leur
ennemi mortel ne descendront il ja, se Dieu
plest. Et Lancelos dit, comment qu'il soit ses
15 ennemis, il descendra por l'amour de lui; main-
tenant met le pié a terre et si compaingnon font
autretel. Et li rois dit a ceus qui o lui sont: « Par
Dieu, voirement a il moult en ces trois homes
por quoi touz li mondes les doit loer; qu'il i a
20 cortoisie et debonereté plus qu'en nule autre
gent, et de chevalerie sont il si bien garni qu'il
n'a en tout le monde leur pareuz; et pleüst
a Dieu qu'il eüst entre nos ausi grant amour
comme ge vi onques plus; ja Dex ne m'aïst,
25 se ge n'en estoie plus liez que qui me donroit
la meilleur cité qui soit el monde. » Lors descent
de son cheval et ausi font tuit si autre compaignon;
et Lancelos, si tost comme il fu venuz pres de
lui, le salue moult hontex et pleins de vergoigne,
30 mes li rois ne li rent mie son salu, por ce qu'il
voit que messire Gauvains en seroit trop dolenz;
Lancelos li dist: « Sire, vos m'avez mandé
que je venisse parler a vos et ge i sui venuz por
oïr que vos voudroiz dire. » Et messire Gauvains
35 saut avant et respont por le roi : « Lancelot,
fet messire Gauvains, messires li rois est ci venuz
por fere ce que vos m'avez requis; vos savez
bien que entre moi et vos avons emprise une
bataille si grant comme de traïson mortel por
40 la mort de mes freres que vos oceïstes en traïson,

desloiaument, ce savons nos bien tuit; si en sui
apelerres et vous deffenderres. Mes por ce que
vos ne voudriez mie que aprés ceste bataille en
fust autre commenciee, voulez vos, ce me semble,
45 que messires li rois vos acreant que, se vos vein-
quez ceste bataille et vos venez au desus de moi,
il ne si home ne vous nuiront jamés tant comme
il vive, einz leront del tout le siege et s'en iront
arriere en leur païs ? — Messire Gauvain, fet
50 Lancelos, s'il vos plesoit, ge leroie en pes ceste
bataille, tout soit il ore issi que ge ne la porroie
lessier que la honte n'en fust moie et que l'en
nel me tornast a coardise; mes vos avez tant
fet por moi, et vos et messires li rois qui est ci,
55 que a peinnes me porra volenté venir de porter
armes   contre   vos,   meesmement   en   bataille
mortel. Si sachiez que ge nel di mie par coardise
ne por ce que ge vous dout, se par debonereté
non, car des que ge serai armez et montez seur
60 mon destrier, assez, se Dieu plest, porrai mon
cors deffendre contre vos; si nel di ge mie por
vantance ne por ce que vos ne soiez li muedres
chevaliers del monde, mes por ce que, s'il vos
plesoit, ge voudroie bien qu'entre moi et vos
65 eüst pes; et por la pes porchacier, feroie je en
l'eure Dieu quanque vos m'oseriez commander,
comme de devenir vostre home entre moi et
Hestor mon frere; et vos fera honmage toz mes
parentez, fors seulement les deus rois, car ge
70 ne voudroie mie qu'il se meïssent en autrui
servage. Tout ce ferai ge — et encore plus:
car ge vos jurrai seur seinz orendroit, se vos
voulez, que ge me partirai de Gaunes demain
ainz eure de prime et m'en irai nuz piez et en
75 langes, touz seus, sanz compaignie, en essill,

en tel maniere jusqu'a dis anz; et se ge dedenz
celi terme me muir, ge vos pardoing ma mort
et vous en ferai quitier a tot mon parenté;
et se ge au chief de dis anz revieng, et vos vivoiz
80 a celui tens, et messires li rois qui est ci, ge vueill
avoir la compaignie de vos deus aussi bien comme
ge oi onques encore. Et encore vos ferai ge autre
serement que vos ne cuidiez, por ce qu'il n'ait
entre moi et vos achoison de felonie: vos jurrai
85 seur seinz que onques au mien escient n'ocis
Gaheriet vostre frere et que plus m'en pesa qu'il
ne fu bel; et tout ce ferai ge, non pas por dou-
tance que j'aie de vos, se par reson non, mes
por ce qu'il m'est avis que ce sera domages
90 granz, se li uns de nos ocit l'autre. »

148. Quant li rois entent la grant raison que
Lancelos a offerte por pes avoir, il devient trop
esbahiz, car il ne cuidast pas en nule maniere
que Lancelos le feïst; si dist a monseigneur Gau-
5 vain, tout larmoiant des ex: « Biaus niés, por
Dieu, fetes ce que Lancelos vos requiert; car
certes il vos offre toutes les resons que chevaliers
puisse offrir a autre por ocision de lingnage;
certes si preudom comme il est ne dist onques
10 mes ce qu'il vos a dit. — Certes, fet messire
Gauvains, proiere n'i a mestier; je voudroie
mielz estre feruz d'un glaive par mi le piz et
avoir tret le cuer del ventre que ge ne vos en feïsse
ce que ge vos ai promis, ou soit ma mort ou
15 soit ma vie. » Lors tent son gaje et dist au roi:
« Sire, vcez me ci prest de prouver que Lancelos
ocist desloiaument mes freres, et soit la bataille
aterminee a quel jor que vos onques voudroiz. »
Et Lancelos vet avant et dist au roi tout en
20 plorant: « Sire, puis que ge voi que la bataille

ne puet remanoir, se ge ne m'en deffendoie,
l'en ne me tendroit mie a chevalier; vez ci
mon gage por moi deffendre; ce poise moi qu'a
fere le me couvient, et soit la bataille demain,
25 s'il plest a monseigneur Gauvain. » Et il l'otroie
maintenant; et li rois reçoit les gages d'ambe-
dous; et lors dist Lancelos au roi: « Sire, je vos
requier que vos me creantez comme rois, se
Dex me done l'onor de ceste bataille, vos oste-
30 roiz le siege de devant ceste cité et vos en iroiz
el reaume de Logres a toz vos homes en tel
maniere que jamés tant comme vos vivroiz ne
nos forferoiz ne hom de vostre parenté, se nos
ne vos forfesons avant. » Et il li creante come
35 rois. Lors se partent atant li un des autres;
mes au partir dist Hestor a monseigneur Gauvain:
« Messire Gauvain, vos avez refusé le plus bel
offre et la plus haute amende que onques si
hauz hom comme messires Lancelos offrist a
40 chevalier; certes endroit de moi voudroie ge
qu'il vos en mescheïst, et ge cuit que si fera
il. » Lancelos dit a Hestor qu'il se tese atant,
quar assez en avoit dit, et il si fet; et se partent
meintenant li un des autres et viennent a leur
45 chevax et montent; si s'en entrerent li un en
la cité et li autre es paveillons. Mes onques
ne veïstes si grant douleur ne si granz criz comme
messire Yvains commença a fere, quant il sot
veraiement que la bataille fu creantee d'une part
50 et d'autre de monseigneur Gauvain et de Lancelot,
et qu'ele ne pooit mes remanoir; il vint a mon-
seigneur Gauvain et le blasme moult durement
et li dist: « Sire, pour coi avés vous ce fait ?
Haés vous si durement vostre vie, qui avez
55 emprise bataille encontre le meillour chevalier

del monde, vers qui nus hom ne pot onques
durer en bataille qui ne fust honis au daerrain ?
Sire, pour coi avés vous emprise ceste bataille,
et encore a tort, car il se deffendra a son droit ?
60 Onques mais voir tex merveilles ne feïstes. —
Or ne vos esmaiez, missire Yvain, fet messire
Gauvains, que ge sei veraiement que li droiz
est miens et li torz siens; por ce si me combatrai
plus asseür encontre lui, s'il estoit mieudres
65 chevaliers a doubles qu'il n'est. — Certes, fet
li rois Artus, Yvain, ge volsisse mieuz avoir
perdu la moitié de mon roiaume que la chose
fust atant venue comme ele est; mes puis qu'il
ne puet remanoir, nos esgarderons que ce sera
70 et atendrons la merci Nostre Seigneur. Et encore
a il fetes greigneurs merveilles; quar Lancelos
li offri, por pes avoir, a devenir ses hom, et
touz ses compaignons, fors seulement les deus
rois; et se ceste chose ne li plesoit, il s'en iroit
75 en essill dis anz, et au revenir il ne demanderoit
el se estre en nostre compaignie non. — Certes,
fet messire Yvains, ci ot si grant offre qu'aprés
ceste chose je ne puis veoir par devers nos se
desreson non; or doint Dex qu'il ne nos en mes-
80 chiee, quar certes ge n'oi onques mes si grant
poor de mescheance com j'ai orendroit, por
ce que je voi par dela le droit et par deça le
tort. »

149. Trop font grant duel en l'ost li rois
Artus et sa gent de ce que messires Gauvains
a bataille emprise contre Lancelot; si en ploroient
tuit li plus hardi et en avoient si grant duel que
5 les langues n'en osoient dire ce que li cuers
pensoit; mes a celz de la cité n'en pesoit il pas
grantment; car quant il orent oï la grant raison

deviser que Lancelos offroit a monseignor Gau-
vain, il distrent que Dex l'en envoiast honte,
10 car trop estoit orgueillex et oltrecuidiez. Cele
nuit veilla Lancelos el mestre mostier de la cité
entre lui et grant compaignie de gent, et se fist
la nuit confés a un arcevesque de touz les pechiez
dont il se sentoit plus corpables envers Nostre
15 Seigneur, car moult doutoit qu'il ne li mescheïst
envers monseigneur Gauvain por la mort de
ses freres qu'il avoit ocis; et quant ce vint a
l'enjornement, si s'endormi jusqu'a eure de
prime, et ausint firent tuit li autre qui avec lui
20 avoient veillié. Et quant ce vint a ore de prime,
Lancelos, qui moult doutoit a veoir ce qu'il li
couvenoit a fere, se leva et vesti et vit les hauz
honmes qui l'atendoient. Et il demande erran-
ment ses armes, et l'en li aporte bones et beles
25 et forz et tenanz et legieres; si ami l'arment au
mielz qu'il pueent; la peüssiez veoir a lui armer
grant plenté de barons dont chascuns metoit
s'entente et sa poine a lui servir et a lui regarder
qu'il n'i falsist riens. Et quant il l'orent apareillié
30 au mielz qu'il porent, il descendent del palés
et viennent en la cort aval; Lancelos monte
seur un destrier fort et isnel et couvert de fer
jusqu'en l'ongle del pié. Et quant il fu montez,
li autre monterent aprés li por fere li compai-
35 gnie; si s'en ist de la cité en tel maniere qu'en
son pooir en poïssiez veoir dis mile, dont il n'i
avoit nul qui por l'amour de lui ne livrast son
cors a mort, s'il en eüst mestier.

150. Tant sont alé qu'il sont venu en un pré
defors les murs, ou la bataille devoit estre; si i
furent venu en tele maniere qu'il n'i avoit nul
qui portast armes, fors seulement Lancelot,

5 ne n'i ot nul qui entrast el chanp, einz s'arrestent
entor par devers la cité; et quant cil de l'ost
les virent hors de la cité, il amenerent son destrier
a monseigneur Gauvain que li haut home de l'ost
avoient armé pieça; si vindrent en champ tout
10 en autel maniere com cil de la cité avoient fet.
Et li rois prist monseigneur Gauvain par la main
destre et le met en champ, mes il ploroit si
durement comme s'il veïst tout le monde mort
devant li; et Boorz prent son seigneur par la
15 main destre et le met en chanp, et li dit: « Sire,
entrez enz; que Dex vos doint enneur de ceste
bataille! » Et Lancelos se seigne a l'entrer el
chanp et se commande moult durement a
Nostre Seigneur.

  151. Li jorz fu biax et clers, et li soleuz levez,
qui commença a luire seur les armes; et li che-
valier qui estoient preu et seür lessent corre li
uns encontre l'autre et abessent les glaives et
5 s'entrefierent si durement des cors et des escuz
qu'il s'entreportent a la terre, si estonné qu'il
ne sevent d'eus conseill prendre en tel maniere
comme s'il fussent mort. Et li cheval qui se
sentirent deschargié de lor seignors tornerent
10 en fuie li uns ça, li autres la, mes ne trouverent
qui les adesast, car ailleurs avoient tuit assez a
entendre. A ce point que li dui chevalier furent
cheoit, poïssiez veoir meint preudome esmaié
et mainte lerme issir des ex; mes a chief de
15 piece leva premiers Lancelos et met la main
a l'espee; mes il est toz estonnez del cheoir
qu'il ot fet; et messire Gauvains n'est mie plus
lenz, einz cort a son escu qui li estoit volez del
col et met la main a Escalibor, la bone espee le
20 roi Artu, et queurt sus a Lancelot et li done si

grant cop seur son hiaume qu'il l'empire et
maumet; et cil qui meint cop avoit doné et
receü ne l'espargne de riens, einz li done seur
son hiaume tel cop que messire Gauvains en
25 est touz chargiez del soustenir; et lors com-
mence entr'eus deus la mellee si grant que onques
si cruel de deus chevaliers ne fu veüe; et qui
veïst les cox donor et recevoir a preudomes les
peüst tenir. En tel maniere dura la mellee grant
30 piece, et tant se sont entremené as espees tren-
chanz dont il se fierent souvent et menu que li
hauberc sont desrompu sor les bras et sor les
hanches, et li escu sont tel atourné que vous
peüssiés vos poins bouter par mi et sont eschan-
35 telé par desous et par desore, et li hialme qui
tenoient a bons las ne lor valent mais gaires,
car il sont si empirié des cops des espees qu'il
en gist pres de la moitié sor les espaulles; et s'il
fussent d'aussi grant force comme il estoient
40 au commencement, il ne poïssent pas estre
longuement en vie; mes il sont si traveillié et si
lassé que par meinte foiz leur avint que les
espees leur tornoient es mains quant il s'entre-
cuidoient ferir; si n'i a celui d'aus deus qui n'ait
45 tieus set plaies dont uns autres hom poïst morir
de la menor; et neporquant par mi le travaill
que il ont del sanc que il ont perdu meintiennent
il l'assaut jusques pres tierce; mes lors lor estuet
reposer, comme cil qui mes ne pueent endurer;
50 si se trest messire Gauvains primes arriere et
s'apuie seur son escu por reprendre s'alainne,
et autretel fist Lancelos.

152. Quant Boorz voit que Lancelos se retret
del premier assaut, il dist a Hestor: « Ore a
primes ai ge poour de monseigneur, quant il le

couvient reposer por mener un chevalier jusqu'a
5 outrance; et il est ore ici reposez el milieu de
sa bataille; certes c'est une chose qui moult
m'esmaie. — Sire, fet Hestor, sachiez veraie-
ment que, se por l'amour de monseigneur Gauvain
ne fust, il n'en feïst riens, car il n'en avoit pas
10 grant mestier. — Je ne sei, fet li rois Boorz,
qu'il en voudra fere; mes ge endroit moi voudroie
avoir doné quanqu'il a el monde, s'il estoit
miens, que ge fusse orendroit encontre mon-
seigneur Gauvain; certes li chans seroit ja
15 finez. »

153. Einsi furent li dui chevalier en la bataille
et fu li uns ensus de l'autre; mes quant ce fu
chose avenue que messire Gauvains vit aperte-
ment qu'il estoit eure de midi, il apele Lancelot
5 a la bataille autresi fres comme s'il n'i eüst
huimés coup feru, et assaut Lancelot si merveil-
leusement que il en estoit touz esbahiz, dont il
dist a soi meïsmes : « Par foi, ge ne creroie mie
que cist hom ne fust deables ou fantosmes; car
10 je disoie ore, quant je le laissai en pais, qu'il
estoit outrés d'armes; ore est ausi fres comme
s'il n'eüst hui cop feru en bataille. » Einsi dist
Lancelos de monseigneur Gauvain qui estoit
amendez de force et de vitesce entor eure de midi;
15 il disoit voir; si ne l'avoit pas commencié illec,
mes en touz les leus ou il s'estoit combatuz
l'avoit on veü, que la force li croissoit entour
ore de midi; et por ce que aucune gent le tien-
nent a fable, vos conterai ge dont ce li avenoit.

154. Voirs fu que, quant messire Gauvains
fu nez, il nasqui en Orcanie, en une cité que on
apeloit Nordelone; et quant ce fu chose qu'il
fu nez, li rois Loth, ses peres, qui moult en estoit

5 liez, le fist porter en une forest, qui pres d'ilec
estoit, a un hermite qui en la forest manoit;
et estoit cil preudons de si seinte vie que Nostre
Sires fesoit tote jor por lui miracles de torz redre-
cier et d'avugles fere veoir, et meint autre mi-
10 racle fesoit Nostre Sires por l'amor de cel preu-
dome. Li rois i envoia l'enfant pour ce qu'il
ne voloit. mie qu'il receüst baptesme d'autre
main que de la soie. Quant li preudons vit
l'enfant et il sot qui il fu, il le bautisa volentiers et
15 l'apela Gauvain, car einsi estoit li preudom
apelez; et fu li enfes bautisiez endroit eure de
midi. Quant li enfes fu bautisiez, uns des che-
valiers qui l'enfant avoient aporté dist au preu-
dome: « Sire, fetes tant que li roiaumes se lot
20 de vos et li enfes, quant il vendra en aage d'ar-
mes porter, soit par vostre priere plus gracieus
d'un autre. — Certes, sire chevaliers, fet li
preudom, la grace ne vient pas de moi, einz vient
de Jhesucrist, et sanz lui ne vient grace qui
25 vaille; et neporquant, se par ma priere pooit
cist enfes estre graciex plus que nus autres
chevaliers, il le seroit; mes demorez ennuit
ceanz et je vous savrai demain a dire quels hom
il sera et com bons chevaliers. » Cele nuit demo-
30 rerent leanz li messagier le roi jusqu'au matin;
et quant li preudons ot la messe chantee, il vint a
eus, si leur dist: « Seigneur, de cest enfant qui
ci est vos puis ge dire seürement qu'il sera alosez
de proesce deseur ses compaignons, ne ja tant
35 comme il vive ne sera veincuz entor eure de
midi; car de tant est il amendez de ma priere
que touz jorz a eure de midi, en cele eure meïsmes
qu'il fu bautisiez, amendera sa force et sa vertu
en quel que leu qu'il soit, ne ja tant devant n'avra

40 eü peinne ne travaill qu'il ne se sente a celui
point tout fres et tout legiers. » Tout einsi com
li preudons dist avint il, car toz jorz amendoit sa
force et sa vertu entor eure de midi en quel que
leu qu'il fust; dont il ocist meint preudome et
45 veinqui meinte bataille, tant comme il porta
armes. Car quant il avenoit qu'il se combatoit
contre aucun chevalier de grant pooir, il li coroit
sus et le hastoit au plus qu'il pooit jusqu'a hore
de midi, si que a cele hore estoit cil si lassez
50 qu'il ne pooit en avant; et quant il se cuidoit
reposer, lors li coroit messires Gauvains sus au
plus qu'il pooit, comme cil qui a cele hore estoit
preus et vistes; si le menoit tantost jusqu'a ol-
trance, et c'estoit la chose par coi plusor che-
55 valier doutoient a entrer contre lui en champ,
se ne fust aprés ore de midi.

    155. Cele grace et cele vertu qu'il avoit ot
il par la priere del preudome et bien i parut
celui jor qu'il se combati au fil le roi Ban de
Banoïc; car ce veoit l'en apertement que devant
5 cele eure estoit messire Gauvains ateinz et
recreanz, si que a force le couvenoit reposer;
mes quant sa force fu revenue, si comme ele
venoit acoustumeement, lors sailli sus a Lancelot
si vistement que nus ne le veïst qui ne deïst
10 qu'il ne sembloit pas qu'il eüst huimés cop feru,
tant estoit vistes et legiers; si commença a celui
point a haster Lancelot si durement qu'il li fist
le sanc saillir del cors en plus de dis leus; et le
hastoit si durement por ce qu'il le cuidoit mener
15 jusqu'a outrance et bien pensoit que, s'il failloit
a outrer le entor midi, il n'en vendroit jamés
a chief; et por ce fiert il et maille de l'espee
trenchant sus Lancelot qui touz estoit esbahiz

et suefre toutevoies. Quant li rois Boorz voit
20 que Lancelos est si au desouz qu'il ne fet guieres
se soufrir non, il dist si haut que pluseur le porent
bien entendre: « Ha ! Dex, qu'est ce que ge
voi ? Ha ! proesce, qu'estes vos devenue ? Ha !
sire, estes vos enchantez, qui si estes mis au desouz
25 par le cors d'un seul chevalier ? Ja vos ai ge
touz jorz veü plus fere d'armes par le vostre
cors que doi des meilleurs chevaliers del monde
ne peüssent fere; et ore estes si atainz par la
proesce d'un seul chevalier ! »

156. Einsi dura la bataille jusqu'aprés midi
que Lancelos n'ot gueres fet se soufrir non l'esforz
monseigneur Gauvain et couvrir soi; mes en ce
fu il auques reposez et ot reprise sa force et
5 s'aleinne; si cort sus a monseigneur Gauvain
moult vistement et li done par mi le hiaume
moult grant cop si qu'il le fet chanceler; si fu si
chargiez de celui cop qu'a force le couvint trere
soi ensus. Et lors commence Lancelos a lui ferir
10 et a doner granz cox de l'espee trenchant et a
prendre terre seur lui; et messirc Gauvains, qui
orendroit a la greigneur poor qu'il onques eüst
et qui se voit en aventure de toute honte recevoir,
s'il ne se puet deffendre, s'esforce por poor de
15 mort et met ensemble toute sa proesce; si se
deffent si engoisseusement que de la grant des-
tresce qu'il a li saut li sans parmi le nes et parmi
la bouche, sanz les autres plaies qu'il avoit, qui
plus li seingnoient que mestiers ne li fust. Einsint
20 dura la bataille des deus chevaliers dusqu'a
hore de none; et lors sont andui si mal atorné
qu'il n'i a celui a qui il ne pere bien de son mestier;
et la place ou il se combatoient estoit toute jon-
chiee dcs mailles des haubers et des pieces des

25 escuz. Mes messires Gauvains estoit tex atornez
des plaies qu'il avoit qu'il n'atendoit mes fors
la mort, ne Lancelos ne restoit mie si sainz qu'il
n'eüst assez greignor mestier de reposer que de
combatre; car molt l'ot messires Gauvains
30 hasté et tenu si cort que li sanz li sailloit del cors
en plus de treze lex; et se ce fussent autre che-
valier, il fussent pieça mort au travail qu'il ont
soffert; mais il ont les cuers es ventres si granz
qu'il leur semble que pou ont fait, se il ne se
35 mainent jusques a mort ou jusques a outrance,
tant que l'en en voie le meilleur.

157. En tel maniere dura li estris jusqu'a
vespres; et lors fu tant messire Gauvains traveilliez
qu'a peinne puet il tenir s'espee; et Lancelos,
qui n'estoit mie trop las et qui pooit encore
5 soufrir, giete seur lui cox et le meinne une eure
avant et autre arriere; et cil sueffre toutevoies
et endure et se cuevre de tant d'escu comme il
avoit. Et quant Lancelos voit qu'il l'a mené au
desouz, que tuit cil de la place le voient aperte-
10 ment, qu'il n'a mes deffense en lui qui gueres li
puisse valoir, il se trest un pou ensus de monsei-
gneur Gauvain et li dist: « Ha ! messire Gauvain,
il seroit bien resons que de cest apel que vos
avez fet seur moi fusse quites; car bien m'en
15 sui desfenduz vers vos jusques pres de vespres;
et dedenz vespres qui apele home de traïson doit
avoir sa querele desresniee et sa bataille veincue,
ou il a perdue sa querele par droit. Messire
Gauvain, ceste chose vos di ge por ce que vos
20 aiez merci de vos meïsmes, car se vos meintenez
plus ceste bataille, il ne puet estre que li uns
n'en muire assez vilment, et sera reprouvé a
nostre lingnage. Et, por ce que ge face ce que vos

m'oseroiz requerre, vos pri ge que nos lessons
25 ceste bataille. » Gauvains dist que ja Dex ne li
aïst se il l'otroie de son gré, einz dit a Lancelot:
« Soiez touz seürs qu'il ne puet estre que li uns
de nos ne muire en cest champ. » De ce est
Lancelos trop dolenz, car il ne volsist en nule
30 maniere que messire Gauvains moreust par lui;
car il l'avoit tant esprouvé qu'il ne cuidoit pas
au matin qu'il eüst en li tant de proesce comme
il i avoit le jor trouvee; et ce fu li hom del monde
qui plus ama bons chevaliers que Lancelos.
35 Et lors s'en vet cele part ou il vit le roi, si li dist:
« Sire, ge prioie monseigneur Gauvain qu'il
lessast ceste bataille; car certes se nos en fesons
plus, il ne puet estre que li uns de nos deus n'i
reçoive domage. » Quant li rois, qui bien
40 conoist que messires Gauvains estoit au desouz,
entent la debonereté Lancelot, il li respont:
« Lancelot, Gauvains ne lera pas la bataille,
s'il ne li plest; mes vos la poez lessier, se vos
voulez, car ja est eure passee; si avez bien fet
45 ce que vos devez. — Sire, fet Lancelos, se ge ne
cuidoie que vos le m'atornissiez a malvestié,
je m'en iroie et lerroie monseigneur Gauvain en
champ. — Certes, fet li rois, vos ne feïstes onques
chose dont ge vos seüsse ausi bon gré com je
50 savroie de ceste. — Dont m'en irai je a vostre
congié, fait Lancelos. — A Dieu soiés vous com-
mandés, fait li rois, qui vous conduise a salveté
comme le meillour chevalier que je onques veïsse
et le plus courtois. »

158. Atant s'en vet Lancelos vers les suens;
et quant Hestor le vit venir, si li dist: « Sire,
qu'est ce que vos avez fet qui estiez au desus
de vostre mortel ennemi, et si ne vos en poez

5 vengier, einz l'en lessiez eschaper aprés ce qu'il
vos a apelé de traïson ? Retornez, biaus sire,
et si li coupez le chief; lors sera vostre guerre
finee. — Ha ! biaus frere, fet Lancelos, qu'est
ce que vos dites ? Si m'aïst Dex, ge voudroie
10 mieuz estre feruz d'un glaive parmi le cors que
g'eüsse ocis un si preudome. — Ja vos eüst il
mort, fet Hestor, s'il poïst; et vos, por coi ne
feïstes autel de lui ? — Je nel feroie mie, fet
Lancelos, car mes cuers a cui je sui ne s'i porroit
15 acorder en nule maniere. — Certes, fet li rois
Boorz, ce poise moi, et je cuit que ce est une
chose dont vos vos repentiroiz encore. » Lors
monte Lancelos seur un cheval qui li fu aprestez
et entre en la cité; et quant il fu venuz en la
20 grant court et il fu desarmez, li mire virent qu'il
estoit navrez durement et avoit perdu tant del
sanc que uns autres hom en fust morz. Et quant
Hestor voit les plaies, il en fu moult esmaiez;
et quant li mire orent regardé les plaies, il leur
25 demande s'il en porra guerir. « Oïl bien, font il,
il n'a garde de mort; et neporquant il a tant
perdu del sanc et les plaies sont si parfondes que
nos en somes moult esmaié, et toutevoies savons
nous bien qu'il en garra. » Lors pensent des plaies
30 Lancelot et metent sus ce qu'il cuident qui bon
li soit; et quant il l'ont apareillié au mielz qu'il
sevent, il li demandent comment il li est. « Bien »,
fet Lancelos. Lors dist au roi Lyon et au roi Boort
qui l'estoient venu veoir: « Biax seigneur, je
35 vos di que puis que ge portai primes armes n'oi
ge doutance por le cors d'un seul home fors hui;
mes hui sanz faille oi ge la greigneur doute que
ge onques eüsse; car quant vint a eure de midi
que ge oi monseigneur Gauvain mené a ce qu'il

40 estoit si outrez qu'il ne se pooit mes deffendre
se petit non, adont le trouvai ge si aspre et si
viste que, s'il se fust longuement tenuz en cele
proesce, n'en poïsse eschaper sanz mort; si m'en
merveill moult comment ce pot avenir, car devant
45 sei ge bien qu'il estoit recreanz et ateinz, et en si pou
de terme li fu tel force venue que il n'avoit pas
esté si preuz ne si vistes au commencement. —
Certes, fet Boorz, vos dites voir; a cele eure oi
ge si grant poour de vous que ge onques mes
50 n'oi ausi grant, et s'il se fust tenuz en ce qu'il
commença a cele fois, vos n'en eschapissiez ja
sanz mort, a ce qu'il ne vos eüst pas esté si debo-
neres comme vos li avez esté. Si ai tant veü
de vos deus que vos estes li dui meilleur chevalier
55 del monde. » Einsi parlerent cil de Gaunes de
la bataille et moult se merveillent comment mes-
sire Gauvains avoit tant duré contre Lancelot,
car tuit savoient bien que Lancelos estoit li mieu-
dres chevaliers del monde et plus juennes de
60 monseigneur Gauvain entor vint et un an; et a
cele eure pooit bien avoir missire Gauvains
soissante et seze anz et li rois Artus quatre vins
anz et douze.

159. Quant cil de l'ost virent que Lancelos
fu entrez en la cité, il alerent a monseigneur
Gauvain qui estoit acoutez seur son escu, si
atornez que il ne se pooit soustenir; il le monte-
5 rent seur un cheval et le menerent droit devant
le roi, puis le desarmerent et le trouverent si
mal atorné qu'il s'est pasmez entre leur meins.
Li mires fu mandez; quant il ot veües les plaies,
il dist qu'il le rendra tout sain dedenz cort terme,
10 fors d'une plaie qu'il avoit el chief parfonde.
Li rois li dist: « Biax niés, vostre outrage vos a

mort; si est domages, que jamés de vostre lin-
gnage n'istra ausi bons chevaliers com vos estes
ne com vos avez esté. » Messire Gauvains n'a
15 pooir qu'il responde a chose que li rois li die,
car tant est malades qu'il ne cuide ja veoir
l'endemain. Si plorent tuit par laienz grant et
petit, quant il voient monseignor Gauvain si
destroit que nus plus; si en pleurent li riche et
20 li povre, car il l'amoient tuit de grant amor.
Si sont toute nuit devant lui por veoir qu'il fera,
car il ne gardent l'eure qu'il muire entre leur
meins. Onques de toute la nuit n'ovri les iex
messires Gauvains ne ne dist mot ne riens ne fist
25 ne plus que se il fust morz, fors que a chief de
piece se plaignoit trop durement. Ançois qu'il
fu bien ajourné, commanda li rois que on desten-
dist ses tres et ses paveillons, car iluec ne demorra
il plus, ains ira en Gaule sejourner et ne s'en
30 movera jusqu'il sache se mesire Gavains porra
garir ou non. Au matin, si tost comme il fu ajorné,
se parti li rois de Gaunes, moult dolenz de grant
maniere, et fet porter en litiere monseigneur
Gauvain si malade que li mires meïsmes n'i atent
35 se la mort non.

160. Li rois ala sejorner a une cité que l'en
apele Meaus et demora tant illecques que messire
Gauvains fu tornez a guerison. Quant li rois ot
grant piece sejourné en cele cité, il dist qu'il s'en
5 iroit prochainement el roiaume de Logres; et
lors li vindrent unes noveles qui moult durement
li desplurent, car uns vallés li dist un matin qu'il
se fu levés: « Sire, noveles vous aport assez anoi-
euses. — Queles sont eles ? fait li rois, di les
10 moi. — Sire, en vostre terre sont entré cil de
Rome; si ont ja toute Bourgoigne arse et des-

truite, et les homes navrez et occis, et la terre
toute robee; si sai vraiement qu'il venront ceste
semaine sor vous a ost pour combatre encontre
15 vous en bataille champel, mais onques ne veïstes
si grant gent comme il ont. » Quant li rois Artus
entent ceste novele, si dist au vallet qu'il s'en
taise, car se si home l'oent conter en tel maniere
com il le conte, il en i aroit tex par aventure qui
20 en seroient plus esmaié qu'il ne devroient. Et
li vallés dist qu'il n'en parlera plus. Et li rois vint
a monseigneur Gauvain qui estoit auques garis,
fors de la plaie qu'il avoit el chief, dont il fu sanz
faille morz. Li rois li demande comment il se
25 sent. « Sire, bien, la Dieu merci, fait ʼmessires
Gauvains; ge sui toz gueriz por porter armes.
— Il vos est bien mestier, fet li rois; car noveles nos
sont hui venues assez mauveses. — Queles sont
eles ? fet messire Gauvains; s'il vos plest, dites
30 les moi. — Par foi, fet il, uns vallez m'a dit que
li pooirs de Rome est entrez en ceste terre et
doivent ceste semeinne venir seur nos et comba-
tre a bataille champel. Or gardez que l'en en
porra fere. — Certes, fet messire Gauvains, li
35 mieuz que ge i voie si est que nous mouvons de-
main a aler encontre eus et que nos assemblons
a eus a bataille champel, et ge cuit que Romain
sont de si foible cuer et de si petit pooir qu'il
n'avront ja encontre nos duree. » Li rois dit que
40 si fera il. Lors redemande a monseigneur Gau-
vain comment il se sent, et il dist qu'il est ausi
legiers comme il fu onques plus et d'autresi grant
pooir, se ne fust la plaie del chief « dont je ne sui
pas bien garis a ma volenté; et nonpourquant pour
45 ce ne lairai je pas a porter armes si tost comme
besoins en sera. » Li rois s'en parti l'endemain

de cel chastel ou il avoit sejourné et erra tant,
entre lui et sa gent, qu'il encontra entre Cham-
paigne et Borgoigne l'empereour de Rome qui
50 moult avoit grant gent; mais il n'estoient pas si
bon chevalier comme cil de la Grant Bretaigne
estoient. Li rois Artus, einz qu'il assemblast,
envoia de ses chevaliers en l'ost des Romains por
demander a l'empereeur par quel reson il estoit
55 entrez en sa terre sanz son congié. Li emperes
respondi a ce et dist: « Je ne sui mie entrez en
sa terre, mes en la nostre, car il n'a point de terre
qu'il ne doie tenir de nos; et si sui ça venuz por
vengier un nostre prince, Frolle d'Alemaingne,
60 qu'il ocist jadis de sa main; et por la traïson qu'il
en fist, ja pes n'avra a nos, jusqu'il nos ait fet
homage et qu'il tiengne terre de nos, en tel ma-
niere qu'il nos rende le treü chascun an et cil
qui aprés lui venront autresi. » A ce respondirent
65 li message le roi et distrent: « Sire, puis que l'en
ne porroit autre chose trouver en̄ vos, nos vos
deffions de par le roi Artu, et sachiez que vos
estes venuz a la bataille dont vos seroiz honniz en
champ et tuit vostre home ocis. — Je ne sai, fait
70 li emperes, qu'il en avendra, mais pour la
bataille venismes nous ça, et par bataille avrons
nous ou perdrons ceste terre. » Atant se partirent
li message de l'empereor; et quant il furent venu
au roi, il li distrent ce qu'il avoient trouvé. « Or
75 n'i a dont, fait li rois, que del assambler, car je
voldroie mieus morir que tenir terre des Ro-
mains. »

161. Au matin s'armerent cil de Logres; si
devisa li rois dis batailles; et quant il les ot devi-
sees, li premier alerent ferir les Romains si mer-
veilleusement qu'il en furent tuit esbahi; si poïst

5 l'en veoir a l'assembler chevaliers cheoir d'une
   part et d'autre, tant que tote la terre en estoit
   couverte; li Romain n'estoient pas si duit ne si
   acostumé de porter armes com cil del roiaume de
   Logres; por quoi vos les veïssiez autresi trebuschier
10 comme se ce fussent bestes mues. Quant li rois
   Artus qui conduisoit la derreniere bataille fu
   venuz en la presse, lors li poïssiez veoir Romains
   ocirre et fere trop granz merveilles de son cors;
   car a son tens il n'estoit hom de son aage qui
15 tant en poïst fere. Et messire Gauvains qui estoit
   de l'autre part, entre lui et Keu le seneschal et
   Girflet, le recommença si bien a fere que nus ne
   l'en deüst blasmer; et la ou il aloit parmi la ba-
   taille, qui estoit assez granz, avint qu'il encontra
20 l'empereor et un sien neveu; et cil dui avoient
   moult domagié ceus de Logres, qu'il aloient ociant
   et abatant quanqu'il encontroient devant aus.
   Quant messire Gauvains voit la merveille qu'il
   fesoient, il dist a soi meïsmes: « Se cil dui vivent
25 longuement, il nos en porra sourdre ennui, car
   il sont bon chevalier. » Lors lesse corre au neveu
   l'empereor et le fiert si grant cop de l'espee qu'il
   li abat l'espaule senestre ; et cil se sent navrez a
   mort, si se laisse cheoir a terre. A cel cop s'assem-
30 blent iluec li Romain et assaillent monseignor
   Gauvain de toutes pars; si le fierent des espees
   et des glaives en tous sens et li font el cors granz
   plaies et merveilleuses; mes nule riens ne li fesoit
   tant de mal come ce qu'il le feroient sus le helme,
35 car par ce li fu la plaie del chief renovelee, dont
   il le covint a morir. Quant li empereres voit son
   neveu si navré, il laisse corre a Keu le seneschal
   et le fiert si durement qu'il li met le glaive par mi
   le cors; si l'abat si durement navré qu'il ne vesqui

40 puis que trois jors. Il tret l'espee et s'en vet vers
Girflet et li done si grant cop par mi le hiaume
qu'il en est toz estordiz, si qu'il ne se puet tenir
en sele, ainz vole jus del cheval. Ces deus cox vit
li rois Artus et sot bien veraiement que c'estoit
45 li empereres; lors lesse corre cele part et fiert
l'empereor de toute sa force amont el hiaume
de l'espee clere et trenchant si durement que
nule riens nel puet garantir qu'il ne li face sentir
le trenchant de l'espee jusques es dens; il estort
50 son cop et li empereres chiet mors a terre, dont
ce fu trop grans domages, car trop estoit bons
chevaliers et jones hom.

162. Quant li Romain voient leur seigneur
mort, il se desconfissent errannment, si tornent
en fuie la ou il pueent; et cil les chacent qui les
ocient et detrenchent si cruelment qu'il n'en
5 remest que cent qu'il pristrent, et furent amené
devant le roi Artu et il leur dist : « Vos estes venu
a la mort, se vos ne me fianciez que vos feroiz ma
volenté. » Et il li fiancent; et il fet meintenant
prendre le cors l'empereor et metre en une biere,
10 et puis dist as Romains : « Vos emporteroiz vostre
empereeur a Rome, et diroiz a ceus que vos tro-
veroiz que en leu del treü qu'il demandent leur
envoi je le cors de leur empereeur, ne autre treü
ne leur rendra ja li rois Artus. » Et cil distrent
15 que ce message feront il bien; si se partent del roi,
et il remest en la place ou la bataille avoit esté,
que onques la nuit remuer ne s'en volt. Si s'en
test li contes d'els, et retorne au vallet que la
reïne Guenievre ot envoié au roi Artu pour conter
20 la traïson que Mordrés avoit fete et comment ele
estoit assise en la tour de Londres.

. . .

163. Or dit li contes que le jor meïsmes que li
Romain furent veincu, si comme li contes a devisé,
li vallez que la reïne Guenievre envoia a Gaunes
del roiaume de Logres por aporter les nouveles
5 de Mordret vint devant le roi, qui moult estoit
liez et joianz de la bele aventure que Dex li
avoit envoiee, se ne fust por monseigneur Gau-
vain qui estoit si navrez que bien veoit qu'il n'en
eschaperoit ja. Messire Gauvains ne se plaignoit
10 tant de nule plaie qu'il eüst comme de cele de
la teste qu'il avoit receüe par Lancelot; si li
avoient li Romain del tout sa douleur renou-
velee le jor par les granz cox qu'il li avoient donez
seur son hiaume; si seingnoit si durement, que
15 trop l'avoit bien fet celui jor en la bataille, que
s'il ne fust einsi preudom li Romain n'eüssent
pas esté veincu, por gent qui encontre eus fust.
Lors vint li messages la reïne devant le roi, si
li dist : « Sire, a vos m'envoie la reïne Guenievre,
20 vostre fame, qui vos mande par moi que vos l'avez
traïe et deceüe, et il n'est pas remés en vos qu'ele
n'ait esté honnie, et ele et tos ses parentés. »
Lors li conte comment Mordrés a erré, et com-
ment il a esté coronez del roiaume de Logres et
25 li ont fet homage tuit li haut baron qui del roi
Artu tenoient terre, tout en tel maniere que,
se li rois Artus i venoit, il n'i seroit ja receüz por
seigneur, mes por ennemi mortel. Après li conte
comment Mordrés a la reïne assise en la tor de
30 Londres et la fet assaillir chascun jor. « Et por
ce que madame a poor qu'il ne la destruie, vos
mande ele por Dieu que vos la secorez au plus
tost que vos porroiz ; que certes, se vos demorez,

ele sera tost prise. Et il la het si mortelment qu'il
35 la fera honnir del cors et vos i avroiz grant honte. »
   164. Quant li rois entent ceste parole, si est
tant a malese qu'il ne pot mot dire; lors dist au
vallet qu'il l'amendera bien, se Dieu plest; si
commença a plorer trop durement; et quant il
5 parole, si dit a chief de piece: « Ha ! Mordret,
or me fez tu connoistre que tu ies li serpenz que
ge vi jadis eissir de mon ventre, qui ma terre
ardoit et se prenoit a moi. Mes onques peres ne
fist autretant de fill comme ge ferai de toi, car
10 ge t'ocirrai a mes deus meins, ce sache touz li
siecles, ne ja Dex ne vueille que tu muires d'au-
trui meins que des moies. » Ceste parole oïrent
pluseur haut home; si s'en merveillierent moult,
car il sorent veraiement par la parole que li rois
15 ot dite que Mordrés estoit ses filz. Si s'en merveil-
lierent, de tiex i ot, moult durement. Et li rois
commanda a ceus qui entor li estoient qu'il
feïssent ennuit savoir par toute l'ost qu'il soient
apresté de monter demein matin, que li rois s'en
20 iroit a la mer por passer el roiaume de Logres.
Quant ceste nouvele fu seüe par l'ost, lors veïssiez
tres et paveillons destendre amont et aval; et
li rois commande que on face une biere cheva-
leresce ou l'en portera monseigneur **Gauvain**:
25 car il nel laira pas loing de lui, car se il muert,
il le velt veoir morir, et se il vit, tant sera il plus
joianz. Et cil le font tout einsi com li rois l'ot
commandé.
   165. Au matin, si tost comme il fu ajorné,
mut l'ost; et quant il furent achominé, si chevau-
chierent tant qu'a la mer vindrent. Lors parla
messire **Gauvains** moult belement a ceus qui
5 entor lui estoient, et dist: « Ha ! Dex, ou sui

ge ? — Sire, fet li uns des chevaliers, nos somes
seur la rive de la mer. — Et quel part volez vos
aler ? fet il. — Sire, nos voulons passer el roiau-
me de Logres. — Ha ! Dex, fet messire Gauvains,
10 beneoiz soiez vos quant il vos plest que ge muire
en ma terre, que ge ai tant desirree. — Sire, fet
li chevaliers qui a lui parloit, cuidiez vos dont
einsi morir ? — Oïl, fet il, veraiement, je sai bien
que je ne vivrai ja quinze jours; si sui plus dolenz
de ce que ge ne puis veoir Lancelot, ainz que ge
15 muire, que ge ne sui de ma mort; que, se ge veïsse
celui que ge sei au meilleur chevalier del monde
et au plus cortois et ge li peüsse crier merci de
ce que ge li ai esté si vilains au derrien, il m'est
avis que m'ame en fust plus a ese aprés ma mort. »
20 Li rois seurvint a ces paroles et oï bien que messire
Gauvains disoit, et dist: « Biax niés, grant domage
m'a fet vostre felonnie, car ele m'a tolu vos, que
ge amoie seur touz homes, et Lancelot aprés,
que l'en doutoit tant que, se Mordrés seüst qu'il
25 fust ausi bien de moi comme il estoit jadis, il
ne fust ja si hardiz qu'il eüst emprise tel des-
loiauté comme il a commenciee. Or avrai ge,
si com ge cuit, soufrete des preudomes, et de
vos et de ceus en cui ge me fioie plus au grant
30 besoing; que li desloiax traîtres a assemblé tout
le pooir de mes terres a venir encontre moi. Ha !
Dex, se g'eüsse ore en ma compaignie cels que
ge souloie avoir, je ne doutasse pas tout le monde,
s'il fust encontre moi. »

166. Tieus paroles dist li rois Artus illuec
endroit, dont messire Gauvains fu trop dolenz;
si s'efforça de parler au plus qu'il pot, et dist:
« Sire, se vos avez perdu Lancelot par ma folie,
5 si le recouvrez par vostre savoir; que legierement

le porroiz atrere entor vos, se vos voulez, car ce
est li plus preudom que ge onques veïsse et li
plus deboneres del monde; et il vos ainme de
si tres grant amour que ge sei veraiement qu'il
10 vendra a vos, se vos le mandez; et il vos en est
bien mestiers, ce me semble, ne por fiance que
vos aiez en moi nel lessiez pas, car certes jamés
ne me verroiz porter armes, ne vos ne autres. »
Quant li rois Artus entent ce que mesire Gauvains
15 li dist, qu'il n'en puet eschaper sans mort, si
est tant dolans de ceste parole et tant en fait
grant doel qu'il n'a home en la place a qui il
n'en prenge grant pitié. « Biaus niés, fait li rois,
est ce donques voirs que vos dites, que vos nos
20 leroiz en cest point ? — Sire, oïl, fait il; je sai
veraiement que je ne verrai ja le quart jour. —
De ce me doi je bien plaindre, fait li rois, car li
graindres damages en est miens. — Sire, fait
mesire Gauvains, toutes voies vous loeroie je
25 que vous mandissiés a Lancelot qu'il vous venist
secourre, et je sai veraiement qu'il i venra, si tost
comme il verra vos letres, car il vous aime assés
plus que vous ne quidiés. — Certes, fait li rois,
je me sui tant meffais vers lui que je ne quit mie
30 que proiere i puist avoir mestier, et por ce ne
l'en requerrai je pas. »

167. Atant vindrent li marinier au roi et li
distrent: « Sire, quant il vos plera, vos porroiz
entrer en vostre nef, car nos avons apareillié tout
ce qu'il nos couvient; et li venz est levez bons et
5 forz et bien portanz; et se vos demorez plus, ce
sera folie. » Atant fet li rois prendre monseigneur
Gauvain et metre en la nef et couchier au plus
a ese que cil porent qui de lui s'entremetoient;
et lors entrent enz li plus riche baron et metent

10 avec eus leur armes et leur chevax; et li autre
   baron entrent es autres nes et leur home avec
   eus. Einsi s'en vint li rois Artus corrouciez de
   la grant desloiauté Mordret, qu'il avoit porchaciee
   vers lui; mes plus li poise encore de monseigneur
15 Gauvain qu'il veoit ·chascun jor empirier et
   aprouchier a sa fin: c'est li deus qui plus li touche
   au cuer que nul autre; c'est li deus qui nel lesse
   reposer ne jour ne nuit; c'est li deus qui nel lesse
   ne boivre ne mengier. Mes atant lesse ore li contes
20 ci endroit a parler de lui et retorne a Mordret.

· · ·

168. Or dit li contes que tant tint Mordrés
le siege entor la tour de Londres que moult fu
la tor empiriee et maumise, car meintefoiz i ot
fet giter les mangoniax et ferir granz cox, dont
5 il ne poïssent pas durer si longuement comme il
durerent, se ne fust ce qu'il se deffendoient si
merveilleusement; et entretant com li sieges dura
entor la tor, ne fina onques Mordrés de mander
les hauz homes d'Illande et d'Escoce et des es-
10 tranges païs qui de lui tenoient terre; et quant
il estoient a lui venu, il leur donoit si biax dons
qu'il en estoient tuit esbahi; si les conquist par
tel maniere si sagement que cil s'otroierent si
del tout a lui qu'il disoient bien devant et der-
15 rieres qu'il ne leroient por riens qu'il ne li aidas-
sent encontre touz homes, neïs encontre le roi
Artu, s'il estoit einsi qu'aventure l'amenast en
la terre. Einsi torna Mordrés a sa partie touz les
hauz honmes qui del roi Artu tenoient terre
20 et les tint avec lui grant tens; et il le pooit bien
fere, que li rois Artus li avoit lessiez touz ses
tresors, einz que il s'en alast, ou que il fussent;

et d'autre part touz li siecles li aportoit et don-
noit; et il le tenoient a bien emploié por la grant
25 largesce dont il estoit. Un jour qu'il ot fet assaillir
la tour, li avint que uns siens messajes vint a lui
et li dist a conseill un pou ensus des autres: « Sire,
nouveles vos sei dire moult merveilleuses; li
rois Artus est arrivez en ceste terre atout son
30 pooir et vient a vos atout grant gent; se vos ici
le voulez atendre, vos le porroiz veoir dedenz
deus jorz; si ne poez faillir a la bataille, car il
ne vient seur vos por autre chose. Or gardez que
vos en feroiz; que, se vos n'avez bon conseill, vos
35 i porroiz tost perdre. » Quant Mordrés entent
ceste nouvele, il en devint touz esbahiz et esper-
duz, car moult doutoit le roi Artu et son efforz,
et meesmement il a grant poor de sa desloiauté,
qu'ele ne li nuise plus que autre chose. Lors se
40 conseille de ceste chose a ceus ou il plus se fioit,
et si demande qu'il en porra fere; et il dient:
« Sire, nos ne vos savons autre conseill doner,
fors que vos assemblez vos homes et alez encontre
lui et li mandez qu'il vuide la terre dont li preu-
45 dome vos ont sesi; et s'il la terre ne velt vuidier,
vos avez gent plus qu'il n'a et qui vos ainment
de bone amor; si vos combatez a lui seürement;
et sachiez veraiement que si home n'avront
ja vers vos duree, a ce qu'il sont las et foible et
50 nos somes fres et reposé: si ne portasmes armes
pieça. Et ançoiz que vos partoiz d'ici, enquerroiz
a vos barons s'il s'acordent a la bataille; et nos
creons qu'il n'i avra ja autre chose, fors ce que
nos avons dit. » Mordrés dit que tot einsi le fera
55 il. Si mande par devant lui toz ses barons et toz
les halz homes del païs qui estoient dedens la
cité. Et cil vindrent a lui; et quant il furent venu,

il lor dist que li rois Artus venoit sor elz a tot
son pooir et seroit a Londres dedenz tiers jour;
60 et cil qui la estoient distrent a Mordret: « Sire,
de sa venue que vos chaut ? Car vos avez plus
homes qu'il n'a; si alez seürement encontre lui;
car nos metrons nos cors en aventure de mort
ançois que nos ne vos garantissons la terre que
65 nos vos avons donee, et ja ne vos faudrons tant
com nos puissons porter armes. » Quant Mordrés
entent qu'il s'entraatissent de combatre, si
en fu moult liez de grant maniere, si les mercie
touz et leur commande qu'il praignent leur armes,
70 car il n'ont que demorer et il voudroit bien estre
au roi Artu a l'encontre, ainz qu'il ait la terre
domagiee. Lors fu la nouvele par tout le païs seüe
et dient qu'il mouvront le matin por aler seur
le roi Artu; cela nuit furent en peinne et en tra-
75 vaill d'eus apareillier li un et li autre. A l'ende-
main, si tost com il fu ajorné, se partirent de
Londres et esmerent qu'il estoient plus de dis
mile. Si lesse ore li contes a parler d'eus et retorne
a la reïne Guenievre, la fame le roi Artu.

· · ·

169. Or dit li contes que quant Mordrés se
fu partiz de Londres entre lui et sa compaingnie,
cil de la tor orent bien seües les nouveles que li
rois Artus venoit et que cil aloient encontre lui
5 por combatre; il le dient a la reïne qui de ceste
chose fu liee et dolente : liee, pour ce qu'ele se
voit delivre, et dolente del roi dont ele a poor
qu'il muire en la bataille. Lors commence a
penser, si est tant a malese qu'ele ne set que fere;
10 en ce pensé ou ele estoit, vint ses cousins par
aventure devant li; et quant il la vit plorer, il

en fu moult a malese, si li dist: « Ha ! dame,
qu'avez vos ? Por Dieu, dites le moi et ge vos
conseillerai a mon pooir. — Dont le vos dirai
15 ge, fet la reïne; en cest pensé m'ont mis deus
choses: l'une, que ge voi que messires li rois est
entrez en ceste bataille et, se Mordrés en vient
au desus, il m'ocirra; et se mes sires a enneur de
ceste bataille, il ne porra croire en nule maniere
20 que Mordrés ne m'ait conneüe charnelment,
por la grant force qu'il a mise en moi avoir; si
sei veraiement qu'il m'ocirra, si tost comme il
me porra tenir as meins. Par ces deus choses poez
vos veoir apertement que ge ne puis eschaper
25 que ge ne muire ou d'une part ou d'autre. Or
gardez se ge puis estre granment a ese. » Cil ne la
set conseillier seur ceste chose, car il veoit de toutes
parz sa mort apareilliee, et il li dist: « Dame, se
Dieu plest, li rois mes sires avra greigneur merci
30 de vos que vos ne cuidiez; ne vos esmaiez pas si
durement, mes proiez Dieu Nostre Seigneur
Jhesucrist qu'il envoit au roi vostre seigneur ennor
et victoire de ceste bataille et qu'il vos pardoint
son corrouz, s'il est einsi qu'il ait vers vos corrouz.»
35 Cele nuit reposa moult pou la reïne comme cele
qui n'estoit pas a ese, mes espoentee durement,
car ele ne voit en nule part sa sauveté.

170. A l'endemain, si tost comme il fu ajorné,
ele esveilla deus de ses damoiseles, celes ou ele
plus se fioit; quant eles furent vestues et apareil-
liees, ele fist chascune monter sor son palefroi,
5 et enmena deus escuiers avec li, et fist conduire
hors de la tor deus somiers chargiez d'or et d'ar-
gent. Einsi s'en issi la reïne de Londres; si s'en
ala jusqu'a une forest qui pres d'illuec estoit, ou
il avoit une **abaïe** de nonains que ses ancestres

10 avoit fete. Quant ele fu leanz venue, ele fu receüe
si hautement com l'en devoit tel dame recevoir;
ele fist leanz deschargier tout le tresor qu'ele
avoit fet aporter avec lui, puis dist as damoiseles
qui o lui estoient venues: « Damoiseles, s'il vos
15 plest, vos en iroiz, et s'il vos plest, vos remein-
droiz, car de moi di ge que ge remeindrai ci et
serai rendue avec les nonains de ceanz; car ma-
dame ma mere qui fu reïne de Tarmelide, que
l'en tint a bone dame, s'i rendi et i usa le remenant
20 de sa vie. » Quant les damoiseles oïrent ce que la
reïne dist, eles pleurent moult durement et dient:
« Dame, ja ceste enneur ne recevroiz sanz nos. »
Et la reïne dist que de ceste compaingnie est ele
moult liee. Lors vint l'abeesse avant; si tost
25 comme ele vit la reïne, si li fist moult grant joie;
la reïne li requist meintenant l'ordre de leanz.
« Dame, fet l'abeesse, dame, se messires li rois
fust trespassez de cest siecle, nos vos en feïssons
moult volentiers et dame et compaigne; mes por
30 ce qu'il est en vie, ne vos oserions nos recevoir,
car il nos ocirroit sanz faille, si tost comme il le
savroit. Et encore, dame, i a autre chose: certes,
se nos vos avions ore receüe, ne porriez vos pas
soufrir l'ordre, car trop i a grant poine, meesme-
35 ment a vos qui avez toutes les aises del monde
eües. — Dame, fet la reïne, se vos ne me recevez,
il en sera de pis a moi et a vos; car se je m'en
vois de ci et il m'en mesavient par aucune aven-
ture, li damages en sera miens, et li rois vos de-
40 mandera mon cors, de ce soiez toute seüre, car
par vostre defaute me sera il mesavenu. » Tant
dist la reïne a l'abeesse qu'ele ne set que respon-
dre; et la reïne la tret a une part, si li dit l'an-
goisse et la poor por quoi ele se velt rendre.

45 « Dame, fet l'abeesse, de ce vos conseillerai ge
bien; vos remeindroiz ceanz voirement; et s'il
avient par mescheance que Mordrés viengne au
desus del roi Artu et qu'il veinque ceste bataille,
lors porroiz vos tout a tens prendre noz dras
50 et entrer del tout en l'ordre; et se Dex de gloire
donoit a vostre seigneur qu'il veinquist ceste
bataille et en venist au desus et qu'il reperast
ça seinz et hetiez, je feroie bien vers lui vostre
pes et que vos seriez mieuz de li qu'onques ne
55 fust. » Et la reïne respont a l'abeesse: « Dame,
ge cuit que cist conseuz soit bons et loiaus et ge
le ferai issi com vos m'avez loé. » En tel maniere
demora la reïne leanz avec les nonnains et s'i
mist por la poor qu'ele avoit del roi Artu et de
60 Mordret. Mes atant lesse ore li contes a parler
de lui et retorne au roi Artu.

* * *

171. Ci endroit dit li contes que, quant li
rois Artus se fu mis en mer por aler el roiaume
de Logres por destruire et por essillier Mordret,
il ot bon vent et fort qui tost l'ot porté outre a
5 tote sa gent, si qu'il arriverent souz le chastel
de Douvre; et quant il furent arrivé et il orent
des nes ostees leur armes, li rois fist savoir a ceus
de Douvre qu'il ouvrissent la porte et le receüssent
leanz; et cil si fisent a grant joie; et il distrent
10 qu'il cuidoient qu'il fust morz. « Or sachiez
bien que ceste desloiauté porchaça Mordrés,
fet li rois Artus, dont il morra, se ge onques puis,
comme desloiax et parjurés et vers Dieu et vers
son seigneur lige. »

172. Celui jor endroit eure de vespres dist
messire Gauvains a ceus qui entor lui estoient:
« Alez dire a monseingneur mon oncle qu'il
viengne a moi parler. » Uns des chevaliers vet
5 au roi et dist que messire Gauvains le demande.
Quant li rois i est venuz, il trueve monseigneur
Gauvain si ateint que nus n'en puet parole trere;
lors commença li rois a plorer trop durement
et a fere trop grant duel; et quant il oï son oncle
10 qui seur lui demenoit tel duel, il le connut, si
ouvri les euz et li dist si comme il pot: « Sire,
ge me muir; por Dieu, se vos vos poez garder
d'assembler contre Mordret, si vos en gardez; car
ge vos di veraiement, se vos morez par nul home,
15 vos morroiz par lui. Et madame la reïne me
saluez; et vos, seigneur, dont il i a aucun qui
encore, se Dieu plest, verra Lancelot, dites li
que ge li mant saluz seur toz les homes que ge
onques veïsse et que ge li cri merci; et ge pri Dieu
20 qu'il le gart en tel estat com ge l'ai lessié. Si li
pri que il ne lest en nule maniere qu'il ne viengne
veoir ma tombe, si tost comme il savra que ge
serai morz; si ne sera pas qu'il ne li praigne de
moi aucune pitié. » Lors dist au roi: « Sire, ge
25 vos requier que vos me façoiz enterrer a Kamaalot
avec mes freres, et vueill estre mis en cele tombe
meïsmes ou li cors Gaheriet fu mis; car ce fu li
hom del monde que ge plus amai. Et fetes escri-
vre sus la tombe: Ci gist Gaheriet et Gauvains
30 que Lancelos ocist par l'outrage Gauvain.
C'est escrit vueill ge qu'il i soit, si que ge soie
blasmez de ma mort si comme j'ai deservi. »
Li rois, qui trop fesoit grant duel, quant il oï
ce que messire Gauvains disoit, il li demande:
35 « Conment, biaus niés, estes vos dont venus

a mort par Lancelot ? — Sire, oïl, par la plaie
qu'il me fist el chief, et si en fusse ge touz gueriz,
mes li Romain la me renouvelerent en la ba-
taille. » Aprés ceste parole ne fu nus qui li oïst
40 mot dire, fors tant qu'il dist: « Jhesucrist, pere,
ne me juge pas selonc mes meffez. » Et lors
trespassa del siecle, ses meins croisiees seur son
piz. Li rois en pleure, et fet grant duel, et se
pasme seur lui souvent et menu, et se clainme
45 las, chetis, doulereus, et dist: « Hé ! Fortune,
chose contrere et diverse, la plus desloial chose
qui soit el monde, por quoi me fus tu onques si
debonere ne si amiable por vendre le moi si
chierement au derrien ? Tu me fus jadis mere,
50 or m'ies tu devenue marrastre, et por fere moi
de duel morir as apelee avec toi la Mort, si que
tu en deus manieres m'as honni, de mes amis
et de ma terre. Hé ! Mort vileinne, tu ne deüsses
mie avoir assailli tel home comme mes niés estoit
55 qui de bonté passoit toùt le monde. »

173. Moult est li rois Artus corrouciez de ceste
mort, et tant en a grant pesance qu'il ne set qu'il
doie dire; si se pasme si souvent que li baron ont
doutance qu'il ne muire entre leur mains; si l'en-
5 portent en une chambre por ce qu'il ne vuelent
pas qu'il voie le cors, car tant comme il le verroit,
ne cesseroit il sa plainte. Tout le jour fu li doels
el chastel si grans que on n'i oïst pas Dieu ton-
nant, et plouroient tout et toutes ausi commune-
10 ment comme s'il fust cousins germains a chascun;
et ce n'estoit mic merveille, car mesire Gauvains
avoit esté li chevaliers el monde plus amés de
diverses gens; il firent au cors toute l'onour qu'il
porent faire et le misent en dras de soie ovrés
15 a or et a pieres precieuses; la nuit ot laiens si

grant luminaire qu'il vous fust avis que li chas-
tiaus arsist. Au matin, si tost comme il fu ajorné,
li rois Artus qui se voit encombré de toutes choses
prist cent chevaliers et les fist armer, et fist pren-
20 dre une biere chevaleresce, et fist metre enz le
cors monseigneur Gauvain; si leur dist: « Vos
me conduiroiz mon neveu jusques Kamaalot,
et la le feroiz enterrer si comme il a requis et
metre en la tombe Gaheriet. » Endementiers
25 qu'il disoit ceste parole, il ploroit si durement
que cil de la place n'estoient mie meins tormenté
de son duel que il estoient de la mort monseigneur
Gauvain. Lors montent li cent chevalier, et au
convoier en ot plus de mil autres, qui tuit braient
30 et crient aprés le cors et dient: « Ha ! bons che-
valiers et seürs, cortois et deboneres, la Mort soit
maleoite qui de vos nos tolt la compaignie ! »
Einsi ploroit toz li pueples aprés le cors monsei-
gneur Gauvain. Quant il orent le cors assez
35 convoié, li rois s'arresta et dist a ceus qui le cors
devoient conduire: « Je ne puis avant aler;
alez a Kamaalot et fetes ce que ge vos ai dit. »
Lors retorne li rois tant dolenz que nus plus et
dist a ses homes: « Ha ! seignor, ore i parra que
40 vos feroiz des ore mes, car vos avez perdu celui
qui vos estoit peres et escuz a touz besoinz. Ha !
Dex, or criem ge que nos aïons par tens soufrete
de lui. » Issi dist li rois en alant.

   174. Cil qui le cors devoient conduire che-
vauchierent tout le jor entier, tant qu'aventure
les mena a un chastel qui avoit non Beloé, et en
estoit sires uns chevaliers qui onques n'avoit amé
5 monseigneur Gauvain, einz l'avoit par envie haï,
por ce qu'il veoit que messire Gauvains estoit
mieudres chevaliers de lui. Cil qui le cors portoient

descendirent devant le mestre palés; si n'i ot nul
qui assez n'eüst grant douleur au cuer. Atant es
10 vos la dame de leanz, qui leur demande qui cil
chevaliers est; il distrent que c'iert messire Gau-
vains, li niés le roi Artu. Quant la dame entent
ceste parole, ele cort la ou ele voit le cors si comme
toute desvee et se pasme desus; et quant ele fu
15 venue de pasmoisons, si dist: « Ha ! messire
Gauvain, tant est granz domages de vostre mort,
meesmement as dames et as damoiseles ! Et ge
i pert assez plus que nule autre, car ge i pert l'ome
el monde que ge plus amoie; et sachent bien tuit
20 cil qui ceanz sont que ge n'amai onques home
fors li, ne jamés n'en amerai nul autre tant com
je vive. » A ces paroles ist li sires de la chambre,
et fu trop iriez del duel qu'il vit qu'ele demenoit;
lors cort en une chambre, et prent s'espee, et
25 vient vers le cors, et fiert sa fame, qui desus estoit,
si durement qu'il li trencha l'espaule et entra
bien demi pié el cors; et la dame s'escrie: « Ha !
messire Gauvain, or sui morte por vos ! Por
Dieu, seigneur, fet ele, qui ci estes, je vos pri que
30 vos portoiz mon cors la ou vos porteroiz le suen,
si que tuit cil qui noz sepoutures verront sachent
que ge sui morte por lui. » Li chevalier n'enten-
dent pas granment a ce que la dame dit, car trop
sont dolent que ele est einsi morte par tel mesa-
35 venture; si corent sus au chevalier, si li tolent
s'espee, et li uns des chevaliers li dist par mau-
talent: « Certes, sire chevaliers, moult nos avez
fet grant honte, qui devant nos avez ocise ceste
dame, et por neant; si m'aïst Dex, ge croi que
40 jamés dame ne ferroiz qu'il ne vos en souvien-
gne. » Lors prent l'espee et fiert si durement le
seigneur de l'ostel qu'il li fet plaie mortel; et cil

se sent navré a mort, si volt torner en fuie, mes li
chevaliers ne li lesse, einz recuevre un autre coup,
45 si l'abat mort enmi le palés. Et lors s'escrie uns
chevaliers qui leanz estoit: «Ha ! las, chetis,
cist chevaliers a mort mon seigneur. » Si le fet
savoir par toute la vile; il saillent as armes et
dient que mar i vindrent li chevalier, qu'il leur
50 vendront la mort de leur seigneur moult chiere-
ment; lors viennent el palés et les assaillent, et
cil se deffendent bien, a ce qu'il sont bon cheva-
lier et ami, si que cil de la vile se tiennent por fol
de l'assaut qu'il avoient empris; car cil lor font
55 vuidier le palés en petit d'eure.

175. En tel maniere demeurerent leanz cele
nuit et mengierent et burent de ce qu'il trouve-
rent leanz; au matin firent une biere, et empor-
terent la dame de leanz avec eus, et chevauchie-
5 rent tant qu'il vindrent a Kamaalot; et quant
cil de la cité sorent que c'estoit li cors de monsei-
gneur Gauvain, il furent de sa mort moult tristre
et moult amati, et dient que or sont il del tout
aneanti; il convoient le cors jusqu'a la mestre
10 eglise et le mistrent el mileu del moustier. Quant
li communs de la vile sot que li cors monseigneur
Gauvain estoit aportez, si i vint tant de gent que
nus ne les porroit nombrer. Et quant vint a eure
de tierce que li cors ot eü sa droiture, il le mistrent
15 en la tombe avec Gaheriet son frere, et escristrent
sus la sepouture: CI GISENT LI DUI FRERE, MESSIRE
GAUVAINS ET GAHERIEZ, QUE LANCELOS DEL LAC
OCIST PAR L'OUTRAGE DE MONSEIGNEUR GAUVAIN.
Einsint fu Gauvains enterrez avec Gaheriet son
20 frere; moult firent grant duel cil del païs por la
mort monseigneur Gauvain. Mes atant lesse ore

li contes a parler de monseigneur Gauvain et de
la dame de Beloé ici endroit, et retorne l'estoire
a reconter del roi Artu et de sa compaignie.

. . .

176. Or dit li contes que, quant li rois Artus
se fu partiz del cors monseignor Gauvain, qu'il
ot envoié a Kamaalot, qu'il revint au chastel
de Douvre et i sejorna tout celui jor. A l'ende-
5 main s'en parti et s'esmut a aler encontre Mordret
et chevaucha a toute s'ost; la nuit jut a l'entree
d'une forest. Au soir quant il fu couchiez et il fu
endormiz en son lit, il li fu avis en son dormant que
messire Gauvains vint devant lui, plus beaus
10 qu'il ne l'avoit onques mes veü a nul jor, et
venoit aprés li uns puepeles de povre gent qui
tuit disoient: « Rois Artus, nos avons conquestee
la meson Dieu a ués monseigneur Gauvain vostre
neveu por les granz biens qu'il nos a feiz; et
15 fei aussi comme il a fet, si feras que sages. »
Et li rois respont que ce li est moult bel; lors
coroit a son neveu, si l'acoloit; et messire Gau-
vains li disoit tout en plorant: « Sire, gardez vos
d'assembler a Mordret; se vos i assemblez, vos i
20 morroiz ou vos seroiz navrez a mort. — Certes,
fet li rois, g'i assamblerai voirement, neïs se ge
en devoie morir; car adonques seroie ge recreanz,
se ge ne deffendoie ma terre encontre un traï-
teur. » Et messire Gauvains s'en partoit atant,
25 fesant le greigneur duel del monde, et disoit
au roi son oncle: « Ha ! sire, quel duel et quel
domage quant vos hastez si vostre fin ! » Puis
retornoit au roi et li disoit: « Sire, mandez Lan-
celot; car ce sachiez veraiement, se vos l'avez

30 en vostre compaignie, que ja Mordrés n'avra
   encontre vos duree; et se vos a cestui besoing
   ne le mandez, vos n'en poez eschaper sanz mort. »
   Et li rois dit que ja por ce ne le mandera, car
   il li a tant forfet qu'il ne quide mie qu'il venist a
35 son mandement. Et messires Gauvains s'en tornoit
   atant lermoiant et disant: « Sire, sachiez que ce
   sera granz domages a toz preudomes. » Einsi avint
   au roi Artu en son dormant. Au matin, quant il
   s'esveilla, il fist le sygne de la croiz en son vis et
40 dist: « Ha ! biaus sire Dex Jhesucrist, qui m'avez
   fet tantes enneurs, puis que ge primes portai co-
   ronne et que ge ving a terre tenir, biaus douz sire,
   par vostre misericorde, ne soufrez que ge perde
   enneur en ceste bataille, mes donez moi victoire
45 sus mes ennemis qui sont parjuré et desloial envers
   moi. » Quant li rois ot ce dit, il se leva et ala oïr
   messe del Saint Esperit, et quant il l'ot paroïe, si
   fist toute s'ost desjuner un petit, pour ce qu'il ne
   savoit de quele ore il enconterroit les gens Mor-
50 dret. Quant il orent mengié, si se misent au che-
   min et chevauchierent tout le jour belement et
   par loisir, pour ce que lor cheval ne fuissent trop
   las, de quele ore qu'il venissent a la bataille.
   Celui soir se herbergierent en la praerie de Love-
55 don et furent assez a ese. Li rois se coucha en sa
   tente touz seus fors de ses chambrelens. Quant il
   fu endormiz, il li fu avis que une dame venoit
   devant lui, la plus bele qu'il eüst onques mes veüe
   el monde, qui le levoit de terre et l'enportoit en
60 la plus haute montaigne qu'il onques veïst; illuec
   l'asseoit seur une roe. En cele roe avoit sieges
   dont li un montoient et li autre avaloient; li rois
   regardoit en quel leu de la roe il estoit assis et
   voit que ses sieges estoit li plus hauz. La dame li

65 demandoit: « Artus, ou ies tu ? — Dame, fet il,
ge sui en une haute roe, mes ge ne sei quele ele
est. — C'est, fet ⟨l⟩e, la roe de Fortune. » Lors
li demandoit: « Ar⟨t⟩us, que voiz tu ? — Dame, il
me semble que ge voie tout le monde. — Voire,
70 fet ele, tu le voiz, n'il n'i a granment chose dont
tu n'aies esté sires jusques ci, et de toute la
circuitude que tu voiz as tu esté li plus puissanz
rois qui i fust. Mes tel sont li orgueil terrien qu'il
n'i a nul si haut assiz qu'il ne le coviegne cheoir
75 de la poesté del monde. » Et lors le prenoit et
le trebuschoit a terre si felenessement que au
cheoir estoit avis au roi Artu qu'il estoit touz
debrisiez et qu'il perdoit tout le pooir del cors
et des menbres.

177. Einsi vit li rois Artus les mescheances
qui li estoient a avenir. Au matin, quant il fu
levez, il oï messe, einz qu'il prist armes, et se
fist confés a un arcevesque, au mieuz qu'il pot,
5 de touz ses pechiez dont il se sentoit corpables
vers son criator; et quant il se fu fez confés et il ot
moult crié merci, il li reconnut les deus avisions
qui li estoient avenues es deus nuiz devant.
Et quant li preudom les entendi, il dist au roi:
10 « Ha ! sire, por sauveté de vostre ame et de vostre
cors et del reigne, tornez arriers a Douvre, et
toute vostre gent, et mandez a Lancelot qu'il
vos viengne secorre; et il i vendra moult volen-
tiers. Car se vos assemblez a Mordret a ce point
15 d'ore, vos i seroiz navrez a mort ou ocis; et nos
i avrons si grant domage qu'il durra tant com cil
siecles durra. Rois Artus, tout ce vos avendra,
se vos assemblez a Mordret. — Sire, fet li rois,
merveilles me dites qui me deffendez a fere ce
20 dont ge ne me puis retorner. — A fere le couvient,

fet li preudons, se vos ne vos voulez honnir. »
Einsi dist li preudons au roi Artu, com cil qui le
cuidoit bien refreindre de sa volenté, mes ce ne
puet estre, car li rois jure l'ame Uterpandragon
25 son pere qu'il ne retornera ja, einz assemblera a
Mordret. « Sire, fet li preudons, c'est domages
que ge ne vos puis retorner de vostre volenté. »
Et li rois dit qu'il s'en tese, car il ne leroit a fere
sa volenté por l'enneur del monde.

178. Celui jor chevalcha li rois vers les plains
de Salesbieres au plus droit que il pot onques,
comme cil qui bien savoit que en cele plaigne
seroit la grant bataille mortex dont Merlins
5 et li autre devineor avoient assez parlé. Quant li
rois Artus fu entrez en la plaigne, il dist a ses
gens qu'il se logaissent ilec, car ilec atendroit
il Mordret; et il le firent ainsi com il le comanda;
si se logerent en poi d'ore et apareillierent au
10 muelz qu'il porent. Celui soir aprés souper s'ala
li rois Artus esbatre aval la plaigne entre lui et
l'arcevesque, et tant qu'il vindrent a une roche
haute et dure; li rois regarda contremont la
roche et vit qu'il i avoit letres entaillices. Il
15 regarde maintenant l'arcevesque et li dist:
« Sire, merveilles poez veoir; en ceste roche a
letres qui i furent encisees lonc tens a; ore esgardez
qu'eles dient. » Et cil regarde les letres qui di-
soient: EN CESTE PLAINGNE DOIT ESTRE LA BA-
20 TAILLE MORTEL PAR QUOI LI ROIAUMES DE LOGRES
REMEINDRA ORFELINS. « Sire, fet il au roi, or
sachiez qu'eles vuellent dire; se vos assemblez a
Mordret, li roialmes en remeindra orfelins,
car vos i morroiz ou vos seroiz navrez a mort;
25 autrement n'en poez partir; et por ce que vos
m'en creez mielz qu'en icest brief n'ait se verité

non, je vous di que Merlins meïsmes escrist ces
letres, ne en chose qu'il deïst onques n'ot se verité
non, comme cil qui estoit certains des choses
qui estoient a avenir. — Sire, fet li rois Artus,
30 g'en voi tant que, se ge ne fusse tant venuz avant,
je retornasse, quel que talent que ge eüsse eü
jusques ci. Mes or soit Jhesucrist en nostre aïde,
car ge n'en partirai jamés jusques a tant que
Nostre Sires en ait donee enneur a moi ou a
35 Mordret; et se il m'en meschiet, ce sera par mon
pechié et par mon outrage, a ce que ge ai grei-
gneur plenté de bons chevaliers que Mordrés
n'a. » Ceste parole dist li rois Artus moult es-
maiez et plus espoentez qu'il ne selt, por ce qu'il
40 avoit tantes choses veües qui li demoustroient
sa mort. Li arcevesques pleure moult tendrement,
por ce qu'il ne l'en puet retrere. Li rois revint en
sa tente; et en ce qu'il fu revenuz, uns vallez
vint devant lui et li dist: « Rois Artus, je ne te
45 salu mie, car ge sui hom a un tuen ennemi mortel:
c'est Mordrés, li rois del roiaume de Logres.
Il te mande par moi que tu ies folement entrez
en sa terre; mes se tu veus creanter comme rois
que tu t'en iras le matin et toi et ta gent la dont
50 tu ies venuz, il s'en souferra atant, que ja plus
mal ne te fera; et se tu ne veus ce fere, il te mande
a demain la bataille. Or li mande que tu volras
fere de ceste chose, car il ne quiert pas ton des-
truiemcnt, se tu li vels vuidier sa terre. »

179. Li rois qui entent cest mandcment dist
au vallet: « Va dire a ton seigneur que ceste
terre, qui est moie d'eritaje, ne vuiderai ge por
lui en nule maniere, einz i serai comme en
5 la moie por deffendre la et por jeter le fors
comme parjuré; et bien sache Mordrés li parjurez

qu'il morra par mes meins ; de ceste chose l'acointe
de par moi ; si m'est plus bel de l'assembler que del
lessier, neïs s'il m'i devoit ocirre. » Aprés ccste
10 parole ne demora point li vallez, ainz s'en parti
sanz congié prendre et erra tant qu'il vint devant
Mordret et li conta mot a mot ce que li rois Artus
li mandoit, et li dist : « Sire, sachiez por voir
que vos ne poez faillir a la bataille, se vos a
15 demain l'osez atendre. — Je l'atendrai, fet Mor-
drés, sanz faille, car je ne desir rien tant com la
bataille champel encontre lui. »

    180. Einsi fu emprise la bataille dont meint
preudome morurent, qui ne l'avoient pas deservi.
Cele nuit furent en grant doutance li home le
roi Artu, car il savoient bien qu'il avoient trop
5 meins de gent que Mordrés n'avoit a sa partie ;
et por ce redoutoient il moult a assembler a eus ;
et Mordrés avoit tant proiez les Sesnes qu'il es-
toient en s'aïde venu ; et il estoient une gent grant
et fort, mais il n'estoient pas si duit de bataille
10 comme la gent le roi Artu ; mes il haoient le
roi de mortel haïne ; si s'estoient torné devers
Mordret et li avoient fet homage li plus haut
home de Sesoigne, car a cest point se baoient
moult a vengier de maint grant anui que li rois
15 Artus lor avoit aucune fois fet. Einsi furent assem-
blé d'une part et d'autre grant gent ; et si tost
com li jorz aparut, li rois Artus se leva et oï
messe, puis s'arma et commanda que sa gent
s'armassent. Si establi li rois dis batailles, et la
20 premiere conduisoit messire Yvains, la seconde
li rois Yons, la tierce li rois Karados, la quarte
li rois Kabarentins, la quinte li rois Aguisans,
la siste Girflez, la setiesme Lucans li Bouteilliers,
l'uitiesme conduisoit Sagremor li Desreez, la

25 novisme Guivrez, la derrienne conduist li rois
Artus, et en cele fu li granz efforz de lor gent;
et en cele orent cil devant lor espoir, car trop i
avoit de preudomes qui ne poïssent pas estre
legierement desconfit, se trop grant plenté de
30 gent ne venist sor aus.

181. Quant li rois Artus ot en tel maniere
toutes ses batailles assemblees et establies, il pria
a chascun haut home qu'il pensast de bien fere,
car se il de ceste bataille pooit issir a enneur, il ne
5 trouveroit jamés qui contre lui s'osast reveler.
Tout einsi ot li rois ses batailles ordenees; et ausi
fet Mordrés, mes, por ce qu'il avoit plus gent
que li rois Artus n'avoit, en fist il vint batailles,
et mist en chascune tant de gent com mestiers
10 li fu et bons chevaliers a conduit; en la derre-
niere mist il le greigneur effort et mist ensemble
les chevaliers ou il plus se fioit, et en fu condui-
sieres, et dist que de ceste bataille assembleroit
il a Artu, car ses espies li avoient ja dit que li
15 rois conduisoit la derreniere de ses batailles.
Es deus premieres batailles Mordret n'avoit
nul chevalier qui ne fust de Sessoigne, et es deus
autres aprés furent cil d'Escoce; aprés furent cil
de Gales et tindrent leur genz deus batailles,
20 et aprés cil de Norgales trois batailles. Einsi ot
Mordrés de dis roiaumes esleüz les chevaliers;
et tant chevalchierent tuit rengié qu'il vindrent
en la grant plaigne de Salebieres et virent les
batailles le roi Artu et les banieres qui vente-
25 loient contre le vent; et atendoient, tot monté,
cil de l'ost le roi Artu, tant que li home Mordret
venissent; et quant il se furent si aprochié
qu'il n'i avoit fors del ferir, lors veïssiez lances
baissier. Devant touz les autres par devers les

30 Sesnes venoit Arcans, li freres au roi des Sesnes,
   et fu armez seur un destrier de toutes armes.
   Quant messire Yvains le vit, qui estoit au premier
   de ses compaignons et atendoit la premiere
   joste, il lesse corre le glaive abessié; Arcans fiert
35 monseigneur Yvain et brise son glaive; et missire
   Yvains le fiert si durement qu'il li perça l'escu
   et li met le fer del glaive parmi le cors; il l'em-
   paint bien, si le porte del cheval a la terre, et au
   parcheoir brise li glaives, si que cil gist a la terre
40 touz estenduz et navrez a mort; et adonques dist
   uns parenz monseignor Yvain, si que plusor le
   porent oïr: « Sessoigne est apovriee de son
   meillor oir! » Atant se desbuschent les batailles,
   la premiere par devers le roi Artu encontre les
45 deus des Sesnes; la poïssiez veoir a l'assembler
   meint biau coup de lance et meint bon chevalier
   a la terre verser, et meint bon cheval corre tout
   estraié parmi le champ, qu'il n'estoit qui les
   retenist; si poïssiez veoir en poi d'eure la terre
50 couverte de chevaliers dont li un estoient mort
   et li autre navré. Einsi commença la bataille
   es pleins de Salebieres, dont li roiaumes de Lo-
   gres fu tornez a destrucion, et ausi furent meint
   autre, car puis n'i ot autant de preudomes comme
55 il i avoit eü devant; si en remestrent aprés leur
   mort les terres gastes et essilliees, et soufreteuses
   de bons seigneurs, car il furent trestout ocis a
   grant douleur et a grant haschiee.

   182. La bataille fu commenciee grans et mer-
   veilleuse; et quant cil devant orent leur glaives
   brisiez, il metent les meins as espees et fierent si
   granz cox qu'il font baignier les espees parmi
5 les hiaumes jusques es cerveles. Moult le fist
   bien cel jor messire Yvains et moult greva les

Sesnes; et quant li rois des Sesnes l'ot grant
piece regardé, si dist a soi meïsmes: « Se cist
vit longuement, nos sonmes desconfit. » Il lesse
10 corre par mi la presse a monseigneur Yvain tant
comme il pot del cheval trere, et le fiert en son
venir de toute sa force si durement que li escuz
nel garantist qu'il ne li mete l'espié el costé
senestre, mes il ne l'a pas navré a mort; en ce qu'il
15 s'en passoit outre, messire Yvains le fiert si de
l'espee trenchant qu'il li fet le chief voler et li
cors chiet a terre. Quant li Sesne virent leur
seigneur a terre, il commencierent un duel a feré
si grant que trop; quant cil de Logres virent le
20 duel que cil avoient commencié, il ne leur chaut,
einz leur corent sus, les espees tretes; si les ocient
et en font si grant destrucion que en pou d'eure
les covint torner en fuie; car il n'i avoit celui
d'elz qui n'eüst plaie grant ou petite, et plus
25 furent il desconfit por la mort lor seignor que por
autre chose. Quant li Sesne orent vuidiee la
place et il furent torné en fuie, cil de Logres
les chacierent, et cil foïrent seur ceus d'Irlande;
et cil lessent corre les chevax por eus aidier et
30 brochent contre les homes monseigneur Yvain;
si les ferirent si durement a ce qu'il estoient
fres et reposé qu'il en i morut grant partie. Et
cil qui estoient hardi et qui vouloient mieuz
morir que retorner les reçurent au miels qu'il
35 porent, comme cil qui estoient traveillié et lassé;
messire Yvains fu abatuz a cele pointe et navrez
de deus glaives; si fust ocis a celi point et tot si
compaignon mort et detrenchié, se ne fust li rois
Yons, qui conduisoit la seconde bataille, qui les
40 secorut au plus tost qu'il pot a tant de gent comme
il pot avoir; lors s'entreferierent si mortelment

qu'il se metent les glaives parmi les cors; si s'en-
trabatent des chevax, li un ça et li autre la, si
qu'en poi d'eure en poïst l'en veoir toute la
45 plaigne couverte, dont li un sont navré et li
autre ocis. Quant cil d'Irlande et li home au roi
Yon furent assemblé li un encontre les autres,
la poïssiez veoir cox doner et recevoir et cheva-
liers trebuschier a terre; et li rois Yons, qui
50 aloit les rens cerchant, a tant alé parmi le champ
qu'il ala en la place ou il trouva monseigneur
Yvain tot a pié entre ses ennemis, et vouloit
monter, mes il ne pooit, car trop le tenoient
pres si ennemi; et quant li rois vit ce, il lesse
55 corre a ceus qui moult s'entremetoient d'ocirre
monseigneur Yvain et leur donne granz cox la ou
il les puet ateindre; si les esparpille et depart,
ou il volsissent ou non, et les fet trere en sus tant
que messire Yvains fu montez sus un cheval que
60 li rois meïsmes li dona.

    183. Quant messire Yvains fu remontez el
cheval, il recommença la mellee, comme cil qui
estoit de moult haut cuer; et li rois Yons li
dist: « Sire, gardez vos au plus que vos porroiz,
5 se vos ne voulez morir. » Et messire Yvains dit
qu'il n'ot onques mes poor de morir fors hui
seulement; « si me merveil comment ce puet
avenir, car onques mes ne me pot poor mener
jusques a esmai. » Atant se remetent en la
10 bataille et recommencent a donner granz cox
ausi vistement par semblant com s'il n'i eüssent
hui cop feru; si font tant par leur proesce que
cil d'Irlande estoient torné a desconfiture et
s'enfuioient durement, quant uns chevaliers
15 yrois lesse corre, un glaive trenchant en sa main,
et feri le roi Yon si durement que armeüre né li

fu garant qu'il ne li mete par mi le cors et fer et
fust, si que li fers en parut grant partie de l'autre
part; il l'empaint bien, sel porte a terre si navré
20 qu'il n'a mestier de mire. Et quant messire
Yvains le vit, si en fu tant dolenz com nus plus,
si dist: « Ha! Dex, quel domage de ce preudome
qui si tost est morz. Ha! Table Reonde, tant
abessera hui vostre hautesce, car il me semble
25 que vos seroiz hui desnuee de vos norriz qui
vos ont sostenue jusques ci en la haute renomee
ou vos estiez. » Tiex paroles dist messire Yvains,
quant il vit le roi Yon gesir a terre; si lesse corre a
celui qui l'avoit mort et le fiert si durement qu'il
30 le fent jusqu'es denz et l'abat mort jus a terre,
et dist: « Or est cist morz, et por ce n'est mie
la vie restoree de cel preudome. »

184. Quant li chevalier au roi Yon virent leur
seigneur mort, si se claiment las, chetis, et por le
pleur remest la chace; et quant cil qui devant
fuioient virent que cil estoient arresté seur le
5 cors, il sorent tantost que cil por qui il ploroient
avoit esté aucune haute persone; si ne furent pas
esbahi a celi point, einz retornent meintenant et
corent sus a ceus qui le duel fesoient et chaple-
rent sor als si mortelment qu'il en ocisent grant
10 partie, et touz les eüssent ocis, se ne fust la tierce
bataille qui les secorut, si tost comme ele vit
que l'en les menoit a si grant martire. Quant li
rois Karados qui la tierce bataille conduisoit sot
que li deus que cil fesoient estoit por le roi Yon,
15 que cil de la avoient ocis, si dist a ses homes:
« Seigneur, nos alons en ceste bataille, go ne sei
qu'il est a avenir de moi. S'il avient que l'en
m'ocie, je vos pri por Dieu que vos n'en faciez
ja chiere, car vostre ennemi i porroient prendre

20 cuer et hardement. » Einsi dist li rois Karados
quant il entra en la bataille; et quant il se fu
mis entre ses ennemis, il le fist si bien que nus ne le
pooit tenir a coart qui le veïst; et por la proesce
dont il estoit tornerent cil d'Irlande les dos et se
25 mistrent tuit a la fuie, comme cil qui n'i aten-
doient se la mort non; si en ocistrent tant li
home au roi Karados, einçois que cil eüssent
secors, que vos en poïssiez veoir toute la place
couverte. Quant li haut baron d'Escoce virent
30 leur compaignons mener si vilment, il ne porent
plus endurer, einz lessent corre as homes le roi
Karados; et Heliadés, qui estoit sires d'Escoce,
si com Mordrés li avoit donee l'enneur, si lesse
corre au roi Karados qui mieuz estoit montez
35 que nus de ses homes et plus richement; il nel
refusa pas, com cil qui assez estoit hardiz por
encontrer le meilleur chevalier del monde; si
s'entrefierent des glaives si fort que li escu per-
cent, et s'entrehurtent de si grant force qu'il se
40 metent parmi les cors les espiez trenchanz, si que
li fer perent de l'autre part; si s'entreportent a
terre si enferré qu'il n'i a celui d'els deus qui puisse
gaber l'autre, car il sont andui navré a mort.
A la rescosse de ces deus saillent de deus parz
45 chascuns por aidier au sien et por encombrer
l'autre; si font tant li home le roi Karados qu'il
pranent a fine force Heliadés; mes il trouverent
que l'ame li fu partie del cors, comme cil qui
avoit esté feruz parmi le cors del glaive; li autre
50 desarment le roi Karados et li demandent com-
ment il li est; il leur dist: « Je ne vos pri fors
de ma mort vengier, car ge sei bien que ge ne
verrai ja eure de none; et por Dieu n'en fetes
ja semblant, car li nostre en porroient estre tost

55 desconforté; si porroit estre la perte greigneur.
Mes tant fetes que vos m'ostoiz mon hauberc
et me portez sus mon escu jusqu'a cel tertre;
si morrai toutevoies plus a ese que ge ne feroie
ci. » Et tout einsi comme il le commanda, il le
60 firent; si l'enporterent en la montaigne assez
dolent, car trop amoient leur seigneur de grant
amour; quant il l'orent mis souz un arbre, il
leur dist: « Alez en la bataille, et me lessiez ci
en la garde de quatre escuiers, et vengiez ma
65 mort si com vos le porroiz fere; et s'il avient que
nus de vos en puisse eschaper, je vos pri que vos
portoiz mon cors a Kamaalot en l'eglise ou mes-
sire Gauvains gist. » Il distrent que ce feront
il moult volentiers; lors li demandent: « Sire,
70 cuidiez vos qu'en ceste bataille ait si grant des-
confiture com vos dites ? — Je vos di, fet il, que,
puis que el roiaume de Logres vint crestientez, n'i
ot il bataille ou il moreust autant de preudomes
com il fera en ceste; c'est la derreniere qui i
75 sera au tens le roi Artu. »

185. Quant il oent ceste parole, il le lessent et
vindrent en la bataille; si le firent si bien li home
au roi Karados et cil au roi Yon que cil d'Es-
coce et d'Irlande et de Sessoigne furent descon-
5 fit; et li home le roi Artu, cil des trois batailles,
furent tel atorné qu'il gisoient mort plus de la
moitié a la terre, car por le grant fes qu'il avoient
soustenu avoient il les sis batailles Mordret
menees a fin, et avoient ja tant fet qu'il se furent
10 feru seur les batailles qui del roiaume de Gales
estoient issues; en ces deus batailles avoit meint
preudome a qui il tardoit moult qu'il se poïssent
ferir en la bataille, et moult leur pesoit de ce qu'il
estoient si longuement reposé; si reçurent les

15 homes le roi Artu si bien qu'il en remest petit es
seles, a ce qu'il n'avoient le jour riens fait et li
home le roi Artu estoient las et traveillié de cops
doner et recevoir. A cel encontre fu messire
Yvains abatuz, tant las et tant traveilliez qu'il
20 jut grant piece en pasmoisons; et la chace com-
mença meintenant seur les homes le roi Artu;
si passerent a cele empainte plus de cinc cens
chevaliers par desus monseigneur Yvain, qui tant
le greverent que, se il n'eüst le jor eü plus d'an-
25 goisse, si en ot il assez a cele foiz; et ce fu la chose
qui plus l'afebloia et qui plus li toli vigor et force.
Einsi furent tuit torné en fuie li home le roi Artu;
quant li rois Kabarentins de Cornoaille vit que
seur eus estoit tornez li poieurs, il dist a ses homes:
30 « Ore a eus! Li nostre sont desconfit. » Atant se
desrenge la quarte bataille le roi Artu; si poïssiez
oïr crier en lor venir enseignes de diverse gent,
et poïssiez veoir chevaliers verser a terre et tre-
buschier les uns morz et les autres navrez; si ne
35 veïstes onques plus dolerex encontre que ce fu,
a ce qu'il s'entrehaoient de mortel haïne. Et quant
li glaive furent brisié, si metent les meins as espees
et s'entrefierent granz cox, si qu'ils peçoient leur
hiaumes et detrenchent leur escuz; si s'entra-
40 batent des chevax a terre, si haste chascuns la
mort a son compaignon. Si ne demora guieres
que Mordrés renvoia deus eschieles por aidier
a ses genz; quant li rois Aguisanz, qui la quinte
bataille conduisoit, leur vit porprendre la cham-
45 paigne, si dist a ses genz qui o lui estoient: « Ore
alons par deça, si que nos puissons assembler
a ceus de la qui orendroit sont parti de leur gent,
et gardez que vos ne touchiez a nus des autres,
devant que vos soiez a eus; et quant vos i ven-

50 droiz, alez les ferir si qu'il en soient tout esbahi. »
Tout einsi comme il le commanda le firent cil,
car il trespasserent touz ceus qu'il leur avoit
moustrez et alerent assembler as batailles qui
estoient parties de Mordret; a l'encontrer des
55 lances oïssiez si grant noise qu'en n'i oïst pas Dieu
tonnant; si en poïssiez veoir plus de cinc cens
a terre a l'assembler, et furent moult cil devers
Mordret au commencement domagié. Einsi fu la
bataille commenciee en deus leus plus cruel que
60 mestiers ne leur fust.

186. Quant li home Aguisant orent leur glaives
depeciez, il mistrent les meins as espees et corent
sus a leur ennemis et les fierent par la ou il les
porent aconsivre; et cil se deffendoient moult bien
5 et en ocient grant partie; et en ce que li rois
Aguisanz aloit les rens cerchant a l'espee, il garde
devant lui et voit monseigneur Yvain tout navré
qui vouloit monter seur un destrier, mes si
ennemi l'avoient abatu deus foiz ou trois.
10 Quant li rois voit monseigneur Yvain, il lesse corre
cele part quanqu'il pot del cheval trere; et cil
estoient quatre qui monseigneur Yvain vouloient
ocirre; li rois, qui cele part vet, lesse corre, si en
fiert si un que li hiaumes nel garantist qu'il ne li
15 face l'acier boivre parmi la cervele; il se fiert
entr'eus; si se merveillent tuit dont cele proesce
venoit. Tant fist li rois Aguisanz par sa valeur
qu'il delivra monseigneur Yvain de touz ceus
qui l'avoient entrepris, et li bailla cheval, et le
20 fist remonter; quant il fu remontez, si las comme
il estoit, si se fiert en la bataille et fet tant, a ce
qu'il avoit fet devant, que tuit se merveillierent.
En tel maniere assemblerent toutes les batailles
einz eure de tierce, fors les deus derrenieres, cele

25 ou li rois Artus estoit et cele que Mordrés condui-
soit. Li rois avoit fet monter un garçon en un
tertre por veoir combien de gent il pooit avoir
en la bataille Mordret qui estoit la derreniere;
quant li vallez fu el tertre et il ot veü ce que li
30 rois li ot commandé, il revint au roi et li dist
tout a conseill: « Sire, il a bien en sa bataille
deus tanz de gent que vos n'avez en la vostre.
— Voire, fet li rois, c'est grant meschief! Ore en
soit Dex en nostre aïde, car autrement serons
35 nous mort et malbailli. » Lors regrete monsei-
gnor Gauvain son neveu et dist: « Ha! biax
niés, or avrai je soufrete de vos et de Lancelot,
car pleüst ore a Deu que vos fuissiez de joste
moi armé entre vos deus. Certes nos avrions l'onor
40 de ceste bataille a l'aïde de Deu et a la proesce
que je savroie en vos. Mes, biax dous niés, or ai
ge poor que je ne me tiegne por fol de ce que je
ne vos crui, quant vos me deïstes que je mandasse
Lancelot que il me venist aidier et secorre encon-
45 tre Mordret, car je sai bien, se je l'eüsse mandé,
il i fust venuz volentiers et debonerement. »

187. Ceste parole dist li rois Artus moult
esmaiez, et bien li disoit li cuers une partie des
max qui li estoient a avenir et a sa compaignie.
Il estoit trop bien armez et trop richement; lors
5 vient a ceus de la Table Reonde dont il pooit
bien avoir en sa compaignie soissante et douze.
« Seigneur, fet il, ceste bataille est la plus dotable
que ge onques veïsse; por Dieu, vos qui estes
frere et compaignon de la Table Reonde, tenez
10 vos ensemble li uns avec l'autre, car, se vos le
fetes, l'en ne vos porra mie legierement descon-
fire; et il sont bien, contre un de nos, doi, et bien
duit de bataille, por quoi il sont plus a doter.

— Sire, font il, ne vos esmaiez, mes chevauchiez
15 tout asseür, quar vos poez ja veoir Mordret qui
vient vers vos grant aleüre; et n'aiez doute, quar
de trop douter ne porroit nus biens venir a nos ne
a vos. » Lors fu li estandarz le roi mis avant,
et ont mis au garder cent chevaliers et plus; et
20 Mordrés, qui ot pris quatre cens chevaliers des
plus hardiz de sa compaignie, si leur dist: « Vos
departiroiz de nos, et vos en iroiz tout droit en
cel tertre; et quant vos i seroiz venu, retornez
vos en au plus coiement que vos porroiz par cele
25 valee; et lors vos adreciez vers l'estandart au
ferir des esperons si roidement qu'il n'i remaingne
nus qui ne soit abatuz. Se vos le poez einsi fere,
ge vos di veraiement que li home le roi en seront
si esbahi qu'il n'avront ja duree, einz torneront
30 en fuie, puis qu'il n'avront ou reperier. » Et il dient
que ce feront il moult volentiers, puis qu'il leur
a commandé.

188. Lors lessent corre cele part ou il voient
la bataille le roi; si se fierent entr'eus les glaives
abessiez; si vos fust avis a l'encontrer que toute
terre deüst fondre, car la noise estoit si grant de
5 l'abateïz des chevaliers que l'en oïst le son de
deus liues loing; et li rois Artus, qui bien connut
Mordret, s'adrece a lui, et Mordrés ausi; si
s'entrefierent comme cil qui sont preu et hardi.
Et Mordrés fiert le roi touz premiers, si qu'il li
10 perce l'escu; mes li haubers fu forz, si n'en pot
maille derompre; si vole li glaives en pieces en
l'empaindre qu'il fet; li rois ne se remue ne
pou ne grant. Et li rois, qui fu forz et durs et
acoustumez de baillier lance, le fiert de si grant
15 force qu'il porte a terre lui et le cheval tout en
un mont; mes nul autre mal ne li fist, car Mordrés

estoit trop bien armez. Lors se desrengent li
home le roi Artu et vuellent prendre Mordret;
mes a la rescousse en poïssiez veoir deus mil
20 fervestuz dont il n'i a celui qui ne mete son cors
en aventure de mort por amor de Mordret;
si poïssiez seur lui veoir meint cop doner et
recevoir, et chevaliers morir desmesureement;
si ot entor lui si grant debouteïz que en pou d'eure
25 en veïssiez plus de cent gisans a terre, dont
il n'i avoit celui qui ne fust ocis ou navrez a
mort; et toutevoies, por ce que la force croissoit
adés par devers Mordret, fu Mordrés remontez
maugré touz ses ennemis; mes aïnçois ot il
30 tieus trois cox par la mein le roi meïsmes que del
meneur se tenist uns autres chevaliers touz en-
combrez; mes Mordrés estoit bons chevaliers et
hardiz; si lesse corre au roi Artu por soi vengier,
car moult a grant duel de ce qu'il l'a einsi abatu
35 entre sa gent; et li rois nel refuse mie, einz li
adresce la teste de son cheval; si s'entrefierent
si granz cox des espees trenchanz que il sont
si estordi que a peinnes se pueent il tenir es seles;
et s'il ne se fussent andui tenu as cox de leur
40 chevax, il fussent cheoit a terre; mes li cheval
furent fort; si les emportent outre et les esloi-
gnent l'un de l'autre plus d'un arpent de lonc.

189. Atant recommence la mellee grant et
merveilleuse; et Galegantins li Galois, qui estoit
chevaliers preuz et hardiz, lesse corre a Mordret;
et Mordrés, qui estoit iriez, le fiert de toute sa
5 force si qu'il en fet le chief voler, et ce fu granz
domages, car moult avoit esté loiax vers le roi
Artu. Quant li rois Artus voit Galegantin a
terre, il ne fu pas a ese et dit qu'il le venchera,
s'il puet; lors relaisse corre a Mordret, et, en ce

10 qu'il le voloit ferir, uns chevaliers de Norhom-
bellande le prent a la traverse; si le fiert el costé
senestre et le prist a descouvert; si le poïst avoir
navré moult durement, se li haubers ne fust si
forz; mes il se tint si que maille n'en rompi;
15 il l'empaint bien, si le porte soz le ventre del
cheval. Quant messire Yvains, qui pres estoit,
vit ce coup, si dist: « Ha ! Dex, quel douleur
ci a, quant si preudom est mis a terre si vil-
ment. » Lors lesse corre aprés le chevalier de
20 Norhombellande et le fiert d'un glaive gros
et cort si durement qu'il ne remest por armeüre
qu'il ne li mete parmi le cors et fer et fust; au
cheoir que il fist brise li glaives, puis vint messire
Yvains au roi et le monta maugré touz ses enne-
25 mis. Et Mordrés, qui est tant dolenz que a poi
qu'il n'ist del sens de ce que li rois Artus est
remontés, s'adreça a monseigneur Yvain et tint
l'espee a deus meins; et li cox fu pesanz et vint
de haut; si fent a monseigneur Yvain son hiaume
30 et la coife de fer jusqu'es denz; si l'abat mort
a terre, dont ce fu domajes doulereus, quar a
celi termine tenoit l'en monseigneur Yvain a
un des bons chevaliers qui fust el monde et au
plus preudomme.

190. Quant li rois Artus vit ce cop, si dist :
« Ha ! Dex, por quoi soufrez vos ce que ge voi,
que li pires traïtres del monde a ocis un des plus
preudomes del siecle ? » Et Sagremor li Desreez
5 respont : « Sire, ce sont li geu de Fortune; or
poez veoir qu'ele vos vent chierement les granz
biens et les granz honors que vos avez eü pieça,
qu'ele vos tolt de voz meilleurs amis; or doint
Dex que nos n'aions pis ! » Endementres qu'il
10 parloient de monseigneur Yvain, il oïrent der-

rieres eus une grant criee, car li quatre cens che-
valier Mordret s'escrierent tantost comme il
s'aprochierent de l'estandart, et li home le
roi Artu aussi. Si poïssiez veoir a l'encontrer
15 lances brisier et chevaliers cheoir; mes li home
le roi Artu qui estoient bon chevalier et aduré
les reçurent si bien qu'il en abatirent plus de
cent en leur venir; il traient d'ambesdeus parz
les espees, si s'entrefierent de tout leur pooir et
20 s'entrocient au plus qu'il puent; si le firent
si bien a cele envaïe li home le roi Artu qui
l'estandart gardoient qu'onques des quatre cens
chevaliers Mordret n'en eschapa que vint que
tuit ne fussent ocis et decoupé, la ou il assemble-
25 rent, einz eure de none; se vos alors fussiez el
champ ou la bataille estoit, vos poïssiez veoir
toute la place jonchiee de morz et assez de
navrez; un poi aprés eure de none estoit ja la
bataille si menee a fin que de touz ceus qui
30 assemblerent en la plaigne, qui estoient plus de
cent mile, n'en i avoit pas remés plus de trois cens
que tuit ne fussent ocis; des compaignons de
la Table Reonde estoit si avenu qu'il estoient
tuit ocis ne mes quatre, car il s'estoient plus
35 abandoné por le besoing qu'il veoient si grant;
des quatre qui remés estoient fu li uns li rois
Artus, et li autres Lucans li Bouteilliers, li tierz
Girflet, li quarz fu Sagremor li Desreez; mes
Sagremor estoit si navrez parmi le cors qu'a
40 peinne se pooit il tenir en sele. Il rassemblent
leur homes et dient qu'il vuellent mielz remanoir
mort que li uns n'ait la victoire; et Mordrés
lesse corre a Sagremor et le fiert si durement
voiant le roi qu'il en fet le chief voler en mi la
45 place. Quant li rois voit ce cop, si dist trop

dolenz : « Ha ! Dex, por quoi me lessiez vos tant
abessier de proesce terriene ? Por amour de cest
coup veu ge a Dieu qu'il couvient ici morir
moi ou Mordret. » Il tint un glaive gros et fort,
50 et lesse corre tant comme il pot del cheval trere;
et Mordrés, qui bien connoist que li rois ne bee
fors a li ocirre, nel refusa pas, einz li adresce
la teste del cheval, et li rois, qui li vient de toute
sa force, le fiert si durement qu'il li ront les mailles
55 del hauberc et li met par mi le cors le fer de son
glaive; et l'estoire dit que après l'estordre del
glaive passa par mi la plaie uns rais de soleill si
apertement que Girflet le vit, dont cil del païs
distrent que ce avoit esté sygnes de corrouz de
60 Nostre Seigneur. Quant Mordrés se vit si navré,
si pense bien qu'il est navrez a mort; si fiert le roi
Artu si durement el hiaume que riens nel garan-
tist qu'il ne li face sentir l'espee jusqu'au test, et
del test abati il une piece; de celui cop fu li rois
65 Artus si estourdis qu'il cheï jus del cheval a
terre, et autresi fist Mordrés; si sont andui si
destroit qu'il n'i a celui qui ait pooir de relever,
einz gist li uns delez l'autre.

191. Einsi ocist li peres le fill, et li filz navra
le pere a mort. Quant li home le roi Artu voient
le roi a terre, si sont si corroucié que cuers d'omme
ne porroit penser l'ennui qu'il ont; si dient:
5 « Hé ! Dex, por quoi soufrez vos ceste ba-
taille ? » Lors lessent corre as homes Mordret
et cil a eus, si recommencent l'estour mortel,
tant que, ainz ore de vespres, tuit furent ocis,
fors seulement Lucan le Bouteillier et Girflet.
10 Quant cist qui estoient remés virent que einsint
estoit avenu de la bataille, si commencierent
a plorer trop durement et distrent: « Ha ! Dex,

fu onques nus hom mortex qui veïst ausi grant
douleur ? Ha ! bataille, tant avez fet en cest païs
15 et en autres d'orfelins et de veves fames ! Ha !
jor, por quoi ajornas tu onques por metre a si
grant povreté le roiaume de la Grant Bretaigne,
dont li oir estoient molt renomé de proesce
qui ci gisent mort et destruit a si grant douleur ?
20 Ha ! Dex, que nos poez vos plus tolir ? Nos veons
ci morz touz nos amis. » Quant il ont grant piece
cest duel demené, il vindrent au roi Artu la ou il
gist; il li demandent: « Sire, comment vos sentez
vos ? » Il leur dist: « Il n'i a fors del monter et
25 d'eslongnier ceste place; car ge voi bien que ma
fins aprouche, ne entre mes ennemis ne vueill
ge pas finer. » Lors monte seur un cheval assez
legierement; il se partent del chanp en tel maniere
tuit troi et errent droit vers la mer, tant qu'il
30 vindrent a une chapele qui avoit non la Noire
Chapele; uns hermites i chantoit chascun jor, qui
avoit son ostel auques pres en un boschel. Li
rois descent, et si font li autre et ostent a leur
chevax les frains et les seles; li rois entre leanz, et
35 se met devant l'autel a genouz, et commence ses
prieres teles com il les savoit; il demeure jusqu'au
matin que onques ne s'en mut, ne sa proiere ne
fina vers Nostre Seigneur qu'il eüst merci de ses
homes qui le jor avoient esté ocis; et en ce qu'il
40 fesoit ceste proiere, il ploroit si durement que
cil qui avec lui estoient entendoient bien qu'il
ploroit.

192. Toute la nuit fu li rois Artus en proieres
et en oroisons; a l'endemein avint que Lucans li
Bouteilliers estoit derriers lui et ot regardé le
roi qui ne se remuoit; et lors dist tout en plorant:
5 « Ha ! rois Artus, tant est de vos grant douleur ! »

Quant li rois entent ceste parole, il se dresce a
peinne, comme cil qui estoit pesanz por ses
armes; il prent Lucan qui desarmez estoit et
l'embrace et l'estraint, si qu'il li crieve le cuer el
10 ventre, si qu'onques ne li lut parole dire, einz li
parti l'ame del cors. Et quant li rois a grant
piece esté einsi, si le let, car il ne cuide mie qu'il
soit morz; quant Girflet l'a grant piece regardé et
il vit qu'il ne se remouvoit, il aperçoit bien qu'il
15 est morz et que li rois l'a ocis; si recommence
son duel et dit: « Ha ! sire, com vos avez mal
fet qui Lucan avez mort ! » Et quant li rois
l'entent, si tressaut et regarde entor soi et voit
son bouteillier gesir mort a terre, et lors croist
20 son duel et respont a Girflet en semblant d'ome
corroucié: « Girflet, Fortune qui m'a esté mere
jusque ci, et or m'est devenue marrastre, me fet
user le remenant de ma vie en douleur et en
corrouz et en tristesce. » Et lors dist a Girflet
25 qu'il meïst les frains et les seles; et cil si fet.
Li rois monte et chevauche vers la mer tant qu'il
i est a eure de midi; si descent a la rive et desceint
l'espee d'entor lui et la tret del fuerre; et quant
il l'ot esgardee grant piece, si dist: « Ha ! Esca-
30 libor, bone espee et riche, la meilleur de cest siecle,
fors cele as Estranges Renges, or perdras tu
ton mestre; ou retroveras tu home ou tu soies
si bien emploiee conme en moi, se tu ne viens
es mains Lancelot ? Hé ! Lancelot, li plus
35 preudom del monde et li mieudres chevaliers,
pleüst ore a Jhesu Crist que vos la tenissiez et ge le
seüsse ! Certes m'ame en seroit plus a ese a
touz jorz mes. » Lors apele li rois Girflet et li
dist: « Alez en cel tertre ou vos trouveroiz un
40 lac et gitez m'espee la dedenz, car je ne voil

pas qu'ele remaingne en cest reingne, que li
malvés oir qui i remeindront n'en soient sesi. —
Sire, fet il, ge ferai vostre commandement, mes
encore volsisse ge mieuz, s'il vos pleüst, que
45 vos la me donnissiez. — Non ferai, fet li rois,
car en vos ne seroit ele .mie bien emploiee. »
Lors monta Girflet el tertre, et quant il vint au
lac, il tret l'espee del fuerre et la commença a
regarder; et ele li semble si bone et si bele qu'il
50 li est avis que trop seroit grant domage, s'il la
gitoit en cel lac, si com li rois li avoit commandé,
car einsi seroit ele perdue; mieuz vient qu'il
i giet la seue et qu'il die au roi qu'il l'i a gitee;
lors desceint s'espee et la giete el lac, et si repost
55 l'autre dedenz l'erbe; lors vient au roi, si li dist:
« Sire, j'ai fet vostre commandement, car j'ai
gitee vostre espee el lac. — Et que as tu veü ?
fet li rois. — Sire, fet il, ge ne vi riens, se bien non.
— Ha ! fet li rois, tu me travailles; va arrieres
60 et la giete, car encore ne l'as tu mie gitee. »
Et cil retorne meintenant au lac et tret l'espee
del fuerre, et la commence trop durement a
pleindre, et dist que ce seroit trop granz domages,
s'ele estoit einsi perdue; et lors s'apense qu'il i
65 gitera le fuerre et retendra l'espee, car encor
porroit avoir mestier a lui ou a autre; si prent
le fuerre et le giete el lac erranment, et puis
reprent l'espee et la repont souz un arbre, et
s'en revient meintenant au roi et dist: « Sire,
70 ore ai ge fet vostre commandement. — Et qu'as
tu veü ? fet li rois. — Sire, ge ne vi riens que ge ne
deüsse. — Ha ! fet li rois, tu ne l'as pas encore
gitee; por quoi me travailles tu tant ? Va, si la
ʒiete, si savras qu'il en avendra, car sanz grant
75 merveille ne sera ele pas perdue. » Quant Girflet

voit qu'a fere li couvient, si revient la ou l'espee
estoit, si la prent et la commence a regarder trop
durement et a pleindre, et dit: « Espee bone et
bele, tant est granz domages de vos, que vos ne
80 cheez es mains d'aucun preudome ! » Lors la lance
el lac el plus parfont et au plus loing de lui qu'il
puet; et meintenant qu'ele aproucha de l'eve, il vit
une main qui issi del lac et aparoit jusqu'au coute,
mes del cors dont la mein estoit ne vit il point;
85 et la mein prist l'espee parmi le heut et la com-
mença a branler trois foiz ou quatre contremont.
    193. Quant Girflet ot ce veü apertement, la
mein se rebouta en l'eve a toute l'espee, et il
atendi illec grant piece por savoir s'ele se demous-
trast plus; et quant il vit qu'il musoit por neant,
5 il se parti del lac et vient au roi; si li dist qu'il a
l'espee gitee el lac et li conte ce qu'il avoit veü.
« Par Dieu, fet li rois, ce pensoie ge bien que ma
fins aprouchoit durement. » Lors commence a
penser, et en ce pensé li viennent les lermes as
10 euz; et quant il a esté grant piece en ce pensé,
si dist a Girflet: « Il vos en couvient aler de ci
et partir de moi a tel eür que, jamés que vos
vivoiz, ne me verroiz. — Par tel couvent, fet
Girflet, ne partirai ge de vos en nule maniere. —
15 Si feroiz, fet li rois, ou autrement vos harrai ge
bien de mortel haïne. — Sire, fet Girflet, com-
ment porroit ce estre que ge vos lessasse ici
trestout seul et m'en iroie; et encore me dites
vos que ge ne vos verrai jamés. — Il couvient,
20 fet li rois, que vos le façoiz einsi com ge vos di.
Alez vos en de ci vistement, que del demorer
n'i a il point; et gel vos pri par cele amor qui
a esté entre moi et vos. » Quant Girflet entent
que li rois l'en prie si doucement, il respont:

25 « Sire, ge ferai ce que vos commandez, tant
dolenz que nus plus; mes tant, s'il vos plest, me
dites se vos cuidiez que ge vos revoie jamés. —
Nenil, fet li rois, asseür en soiez. — Et quel part
cuidiez vos aler, biaus sire ? — Ce ne vos dirai ge
30 mie, » fet li rois. Et quant Girflet voit qu'il n'i
prendra plus, il monte et se part del roi; et si
tost comme il en fu partiz, une pluie commença
a cheoir moult grant et moult merveilleuse qui
li dura jusqu'a un tertre qui estoit bien loing
35 del roi demie liue; et quant il fu venuz au tertre,
il s'arresta desouz un arbre tant que la pluie fu
passee et commença a regarder cele part ou il
avoit lessié le roi; si vit venir parmi la mer une
nef qui estoit toute pleinne de dames; et quant
40 la nef vint a la rive iloec endroit ou li rois estoit,
si vindrent au bord de la nef; et la dame d'eles
tenoit Morgain, la sereur le roi Artu, par la main et
commença a apeler le roi qu'il entrast en la nef;
et li rois, si tost comme il vit Morgain sa sereur,
45 se leva erranment en estant de la terre ou il se
seoit, et entra en la nef, et trest son cheval aprés
lui, et prist ses armes. Quant Girflet, qui estoit
el tertre, ot tout ce regardé, il retorna arrieres
quanqu'il pot del cheval trere, et tant fet qu'il
50 vient a la rive; et quant il i fu venuz, il voit le
roi Artu entre les dames et connoist bien Morgain
la fee, car meintes foiz l'avoit veüe; et la nef se fu
eslongniee de la rive en pou d'eure plus qu'une
arbaleste ne poïst trere a uit foiz; et quant Girflet
55 voit qu'il a einsi perdu le roi, il descent seur la
rive, et fet le greigneur duel del monde, et demore
illuec tout le jor et toute la nuit que onques
ne but ne ne menja, ne n'avoit fet le jour devant.

194. Au matin que li jorz aparut et li soleuz
fu levez et li oisel ont commencié leur chant,
Girflet fu si dolenz et corrouciez comme nus
plus; et, si dolenz comme il estoit, monta il seur
5 son cheval, et se parti d'ilec, et chevaucha tant
qu'il vint a un boschet qui illuec pres estoit. Il
avoit en ce boschet un hermite qui moult estoit
acointes de lui; si i ala, et demora avec lui deus
jorz, por ce qu'il se sentoit auques deshetiez del
10 grant duel qu'il avoit eü, et conta au preudome ce
qu'il avoit veü del roi Artu; au tierz jor se parti
de leanz et pensa qu'il iroit a la Noire Chapele
por savoir se Lucans li Bouteilliers estoit encore
mis en terre; et quant il fu la venuz endroit
15 eure de midi, il descent a l'entree, et atacha
son cheval a un arbre, et puis entra leanz; il
trouva devant l'autel deus tombes moult beles
et moult riches, mes l'une estoit assez plus bele
et plus riche que l'autre. Desus la meins bele avoit
20 letres qui disoient: CI GIST LUCANS LI BOUTEILLIERS
QUE LI ROIS ARTUS ESTEINST DESOUZ LUI. Desus la
tombe qui tant estoit merveilleuse et riche avoit
letres qui disoient : CI GIST LI ROIS ARTUS QUI
PAR SA VALEUR MIST EN SA SUBJECTION .XII.
25 ROIAUMES. Et quant il vit ce, si se pasme desus
la tombe; et quant il revint de pasmoisons, il
besa la tombe moult doucement, et commença
a fere trop grant duel, et demora illuec jusqu'au
soir que li preudons i vint qui servoit l'autel;
30 et quant li preudons fu venuz, Girflet li demande
meintenant: « Sire, est il voirs que ci gist li
rois Artus ? — Oïl, biax amis, il i gist voirement;
ci l'aporterent ne sai quex dames. » Et Girflet
s'apense meintenant que ce sont celes qui le
35 mistrent en la nef; si dist, puis que ses sires est

partiz de cest siecle, il n'i demorra plus; si prie
tant l'ermite qu'il le reçoit en sa compaignie.

195. Einsint devint Girflet hermites et servi
a la Noire Chapele, mes ce ne fu mie longuement,
que aprés la mort le roi Artu ne vesqui il que
dis et uit jorz. Endementres que Girflet demoroit
5 en l'ermitage, vindrent avant li dui fill Mordret
qui avoient a Wincestre demoré por garder
la vile, se mestiers fust, et les avoit Mordrés
lessiez dedenz. Cil dui fill estoient bon chevalier
et aduré, et si tost comme il sorent la mort de
10 leur pere et del roi Artu et des autres preudomes
qui en la bataille avoient esté, il pristrent touz
ceus de Wincestre et alerent la terre porprenant
entor eus de toutes parz; et si pooient il fere,
a ce qu'il ne trouvoient qui leur contredeïst,
15 car trestuit li preudome et tuit li bon chevalier
del païs estoient mort en la bataille. Quant la
reïne sot la mort le roi Artu et l'en li ot conté
que cil aloient la terre sesissant, ele ot poor
que cil ne l'oceïssent, s'il la poïssent tenir; si
20 prist meintenant les dras de la religion.

196. Endementres que ce fu avenu, vint uns
messages del roiaume de Logres a Lancelot,
la ou il estoit en la cité de Gaunes, et li dist
toute la verité del roi Artu, comment il estoit
5 morz en la bataille et comment li dui fill Mordret
avoient la terre sesie aprés la mort le roi Artu.
Quant Lancelos entendi ces nouveles, il fu
moult corrouciez, car trop avoit amé le roi Artu,
et ausi en furent tuit li autre bon chevalier de
10 Gaunes corroucié. Lancelos se conseille as deus
rois qu'il porroit fere de ceste chose, car il ne
haoit autant riens comme il fesoit Mordret et ses
enfanz. « Sire, fet Boorz, je vos enseignerai que vos

feroiz : nos manderons noz homes pres et loing, et
15 quant il seront venu et assemblé, nos nos partirons
del roiaume de Gaunes et passerons en la Grant
Bretaigne; et quant nos i serons, se li fill Mordret
ne s'enfuient, il pueent bien estre asseür de mort.
— Voulez vos que nos le façons issi ? fet Lancelos.
20 — Sire, fet Boorz, nos ne veons mie comment nos
en puissons estre vengié autrement. » Lors man-
dent leur homes pres et loing del roiaume de
Banoïc et de Gaunes, en tel maniere que dedenz
quinze jorz en ont assemblé plus de vint mile,
25 que a pié que a cheval. En la cité de Gaunes fu
fete ceste assemblee; et li chevalier del païs
et li preudome i furent venu. Li rois Boorz et li
rois Lyons et Lancelos et Hestor a toz leur
compaignons se partirent maintenant del roiau-
30 me de Gaunes et chevauchierent tant par leur
jornees qu'il vindrent a la mer; il trouverent
leur nes aprestees, si entrent enz et orent si bon
vent qu'il arriverent le jor meïsmes en la terre
de Bretaigne. Quant il furent seur terre sein et
35 hetié, si en firent moult grant joie et se logierent
seur la marine et firent moult grant feste; a
l'endemain vint la nouvele as deus filz Mordret
que Lancelos estoit arrivez en la terre et avoit
amené avec lui moult grant gent; quant il
40 oïrent ces nouveles, il furent trop durement
esmaié, car il ne doutoient nul home tant comme
il fesoient Lancelot; si se conseillierent entr'ex
comment il le feroient, et tant qu'il s'acorderent
a ce qu'il prendroient leur homes et iroient
45 combatre a Lancelot a bataille champel; et qui
Dex en donra l'enneur, si l'ait, car mielz ainment
il a morir en bataille que aler defuiant par le
païs. Einsi comme il deviserent le firent, car il

manderent erranment leur homes et les assam-
50 blerent a Wincestre; et il s'estoient ja si avancié
en poi de tans que tuit li preudome del roiaume
leur avoient fet homage; et quant il orent fet
assembler lor homes, si com ge vos ai devisé,
il issirent de Wincestre par un mardi matin,
55 et leur dist tout meintenant uns messages que
Lancelos venoit seur eus a ost et estoit ja pres
d'ilec a cinc liues englesches, et bien fussent
il asseür qu'il avroient la bataille einz eure de
tierce.

197. Quant il oïrent ces nouveles, il distrent
qu'il se combatroient illuec et atendroient Lan-
celot et ses homes, puis que par autre chose
n'en pooient passer que par bataille; si descen-
5 dent meintenant de leur chevax por lessier les
reposer. Einsi furent arresté cil de Wincestre;
et Lancelos chevaucha entre lui et sa compaignie,
mes il estoit si corrouciez et si tristres que nus
plus; car le jor meïsmes que la bataille dut estre
10 li furent nouveles dites que la reïne sa dame
estoit morte et trespassee de cest siecle tierz jor
avoit passé; et tout einsi estoit il avenu com l'en
li avoit dit, car la reïne estoit trespassee de cest
siecle nouvelement; mes onques haute dame plus
15 bele fin n'ot ne plus bele repentance, ne plus
doucement criast merci a Nostre Seigneur qu'ele
fist. De sa mort fu moult Lancelos dolenz et
corrouciez, quant il en sot la verité; lors chevau-
cha vers Wincestre moult ireement; et quant
20 cil qui l'atendoient le virent venir, il montent
sus les chevaus et assemblent a eus a pleinne
bataille; si poïssiez veoir a l'encontrer meint
chevalier verser et morir, et meint cheval
ocirre et meint estraier, dont li seigneur gisoient

25 par terre les ames parties des cors. La bataille
dura jusqu'a eure de none, car il avoit grant
gent d'une part et d'autre; et entor none avint
que li ainz nez des deus filz Mordret, cil qui
Melehan avoit a non, tenoit un glaive cort et
30 gros, ou il avoit fer trenchant bien aguisié,
et lesse corre au roi Lion tant com chevax
pot aler; si le fiert de toute sa force si durement
que li escuz ne li haubers nel garantist qu'il ne
li mete parmi le cors le glaive; si empeint le
35 roi de toute sa force si durement qu'il le porte
a terre; au parcheoir brise li glaives, si que li
fers atout grant piece del fust li remest el cors.
Cestui cop vit li rois Boorz et bien connut que
ses freres estoit navrez a mort; si est si dolenz
40 qu'il en cuide bien morir de duel; lors lesse
corre a Melehan l'espee trete et le fiert el hiaume
comme cil qui meint grant cop avoit doné; si
li trenche le hiaume et la coife de fer et le fent
jusqu'es denz; il estort son coup et le giete mort
45 tout estendu a terre. Quant Boorz le vit jus, il le
regarde et dist: « Traïtres, desloiax, tant ai ore
povre retor en ta mort del domage que tu m'as
fet! Certes tu m'as mis le duel el cuer qui jamés
n'en istra. » Lors lesse corre as autres la ou il
50 voit la greigneur presse; si commence a abatre
et a ocirre devant lui quanqu'il ateint que nus
ne le voit qui ne s'en merveille; et quant li che-
valier de Gaunes voient cheoir le roi Lyon, il
descendent devant lui et le pranent et l'enportent
55 hors de la presse desoz un orme; et quant il le
voient si durement navré, si n'i a celui qui n'en
soit moult durement corrouciez, mes il n'en
osent fere duel por leur ennemis, qu'il ne s'en
aperçoivent.

198. Einsi fu la bataille commenciee doule-
reuse et pesme jusqu'a eure de none si ygalment
que a peinnes peüst l'en connoistre la meilleur
partie. Aprés none avint que Lancelos entra
5 enmi la bataille; si encontra le fil Mordret le
plus juenne et le connut bien as armeüres, car
il portoit autiex armes comme ses peres souloit
fere; et Lancelos, qui trop mortelment le haoit,
lesse corre l'espee trete; et cil nel refuse pas, einz
10 giete l'escu encontre, si tost comme il le vit venir;
et Lancelos le fiert de toute sa force, si qu'il li
fent l'escu jusqu'a la boucle et le poing avecques
dont il tenoit l'escu. Et quant il se sent mahain-
gnié, si torne en fuie, mes Lancelos le tenoit si
15 court qu'il n'a loisir de soi deffendre ne pooir;
et Lancelos le fiert si grant coup qu'il li fet le
chief voler atout le hiaume plus de demie lance
loing del bu. Quant li autre voient cestui mort
aprés son frere, lors ne sevent il mes ou il puissent
20 recouvrer; si tornent en fuie por garantir leur
vies si comme il pueent et s'adrescent vers
une forest qui pres d'ilec estoit a meins de deus
liues englesches; et cil les vont enchauçant
et ociant au plus qu'il pueent, car il les heent
25 mortelment; si les ocient ausi com se ce fussent
bestes mues. Et Lancelos les vet abatant et ociant
si espessement que aprés lui poïssiez veoir la
trace de ceus qu'il fesoit voler a terre. Tant a
alé en tel maniere qu'il a encontré le conte de
30 Gorre, qu'il connoist a traïtor et a desloial,
et meint ennui avoit fet a meint haut home;
il li escrie, si tost com il le voit: « Ha ! traïtres,
certes ore estes vos alez et estes venuz a la mort,
que riens ne vos puet garantir. » Et cil se regarde
35 de meintenant, et quant il voit que c'est Lancelos

qui le menace et qui le suit l'espee trete, il voit
bien qu'il est alez, s'il le puet ateindre; si broche
le cheval des esperons et s'enfuit si grant oirre
comme il puet. Il estoit bien montez; ausi estoit
40 Lancelos; si conmence en tel maniere la chace
entr'eus deus qui dura jusqu'en la forest bien
en parfont demie liue; et lors recrut li chevax au
conte et chiet morz desouz lui. Lancelos, qui
pres le sivoit, le vit a terre; si li cort sus, si armez
45 comme il estoit, et le fiert par mi le hiaume si
durement qu'il li met l'espee jusqu'es denz; et cil
chiet a terre, comme cil qui la mort engoisse.
Et Lancelos nel regarde onques, einz s'en vet
outre grant oirre; et quant il cuide revenir a ses
50 homes, il s'en eslongne plus et plus el parfont
de la forest.

   199. Tant a alé en tel maniere forsvoiant ça
et la, einsi comme aventure le menoit, qu'il
vint aprés eure de vespres en une lande; et lors
voit un vallet a pié qui venoit devers Wincestre;
5 il li demande dont il vient. Et quant cil le voit,
si cuide qu'il soit del roiaume de Logres et qu'il
s'en soit foïz de la bataille; si dist: «Sire, ge vieng
de la bataille ou la doulereuse jornee est avenue
a noz genz, car au mien escient il n'en est eschapé
10 nes un seul; et neporquant trop sont cil de la
corroucié del roi Lyon qui einsi a esté ocis. —
Conment? fet Lancelos, est il donques ocis? —
Oïl, sire, fet li vallez, ge le vi mort. — C'est
domages, fet Lancelos; il estoit gentis hom et
15 bons chevaliers.» Et lors commence a plorer
trop durement, si qu'il en a les faces moilliees
par desouz le hiaume; et lors dist li vallez: «Sire,
il est huimés tart, et vos estes loinz de gent et
de recet; ou cuidiez vos huimés jesir? — Ne

20 sei, fet il; ne me chaut ou ge gise. » Quant li
vallez entent qu'il n'i prendra plus, il se part de
lui erranment; et Lancelos vet toutevoies chevau-
chant parmi la forest, feisant le greigneur duel
del monde, et dit qu'or ne li estoit il riens remés,
25 quant il avoit perdu sa dame et son cousin.

200. En tele ire et en tel duel chevaucha
toute · la nuit einsi comme aventure le portoit
et menoit, car il n'aloit nule foiz droit chemin.
Au matin li avint qu'il trouva une montaigne
5 toute pleinne de roches ou il avoit un hermitage
assez estrangié de toutes genz; il torne cele part
son frain et pense qu'il ira veoir ce leu, por savoir
qui i repere; si s'en vet tout contremont un sentier,
et tant qu'il est venuz au leu qui estoit assez
10 povres; et i avoit une petite chapele ancienne.
Il descent a l'entree, et oste son hiaume, et puis
entre dedenz et trueve devant l'autel deus preu-
domes vestuz de robes blanches, et bien resem-
bloient provoire; et si estoient il. Il les salue; et
15 quant il l'oïrent parler, si li rendent son salu; et
quant il l'orent avisé, il li corent sus les bras tenduz
et le besent et li font moult grant joie. Et lors
demande Lancelos qui il sont; et il dient: « Ne
nos connoissiez vos mie ? » Il les regarde et
20 connoist que li uns est li arcevesques de Cantor-
bieres, cil meïsmes qui por la pes del roi Artu
et de la reïne fu eschis lonc tens; li autres estoit
Bleobleeris, cousins Lancelot. Lors est il moult
liez; si leur demande: « Beau seigneur, quant
25 venistes vos ci ? Moult me plest que ge vos ai
trouvez. » Et il distrent qu'il i vindrent des le
doulereus jornel, celui jor meïsmes que la ba-
taille fu es pleins de Salebieres. « Si vos disons a
noz escienz que de touz noz compaignons ne

30 remest fors seulement le roi Artu et Girflet et
Lucan le Bouteillier, mes nos ne savons qu'il
devindrent. Aventure nos aporta ça; si trouvames
un hermite ceanz qui nos acueilli avec lui; si est
puis morz, et nos i somes remés aprés lui; si
35 userons, se Dieu plest, le remenant de noz vies
el servise Nostre Seigneur Jhesucrist et li proie-
rons qu'il nos pardoint noz pechiez. Et vos, sire,
que feroiz vos, qui avez esté jusques ci li mieudres
chevaliers del monde ? — Je vos dirai, fet il,
40 que ge ferai; vos avez esté mi compaignon es
deliz del siecle; or vos ferai compaignie en cest
leu et en ceste vie, ne jamés tant com ge vive ne me
mouvrai de ci; et se vos ne me recueilliez, ge le
ferai ailleurs. » Et quant cil l'entendent, si en
45 sont trop durement lié; si en mercient Dieu de
bon cuer et en tendent leur meins vers le ciel.
Einsi remest leanz Lancelos avec les preudomes.
Mes atant lesse ore li contes a parler de lui et
retorne a ses cousins.

* *
*

201. Or dit li contes que, quant la bataille
de Wincestre fu finee et li home as enfanz Mordret
s'en furent foï, cil qui pooient, et li autre ocis,
li rois Boorz s'en entra en Wincestre a tout le
5 pooir de sa gent, ou cil dedenz volsissent ou
non. Quant il sot veraiement que ses freres
Lyons estoit morz, si en fist un duel si grant que
a peinnes le porroie conter. Il fist enfoïr le cors
en la cité de Wincestre einsi com l'en dut fere cors
10 de roi; quant il fu enfoïz, si fist querre Lancelot
et loing et pres de toutes parz, mes nus ne le pot
trouver; quant Boorz vit qu'il ne pot estre trou-
vez, il dist a Hestor: « Hestor, biaus cousins,

puis que mes sires est einsi perduz qu'il ne puet
15 estre trouvez, je vueill aler en nostre païs; si
vendroiz avec moi; et quant nos serons la venu,
prenez celui des deus roiaumes qui mieuz vos
plera, quar vos avroiz a bandon le quel que vos
voudroiz. » Et il dit qu'il n'a ore talent de partir
20 soi del roiaume de Logres, einz i demorra encore
une piece; « et quant ge m'en partirai, ge irai
tot droit a vos, car vos estes li hom del monde
que ge plus aing; et ge le doi fere par droit. »
Einsi s'en parti Boorz del roiaume de Logres
25 et s'en rala en son païs avec sa gent; et Hestor
chevaucha parmi le païs une eure avant et autre
arriere, et tant qu'il vint par aventure a l'ermi-
tage ou Lancelos demouroit; et li arcevesques
l'avoit ja tant mené que Lancelos avoit ordre
30 de prouvoire, si qu'il chantoit chascun jor messe
et qu'il estoit de si grant abstinence qu'il
ne menjoit fors pain et eve et racines qu'il
cueilloit en la broce; quant li dui frere s'entre-
virent, assez i ot espandu pleurs et lermes d'une
35 part et d'autre, car moult s'entramoient de bone
amour, et dist Hestor a Lancelot: « Sire, puis
que ge vos ai ici trouvé en si haut servise comme
el servise Jhesucrist, et ge voi que li demorers
vos i plest, ge sui cil qui jamés ne s'en partira a
40 son vivant, einz vos i ferai compaignie touz les
jorz de ma vie. » Et quant cil de leanz l'entendent,
si en sont trop joiant de ce que si bons chevaliers
s'est offerz au servise Nostre Seigneur; il le reçu-
rent a compaignon. Einsi furent li dui frere a
45 l'ermitage ensemble et furent touz jorz ententif
el servise Jhesucrist; quatre anz fu Lancelos
leanz en tel maniere qu'il n'iert hom nez qui tant
poïst sofrir peinne et travaill comme il soufroit de
jeüner et de veillier et d'estre en prieres et

50 de lever matin. Au quart an morut Hestor et
trespassa de ce siecle et fu enfoïz en l'ermitaje
meïsmes.

202. Au quinziesme jor devant mai acoucha
Lancelos malades; et quant il senti qu'il le cou-
venoit trespasser, il pria l'arcevesque et Bleo-
blceris que, si tost comme il sera deviez, qu'il
5 portassent son cors a la Joieuse Garde et le
meïssent en la tombe ou li cors Galeholt, le
segnor des Lointeingnes Illes, fu mis. Il li crean-
tent comme frere que tout ce feroient il; quatre
jorz aprés ceste requeste vesqui Lancelos et
10 trespassa del siecle au quint jor. A celi point que
l'ame li parti del cors n'estoit pas leanz li arce-
vesques ne Bleobleeris, einz se dormoient hors
desouz un arbre. Si avint alors que Bleobleeris
s'esveilla primes et vit l'arcevesque qui delez
15 lui se dormoit; et en dormant veoit il aucune
avision et feisoit la greigneur joie del mont et
disoit: « Ha ! Dex, beneoiz soiez vos ! Or voi ge
quanque ge vouloie veoir. » Quant Bleobleeris
voit que cil dormoit et rioit et parloit, il ne se
20 merveilla pas petit ; si a meintenant poor que
li ennemis ne se soit mis dedenz li; lors l'esveille
moult soëf; et quant cil a les eus ouverz et
il voit Bleobleeris, il li dist: « Ha ! frere, por
quoi m'avez vos gité de la grant joie ou ge
25 estoie ? » Et cil li demande en quel joie
il estoit donc. « J'estoie, fet il, en si grant joie
et en si grant compaignie d'angres qu'onques
ne vi autant de gent en leu ou ge fusse, et en-
portoient lasus el ciel l'ame de nostre frere Lan-
30 celot. Ore alons veoir s'il est deviez. — Alon »,
fet Bleobleeris. Il viennent meintenant la ou
Lancelos estoit et trouverent que l'ame s'en estoit
alee. « Ha ! Diex, fet li arcevesques, beneoiz

soiez vos ! Or sei ge veraiement que de l'ame de
35 cestui fesoient ore li angre feste si grant com ge vi;
or sei ge bien que penitance vaut seur toutes
choses; jamés de penitance ne me departirai
tant com ge vive. Or couvient que nos portons
son cors a la Joieuse Garde, car nos li creantames
40 a son vivant. — Voirs est », fet Bleobleeris.
Lors apareillent une biere; et quant ele est apa-
reilliee, il i metent le cors Lancelot, et puis le
pranent li uns d'une part et li autres d'autre,
et vont tant par leur jornees a grant travaill
45 et a grant peinne que a la Joieuse Garde vien-
nent; et quant cil de la Joieuse Garde sorent que
c'estoit li cors Lancelot, si alerent encontre et le
reçurent a pleurs et a lermes; et oïssiez entor le
cors si grant duel et si grant noise qu'a peinnes
50 i oïst on Dieu tonnant; si descendirent en la
mestre eglise del chastel et firent au cors si grant
enneur comme il pooient et comme il devoient
fere a si preudome comme il avoit esté.

203. Celui jor meïsmes que li cors fu leanz
aportez, fu li rois Boorz descenduz el chastel a
si povre compaignie comme d'un seul chevalier
et d'un escuier; et quant il sot que li cors estoit
5 en l'eglise, il ala cele part, et le fist descouvrir,
et le regarda tant qu'il connut que c'estoit ses
sires. Quant il l'ot conneü, il se pasma de meinte-
nant sus le cors et commença a fere si grant duel
que nus hom ne vit onques greigneur et a plain-
10 dre trop durement. Celui jor fu li duelz trop granz
el chastel; et la nuit firent ouvrir la tombe Gale-
holt qui tant estoit riche com nule plus. L'ende-
main firent metre enz le cors Lancelot; aprés
firent metre desus letres qui disoient: CI GIST
15 LI CORS GALEHOLT, LE SEGNOR DES LOINTAIGNES

ILLES, ET AVEC LUI REPOSE LANCELOS DEL LAC
QUI FU LI MIEUDRES CHEVALIERS QUI ONQUES
ENTRAST EL ROIAUME DE LOGRES, FORS SEULE-
MENT GALAAD SON FILL. Quant li cors fu enfoïz,
20 vos poïssiez veoir a ceus del chastel besier la
tombe; lors demanderent au roi Boort comment
il estoit venuz si a point a l'enterrement de Lan-
celot. « Certes, fet li rois Boorz, uns hermites
religieus, qui est herbergiez el roialme de Gaunes,
25 me dist que, se ge estoie a ce jor d'ui en cest
chastel, que ge i trouveroie Lancelot ou mort ou
vif; et il m'est tout einsi avenu comme il me dist.
Mes, por Dieu, se vos savez ou il a conversé,
puis que ge nel vi mes, si le me dites. » Et li
30 arcevesques li dist erranment la vie de Lancelot
et la fin de lui; et quant li rois Boorz ot bien
escouté, il respont: « Sire, puis qu'il a esté avec
vos jusqu'en la fin, je sui cil qui en leu de lui
vos ferai compaignie tant com ge vivrai; car ge
35 m'en irai avec vos et userai le remenant de ma
vie en l'ermitage. » Et li arcevesques en mercie
Nostre Seigneur molt doucement.

204. A l'endemain se parti li rois Boorz de la
Joieuse Garde, et en envoia son chevalier et
son escuier, et manda a ses homes qu'il feïssent
tel roi comme il voudroient, car il ne revendra
5 jamés. Einsint s'en ala li rois Boorz avec l'arce-
vesque et avec Bleobleeris et usa avec eus le
remanant de sa vie por l'amour de Nostre Sei-
gneur. Si se test ore atant mestre Gautiers Map
de l'*Estoire de Lancelot,* car bien a tout mené a
10 fin selonc les choses qui en avindrent, et fenist
ci son livre si outreement que aprés ce n'en
porroit nus riens conter qui n'en mentist de
toutes choses.

APPENDICE

Ci endroit dit li contes que, quant Lancelos se
fu partiz de ses cousins, quant il out desconfiz
et destruiz les deus filz Mordret, il ala et che-
vaucha une eure avant et autre arriers, tant qu'il
5 fu eure de vespre; si vient en une forest grant et
merveilleuse. Et quant il fu quatre liues en la
forest, si oï une cloiche soner; il se tret cele part,
et quant il out une grant piece chevauchié,
si voit devant lui une abaye mout bele et mout
10 bien herbergie; il s'an vient a la porte, si entre
dedanz, et dui vallet saillent; li uns li prent son
cheval, et li autres le moine en une chambre
moult bele et mout aesiee pour lui desarmer.
Et quant il fu desarmez et il out lavé son
15 visage et ses meins, si s'ala apoier a une des
fenestres de la chambre pour regarder en la
court; endementiers qu'il estoit a la fenestre,
uns vallez de leans s'an vient a l'abbesse et li
dist: « Dame, ceanz est habergiez li plus biaux
20 chevaliers dou monde. » Et quant l'abbesse
l'entent, si apela la reïne Genevre qui illuec
estoit rendue. « Dame, alons veoir ce chevalier
savoir se vous le connoissiez. » Et ele dit: « Vo-
lantiers. » Si s'en vont en la sale. Et quant
25 Lancelos les voit venir, il se leva contre eles.
Et tantost comme la reïne le voit, si li attenrist
li cuers, et chiet a la terre pasmee. Et quant ele
vient de terre et ele pot parler, si dist: « Ha !
Lancelos, quant venistes vous ceanz ? » Et
30 quant Lancelos entent que ele le nome si aper-

tement, si connoist que ce est sa dame la reïne ;
lors li prist si grant pitié, quant il la vit en tel habit,
qu'il chaï a terre touz pasmez a ses piez. Et quant
il est revenuz de pamesons, si li dist : « Ha ! tres
35 douce dame, des quant estes vous venue en cest
habit ? » Et ele le prant par la mein, si l'amoine
a seoir d'une part seur une couche. Et la reïne
li conte comment ele vint en tel habit pour
doutance des deus fiz Mordret, et si ploroient
40 andui mout tendrement.

« Dame, fait Lancelos, or sachiez que des
deus fiz Mordret n'avez vous desoremais garde.
Car amedui (sont) occis ; mais or esgardez que
vous voudrez faire. Car se vos volez et il vous
45 plest, vous poez estre dame et reïne de tout le
païs. Car vous ne troverez ja home qui le vous
contredie. » — « Ha ! ha ! biaux douz amis,
j'ai eü tant de biens et tant d'onneurs en cest
siegle que onques n'en out nule dame autant
50 ne jamais n'avra, et vous savez bien que nous
avons fait moi et vous tele chose que nous ne
deüssiens avoir faite ; si m'est bien avis que nous
deüssiens user le remenant de nos vies ou servise
Nostre Seigneur. Et bien sachiez que je ne seré
55 jamais au siegle, car je sui ceanz rendue por Dieu
servir. » Quant Lancelos entant ceste parole,
si li respont tout en plorant : « Or, dame, puis
qu'il vous plet, il m'est mout bel. Et sachiez
que je m'en iré en aucun leu ou je trouveré
60 aucun saint home en aucun hermitage qui me
recevra a compeignon, et servirai Dieu le re-
menant de ma vie. » Et la reïne dit que ele le loe
bien ; tout einsinc trove Lancelos la reïne en l'a-
baye ou ele s'estoit rendue, et y demora deus
65 jourz entierz, et au tierz jor prist Lancelos

congié de la reïne tout en plorant; et ele le com-
manda a Nostre Seigneur qu'il le gart de mal
et le tiegne en son servise. Et Lancelos li prie
que ele li pardoint tous mesfaiz, et ele dist que
70 si fet ele mout volantiers; si le bese et acole au
departir; et il monte seur son cheval et se part
de leanz; et la reïne remest ou servise Nostre
Seigneur de si bon cuer qu'il ne li eschapa ne
messe ne matine nuit ne jour, et tant se pena de
75 prier pour l'ame le roy Artus et de Lancelot
que ele ne vesqui que de un an, puis que Lancelos
s'an fu partiz. Et quant ele fu trespassee, ele fu
enterree si hautement comme l'an doit fere a si
haute dame. Et si tost com Lancelos se fu partiz
80 de li, il chevaucha une eure avant et une autre
arriers tout pensant et dolosant, tant qu'il vint
a une montaine toute plaine de ronces; et y avoit
une fontaine et un hermitage assez esloignié
et estrangié de toutes genz, et en cel hermitage
85 se rendi Lancelos et y usa le remenant de sa vie
pour l'amour de Nostre Seigneur.
    Quant Lancelos vit cel hermitage, il tourne cele
part son frein...

§ 4, l. 15: *leçon de* V D O Z; A W *om.* de ses erremens; B de lor erremens.

l. 20-21: O que ele ert bien de Lancelot; W Et la roïne estoit tele a celui tens ke tutz li mundz s'esmervilloit quant ele estoit ben de l., kar ele estoit si bele dame...

§ 5, l. 11-12: li chevalier de lor compaignie *leçon de* D O W; B cil de lor compaingnie; V Hector et li nouvel chevalier de la compaigniee; A li chevalier de la table.

§ 6, l. 33-34: *leçon de* D V B O Z; A lors conneüssiez mieuz.

§ 9, l. 16-17 : *leçon de* D V B O Z; A W *om.* que... reposerent.

§10, l. 4: *leçon de* V B O; A chevauchier par aventure.

§11, l. 6: dreça *leçon de* B V D O Z W; A torna.

§13, l. 3: *leçon de* D V O; A *om.* de l'ostel; Z W cil de laienz.

§14, l. 10: *leçon de* D V Z W; A por ceste requeste que ge ne feïsse.

l. 30 sa manche *leçon de* B D O Z W; A s'amor.

§16, l. 54: conqueilli *leçon de* B; A aconqueutiz; D conquellit; V converti; O conquestis; Z conqueltiz; W car cil de hors sunt estranges genz.

§18, l. 8-9: *leçon de* B V D O Z W; A *om.* el costé senestre.

l. 14 aucun *ajouté d'après* D; O aucuns.

l. 27: por *leçon de* B D V O Z; A W et por.

l. 28: tornoiement *leçon de* D V O Z W; A chastel.

§20, l. 36: connoisse *leçon de* B D V O Z W; A conneüsse.

§22, l. 1: aïde *leçon de* B; D O W secors et aïde; V Z aïde et secours; A guerison.

l. 6: *leçon de* B D O Z; A *om.* ne., ostel.

§23, l. 5: entor *leçon de* D V; B jusques a; A encontre; O W *om.* entor; Z jusqu'a.

l. 10: nouvelement *leçon de* V D B O Z; A nouvel.

§24, l. 2-3: *leçon de* V D B O Z W; A *om.* et il estoit... vinrent.

§24, l. 6: torna *leçon de* D B V O Z W; A est alé.

l. 7-11: D B V O Z W *om. les paroles de Gauvain*: « Et li rois commence a sosrire (O Z rire) et dist: « Gavain, ce n'est mie la premiere fois ke vos l'avés quis... »

l. 32-33: *leçon de* V D; A *om.* dont... repentissiez.

§25, l. 51: *leçon de* D V O W; B chevaliers errans venist; A *om.* errant.

l. 54: seïst *leçon de* V O W; D se sist; A seïssent.

§26, l. 62: morir *leçon de* D B V O Z; A honnir.

§30, l. 39-40: *leçon de* B D O; A m'en toli la droite connoissance de lui.

§31, l. 8-9: *leçon de* D Z B (se voldroit celer) O; A por ce que il ne savoient encore pas bien se Lancelos se voudroit celer.

§32, l. 4-11: *Texte établi d'après* V B D O Z; *leçon de* A *depuis* fu Lancelos: « car ge le sei veraiement. — Et comment le savez vos ? fet la reïne. — Dame, fet Girflet, ge le sei si bien comme cil qui le vit a un chastel ou il passa par devant monseigneur le roi, ou il s'en aloit moult couvertement, et quant il se parti del tornoiement entre lui et un autre chevalier armé autresi comme il estoit, si qu'il avoient ambedui armes d'une maniere et d'une semblance. » *La leçon de VBDOZ est plus explicite, mais le texte semble altéré dans tous les mss : Girflet, qui avait juré au roi de ne pas révéler le passage de Lancelot au château d'Escalot, ne tient pas sa promesse, d'après le texte de A, mais il parle encore trop, d'après le texte de V B D O Z. Il est vrai que l'auteur lui a donné un caractère primesautier et naïf. W analogue à VBDOZ.*

§33, l. 6-7: *leçon de* V B D O Z; A a demander a ceus qui a l'ostel Lancelot estoient demorez.

§34, l. 3-5: *leçon de* DBVOZW; A *om.* avez vos esté... vostre cousin.

§35, l. 1-2: DBVOZ entre le roi et la roïne et monsignor Gavain.

l. 20: D B Z W entre nos trois; O *comme* A; V Quant li rois entant ces parolles, si est assez plus angoisseus qu'il n'estoit devant la reïne pour savoir que ce est, en est moult doulente; et li rois enmoine monseigneur Gauvain et li requiert que il l'en die la verité seur la foy et seur le serment qu'il li fist. « Sire, fait il, je vous an dirai la verité, si comme je cuit, mais que ce soit chose celee entre nous deus... »

§35, l. 35 à §36, l. 7: A *diffère dans ce passage depuis* « Si la ting moult corte... » *de* D B V O Z W; *leçon de* D: « Si le ting si courte et tant en cierkai la parole qu'ele me dist ke çou estoit Lanselos et ke la mance estoit soie k'il avoit portee a l'asamblee desus son elme; et encore me moustra ele l'escut Lanselot qu'il li avoit baillié por garder, celui mesmes k'il enporta de chaiens quant il s'en parti. »

« Mesire Gavain, fait la roïne, ques li escus ? — Dame, il estoit blans, fait il, a .II. lions d'asur coronnés. — Par mon cief, fait ele, ce fu il, car celui enporta il, quant il s'en ala de chaiens; bien vos doit on croire a ces ensegnes de cou ke vos en avés dit. — Or me dites, fait li rois, ki est cele pucele que vos tenés a si biele ? — Par Deu, sire, fait il, ce est la fille a un vavassour, gentilhome et de grant linage, et s'il l'amoit bien, ce ne seroit pas grant merveille, car ele est de trop grant biauté. »

§36, l. 30-32: *leçon de* V B D O Z; A *om.* Or poons... vouloit; W *analogue à* V B D O Z.

l. 43-44: *texte établi d'après* V B D O Z W; A *om*, car il... mençongier.

l. 77-78: *leçon de* B V O; D Z a coi prendre; A W *om.* Si... prendre.

§38, l. 74-76: *leçon de* B D V O Z W; A *om.* ne ja Dex... orendroit.

§39, l. 19-20: *leçon de* V B D O Z W; A *om.* car... por lui.

§40, l. 15-17: *leçon de* V D B O Z W; A *om.* Ha! dame... languir.

§41, l. 25-64: B *et tous les mss. de la version abrégée omettent la suite de la conversation entre Lancelot et son mire, depuis* Ha! biaus douz mestres... *jusqu'à* Lors se torna devers l'escuier...

l. 130-133: *Texte établi d'après* V D B O Z W; A *om.* A tout le moins... repent.

§44, l. 49-52: *leçon de* V B D O Z; A *om.* Sire... cousin.

§45, l. 15-17: *leçon de* B D V O Z W; A *om.* et il estoit... laiens.

l. 31-52: *A partir de* li tres grans desiriers *jusqu'à* je peüsse demain chevauchier bien a aise, *leçon de* B V D O; A *abrège*: et comment l'avez vos puis fet ? Car nos oïsmes avant ier dire que vos estiez moult deshetiez. — Certes, fet il, la Dieu merci, il m'est orendroit moult bien, que ge sui tous tornez a guerison; mes ge ai puis esté deshetiez et moult ai souferte engoisse, et si ai esté ausi comme en perill de mort, ce me fesoit l'en entendant. — Sire, fet messire Gauvains...

§46, l. 26-32: *De* en ces armes *à* En non Dieu, *leçon de* B D V O Z, *commune aux mss. de la branche II*; A *écrit après* conneüsse jamés: Et lors respondi Hestor et dist « En non Dieu... »; *sa lacune est évidente, la suite du récit étant rompue; en conséquence la leçon de la branche II est préférable*; Z vos avez porté armes plus de cent anz; W *om.* et vous avez portees... desconui.

§50, l. 59 (vostre suer): B *aj.* et fille la roïne Ygerne qui fu vostre mere; O Z V *aj.* fille la roïne Yguerne et le roi Uterpandragon; D *aj.* fille de la roïne Yguerne et sui fille au duc de Tintajoel. *La bonne leçon est celle de A, car Morgain n'a pas besoin de rappeler sa généalogie à son frère; la mention d'Uterpandragon et d'Ygerne est sans nul doute une interpolation de scribe. Seul D (ms. édité par J. D. Bruce) présente Morgain comme la fille du duc de Tintagel, et donc comme la demi-sœur d'Arthur; il convient de noter que cette donnée est conforme à la version en prose du Merlin de Robert de Boron (cf. éd. Sommer, t. II, p. 73, l. 20-28), d'après laquelle Ygerne a eu de son premier mariage avec Hoël, duc de Tintagel, trois filles : Lot d'Orcanie épouse la première, Nextres de Garloc la deuxième; la troisième n'est autre que Morgain. Dans l'Historia Regum Britanniae (éd. E.Faral, chap. 137) de Geoffroy de Monmouth, le premier mari d'Ygerne est un duc de Cornouailles, dux Cornubiae, et chez Wace un « cuens de Cornoaille » (cf. Brut, éd. I. Arnold, vv. 8551-8822), nommé Gorlois dans les deux textes.*

§50, l. 62 (del lit) : D B V Z O *aj.* tos nus fors de ses braies et de sa chemise.

§51, l. 14: si les conmença a lire *leçon de* B D V Z O; A si commença a rire.

l. 18: a voire *leçon de* D B V Z O; A au lire.

§52, l. 3-4: D O l'acointement de Galehot; B le contenement Galeholt; V le contenemant de Gales; Z W le contenement de Galeholt.

l. 27-29: *leçon de* D B V Z O; A *om.* et je vous creant... encusee.

§53, l. 8-10: *leçon de* D B V O; A *om.* en tel maniere... tot; Z *om.* en tel maniere... Galehols.

l. 63: *leçon de* B D V Z O; A trové.

l. 79-81: *leçon de* V B D Z O; A que ge les ferai prendre ensemble se il avient que Lancelos i viengne.

§54, l. 18-20: *leçon de* B; A car tuit cil qui les portretures veïssent en seüssent la veraie, si nel volsist en nule maniere que hom en seüst riens; D V O et s'il en seüst bien la verité, ne volsist il en nule maniere que nus en seüst rien.

§56, l. 18: *Correction de* A seroie; B V ne que je serai devenus; D *om.* tant... revenuz; R O vos ne savrez (O que on ne savra) ja de moi que je serai devenuz.

§57, l. 8-9 (soie): *leçon de* B D V R O; A que ge sui a la mort por vos, se ge n'en sui ostee.

l. 13 (mar): *leçon de* B D V R O W; A mal.

§59, l. 14: tel *correction de* A tex.

l. 104: *leçon de* V D B R O W; A *om.* que je le sache.

§60, l. 72: *leçon de* V B D R; O la compaingnie son escuier; A *om.* de la compaignie d'un escuier.

§62, l. 21 (Avarlan): *leçon de* D; B Avalon; O Arvalin; V Varlen; R Avarlon; A *om.* qui avoit non Avarlan et.

l. 28-29: *leçon de* B V D R O; A a un chevalier de la table et.

l. 62 (desloiaus): *leçon de* B D V R O; A W envenimez.

§64, l. 37: *leçon de* B D V R O; A *om.* del tout.

§66, l. 34-35: *leçon de* B D V O; A R tant que il viengne; W *om.* et atendre... demant.

§67, l. 12 (amende): *leçon de* V B D R O W; A amendoit.

l. 50-51: *leçon de* V B D R O W; A *om.* se... estre *et aj.* sez tu que tu feras ?

§68, l. 11-12: *leçon de* V B D R O W; A ge vueill que vos me meingniez.

§69, l. 11: *leçon de* D R O W; B sans li honir; V fors soy honir; A *om.* sans soi honir.

§70, l. 59-60: *leçon de* B V D O W; A *om.* car... doel; R *om.* Certes... doel.

§71, l. 40 (gentil feme): *tous les mss. aj.* et de haut lignage, *ce qui est en contradiction et avec les dernières paroles de Gauvain et avec la réalité, car la demoiselle d'Escalot était la fille d'un simple vavasseur. Je rejette cette addition, qui figurait déjà dans l'archétype.*

l. 49-50: *leçon de* V B D R ; A *om.* et venu... nacele.

l. 51 (la nacele): *leçon de* V B D R O; A la damoisele; W la nef.

§72, l. 17-18: *leçon de* B V D R; A m'a delivree de mort, me delivrast de cest perill; O de ce peril ou je sui.

§75, l. 45: *jusqu'à cet endroit, B et les mss. de la version abrégée condensent fortement le récit des événements depuis la rencontre du chevalier de Logres par Lancelot dans la forêt.*

l. 49-53: *leçon de* B V D R O W; A *om.* si que... trové envers li.

§77, l. 8 (toute joie): *correction de* toutes joies, *leçon de* B V A R; W de tute joie; O *om.* si... joie; D avoir eslongié tote joie; A *aj.* et de toutes enneurs.

§78, l. 16 (failli): *leçon de* V B D R O; A lessiee.

§79, l. 39 (toute ma terre): *leçon de* V W; A D O *aj.* ou que ele soit; B R *aj.* ou que je point en aie. *L'accord de* A D O *prouve que l'archétype portait* ou que ele soit, *leçon qui n'offre guère de sens satisfaisant, sans doute par suite de l'omission d'un ou de plusieurs mots.* V W *suppriment* ou que ele soit; B R *ont essayé de mettre à la place un équivalent. J'adopte le texte de* V W, *comme un moindre mal.*

§81, l. 10: *leçon de* B V D R O; A *om.* et de son escu et de son glaive.

§82, l. 1: *leçon de* B V R O W; A après eure de tierce; D devant miedi.

§83, l. 13-16: *leçon de* B V D R O; A *om. la réplique du roi et écrit:* et se li chevaliers avoit en lui point de proesce, il en avroit l'enneur.

§85, l. 8 (prendre): *leçon de* D V O; A rendre; B R tenir; B V R *aj.* ne a meillour de vous ne me porroie je mie rendre.

l. 13-15: *leçon de* B D V R O; A *om.* et cort a Lancelot... avant.

§86, l. 29 (loiaus): *leçon de* D V R O W; A B desloiaus. — *En dépit de l'accord de A avec B, j'admets que la bonne leçon est* loiaus, *les scribes des deux mss. en question ayant pu, indépendamment l'un de l'autre, ne pas comprendre l'ironie sarcastique de l'adjectif.*

l. 37-39: *leçon de* V B D R O; A W *om.* et que nous le vous dions... aquitons.

§87, l. 26-28: *leçon de* V D R O W; A *om.* Et nonpourquant... devant lui.

l. 40-41: *leçon de* B V D R O; A W *om.* et nous... verité.

l. 44: *leçon de* B V D R O; A W *om.* Et li rois... chose.

§88, l. 34-35: *leçon de* R B D V O; A W *om.* car... compaignie.

§89, l. 31-32: *leçon de* R D V O; A W *om.* qui... foiz.

l. 37-38: *leçon de* R D B O; A W Si trouveroiz bele voie et sanz repere de genz.

l. 54-56: *leçon de* R B V D O W; A *om.* Et il dient... nu.

§90, l. 18-19: *leçon de* V D B R O; A *om.* fet... mort.

l. 28-29: *leçon de* D R V O; A W qu'il vos covient morir.

l. 29-31: *leçon de* R D V O; A W *om.* Si m'en poïse... et neporquant.

l. 60-61: *leçon de* V D R; A je m'en puis bien aler.

l. 61-62: *leçon de* R D V; A *om.* Et ele... puet; B O *om.* Lors dist a la reïne... puet; W *comme* A.

l. 88: *leçon de* R D V; B a vous ne a els; O en mon vivant; A W *om.* qui... vivans.

§91, l. 23-26: *leçon de* R D V O; A si l'envoie a Kamaalot por savoir
nouveles de la reïne, que l'en voudra fere de lui, et savoir s'ele
est jugiee a mort, et li dist qu'il reviengne tost por savoir qu'il
i trouvera.

§92, l. 34-35: *leçon de* R D V O; A *om.* et... chevaliers.

§93, l. 16-17: *leçon de* V D R O; A *om.* a fine force... velt.

l. 44: A R avenanz *corrigé en* avenant; D O *om.* ne si avenant;
V Si estoit si belle dame de aé.

l. 46: *leçon de* R D V O W; A *om.* que... et.

l. 67-68: *leçon de* R D B V O; A *om.* et neporquant... ira.

§96, l. 2: *leçon de* R V D O; A la ou il avoient autrefoiz esté.

l. 3: *Ms.* enforestez.

l. 13-14: R D V O W por la mort de Gaheriet, dont il me poise
trop durement.

l. 30-34: *leçon de* R V D O; A W *om.* Ou est... la Dolereuse
Garde.

§97, l. 12-18: *leçon de* D V R O W; A *om.* et li dist... tot le pooir
le roi Artu, *et écrit à la place :* s'il velt remanoir leianz.

l. 32: *le ms. om.* a parler.

§98, l. 14-15: *leçon de* B R D V O; A W *om.* qu'il a... Kamaalot;
A *écrit à la place* et Mordret se rest feruz en la cité.

l. 23-24: *leçon de* R B D V O; A *om.* et il... pueent.

l. 36 (mariniers): *leçon de* R B D V; A chevaliers; O en toutes
vos rivieres; W a tuz les porz.

l. 40-43: *leçon de* R V B D O W; A *om.* nos irons... conselz.

l. 52-60: *leçon de* B R V D O; *au lieu de* et si tost comme li rois
le voit... a descreü mon lignage, A *écrit :* si tost comme li rois
Artus le voit, si a si grant duel a son cuer qu'il ne set se jamés
en istra, et dit en haut : « Moult a cil fet grant cruauté qui d'un
tel chevalier com vos estiez a descreü mon lignaje »; W *analogue*
à A.

§99, l. 30: *leçon de* B R V D O; A W *om.* tout... estoit.

l. 33-34: *leçon de* B R V D O; A W *om.* car... amour.

§100, l. 10-14: *leçon de* B R V D O; A W *écrivent simplement de* Lors
est *à* ses freres: Lors s'en vet tout contreval la rue; si ne cuide
mie que ce grant duel soit por ses freres.

l. 22-23: *leçon de* B R V D O; A W *om.* mes... faire.

l. 30-31: *leçon de* B R D V O; A W *om.* Si... pis.

l. 35-40: *leçon de* B R D V O; A W et li baron qui tant sont

corrouciez et dolenz qu'il ne cuident jamés avoir joie de ce
qu'il voient monseigneur Gauvain si atorné, si pleurent sus
lui tendrement.

§101, l. 5-7: *leçon de* B R D V O; A W il regarde Guerrehés et
Agravain qui estoient devant le roi.

§102, l. 3-9: *leçon de* R B D V O; A Cil qui estoient del lingnage
enseveIirent les cors et leur firent tombiax biaus et riches et
furent mis les cors el mostier Saint Estienne de Kamaalot.
l. 12-13: *leçon de* B R V O; D par deseur les autres; A et par
desus ses freres, *mots que* A *rattache à la phrase suivante.*

§103, l. 2-7: *leçon de* B R V D O; A W li rois Artus revint en son
palés, si dist, tant dolenz et tant corrouciez que nul plus, qu'il
ne fust pas tant corrouciez s'il eüst perdu la moitié de son
reingne.
l. 14-21: *leçon de* R B D V O W; A *om.* Car quant il avient...
en nule maniere.
l. 23-26: *texte établi d'après* R V B D O; A W *om.* se ceste
dolereuse perte... par celui.
l. 28-30: *leçon de* R V B D O; A W *om.* ausint come... ceste
honte.

§104, l. 16-20: *depuis* Pour ce, Sire, *jusqu'à* desconfire, *leçon de* B R D
V O; A Et se vos la commenciez, il seront fort a desconfire;
W *analogue à* A.
l. 22-29: *leçon de* R B D V O; A *om.* et dient tuit en audience
... cuidiez.
l. 43-46: *leçon de* R B D V O; A W *om.* et avoie doute... sai
ge bien.

§105, l. 1-5: *leçon de* B R D V O; A W *om.* Maintenant... guerre.
l. 22-25: *leçon de* R B D V O; A W remanoir, et dist a Lancelot
que li plus qui la estoient avoient sa mort juree.

§107, l. 15-17: *leçon de* B R D V O; A W *om.* et je vous di... redoutee.
l. 29-30: *leçon de* R B V O; A W *om.* et les assieent... Lancelot.
l. 43-45: *leçon de* B R V D O; A et a la table le roi Artu cil
qui devoient servir.
l. 45-48: *leçon de* B R D V O; A W *om.* Celui jour... apresté.

§108, l. 35-36: *leçon de* B R D V O; A W *om.* et cil... meïsmes.

§109, l. 1-14: *leçon de* B R V D O; A *om.* Tout le jour esgarderent
... anemi; W *résume ce passage.*

§110, l. 25-27: *leçon de* B R D V O; A *om.* est ce... faille.

l. 32 : *leçon de* R D B V O; A W *om.* ne non... rois.

l. 41 : *leçon de* D; A W *om.* par maintes fois.

l. 41 (sont deceü) : B R V O ou li sage home qui maintes fois ont parlé de vostre mort sont deceü; B R D V O *aj.* car ce n'est mie doute que li sage devineour qui a nos tans (D a vostre tans) ont esté et qui savoient une partie des choses qui estoient a avenir ne disent (R O deïssent; D desissent; V distrent) riens au commencement qui ne fust en la fin verité (O qui ne fust la fin) et il disent (R distrent, O dirent; D V *om.* riens... disent) que li parentés le roi Ban venroit en la fin au desus de tous lor anemis. W *comme* A. — *J'adopte le texte de A amendé par celui de D. Je comprends : mort, moment où les hommes sages, ceux qui se croient sages, sont souvent déçus, c'est-à-dire meurent plus misérablement qu'ils ne l'auraient imaginé; c'est une réflexion d'une portée générale. L'addition commune à tous les* mss., *sauf A et W, semble l'interpolation d'un scribe qui a voulu donner à propos d'Arthur le pendant de la prophétie qui se rapporte à Gauvain; si l'allusion au séjour de celui-ci chez le Roi Pêcheur renvoie à un passage précis de l'Agravain,* « li sage devineour » — *sans doute vague réminiscence de Merlin* — *ne sont pas autrement connus. D n'a pas modifié la phrase qui précède cette fâcheuse addition et son accord avec A garantit l'authenticité de la leçon que j'ai adoptée; par contre* V R R O *n'en ont pas compris le sens, un peu subtil à vrai dire : ayant cru que* li sage home *n'étaient autres que* li sage devineour *de la ligne suivante, ils ont corrigé en conséquence :* li sage home qui maintes fois ont parlé de vostre mort. *Mais le texte ainsi obtenu est visiblement absurde : le présent* sont deceü *ne se justifie pas; il faudrait :* ont esté deceü *(au moment où ils faisaient leurs prophéties) ou bien* seront deceü *(au moment de votre mort). Mieux encore : qualifiés ici de faux prophètes,* li sage home *deviennent des prophètes véridiques dans les lignes suivantes. L'interpolation se dénonce d'elle-même et paraît confirmer notre classement des mss.*

§110, l. 52-54 : *texte établi d'après* D R B VO; A W *om.* Mes... emprise.

l. 58-59 : *leçon de* B R D V O; A W *om.* ariere... mandés.

§111, l. 3-5 : *texte établi d'après* V D R B O; A son seigneur, si dist qu'ele ne puet vers le roi trouver pes.

l. 7-21 : *leçon de* R B D V O; *au lieu de* Lors s'en entre en une chambre... grever, A *écrit :* Lors commence Lancelos a penser moult durement, et en cel pensé li viennent les lermes as euz. Si avint que la reïne vint illec; si l'aresonne de son pensé et li

dist: « Que pensez vos ? » E il dist qu'il pensoit a ce qu'il
ne pooit pes trouver au roi, et bien set qu'il nel puet grever;
W *analogue à* A.

l. 29-30: *leçon de* R B D V O; A *om.* puisqu'il... elz.

l. 65-77: *leçon de* B R D V O; A *om.* Et li rois dist... forfaire;
W *analogue à* B R D V O.

§114, l. 11-23: *texte établi d'après* R B D V O W; A *om.* Quant il
orent cɘl soir mengié... d'eus recevoir.

§115, l. 10-16: *leçon de* R B D V O W; *au lieu de* d'ore en avant...
a vostre los, A *écrit seulement :* et se nos assemblerons demain
ou non.

l. 21-26: *leçon de* R B D V O; *lacune évidente dans* A: car ja
si tost li jorz ne sera venuz qu'il s'en istra aprés Hestor et menra;
W dit que il istra aprés Hestor.

l. 33-36: *leçon de* R B D V O; A W *écrivent simplement* en la
derrienne estoit Lancelos.

l. 64-71: *leçon de* B R D V O; A et s'entrevont si durement
que en pou d'eure en i ot tiex cent versez qui n'ont pooir de
relever; si torna la desconfiture seur ceus de l'ost; W *analogue à*
A.

l. 71: *A partir d'ici jusqu'à :* Et celui jor porta li rois Artus
armes (ib., l. 103), *leçon de* B R V D O W; A *om. tout ce passage
en répétant simplement :* Celui jor torna la desconfiture seur ceus
de l'ost.

l. 114: *leçon de* R B D V O; A W *om.* come... hardement.

l. 121: *leçon de* R B D V O; A W *om.* car... navrez.

§116, l. 6-8: *leçon de* B R D V O; A W *om.* qui... moi.

§117, l. 2-6: *leçon de* B R D V O; A W *om.* Si avint... avoient.

l. 9-11: *leçon de* B R V O; D et quant il oï dire k'ele n'avoit
pas esté prise provee en aucun meffait por coi il le deüst des-
truire; A W *rattachent à la phrase précédente* et qu'il ne l'avoit
pas prise prouvee el meffet.

l. 17-20: *texte établi d'après* B R D V O; A W *om.* et nonpour-
quant... vaincus.

l. 28-30: *leçon de* R B D V O; A W *om.* ne de parole... soiez.

§118, l. 12-15: *leçon de* B R D V O; A W *om.* si me fait... en ceste chose.

l. 18-20: *leçon de* B R D V O; A *om.* si que... esperon.

l. 28-40: *leçon de* B R D V O W; A *om.* Car se vous ore n'i
aliés... a plourer.

l. 72-75: *leçon de* B R D V O; A W Lors s'en ist li esvesques del chastel et vient au roi et li conte ce qu'en li mande.

l. 81-99: *leçon de* B R D V O W; A *om.* Et por ce qu'il a fet de ceste requeste... et droit eriticr; W *om.* et Lancelos... eritier.

§119, l. 5: *leçon de* D R B; V se jamais me verroiz; A W *om.* Je ne sai... verrai.

l. 26-29: *leçon de* R B D V O; *au lieu de* Si ne le fis ge mie... perte, A *écrit simplement :* dont c'eüst esté trop grant perte; W *analogue à* A.

l. 42-46: *leçon de* B R D V O; A W Vos en avez tant fet que l'en vos en set si bon gré com l'en vos en doit savoir. Or vos requiert li rois que...

l. 50-52: *leçon de* B R D V O; A W *om.* Laissiés... riche.

l. 80 (il n'en ira jamés avant): A anant; W en avant; B R avant sans plus faire; D O ariere; V *om.* il... car. *Je renonce à l'interprétation que j'ai soutenue dans ma précédente édition (v. Introduction, p. LVII : anant*=a nant). *En réalité* anant *n'est qu'une mauvaise graphie de* avant, *qui offre un sens satisfaisant, bien que certains copistes aient été déroutés par cette leçon (cf. Romania, LXIV (1938), p. 126 et note) : on peut faire de* il *un pronom personnel représentant Bohort et comprendre :* « il n'insistera pas, il n'aura pas besoin d'insister davantage », *ou* « il devra en rester là, il ne pourra pas trouver d'échappatoire »; *on peut aussi considérer l'expression comme impersonnelle et comprendre :* « il n'y aura jamais d'échappatoire, ni pour lui Bohort ni pour moi Gauvain ». *Cette idée d'une impasse s'accorderait bien avec la haine et la démesure de Gauvain.*

§119, l. 90 (et bien fust Lancelos asseür): *à partir d'ici jusqu'à* Atant fine li parlemenz (§120, l. 1), *longue omission de* A *et leçon de* B R D V O W.

§121, l. 3-4: *texte établi d'après* R B V D O; A *om.* proiassent... et.

§123, l. 6-14: *leçon de* R B V D O W; A Pes et enneur et victoire leur envoit Dex en touz homes, car nus ne porroit estre en si douz païs com cist est qui ne fust plus beneürez que nus hom !

§124, l. 2-4: *leçon de* R D V O; A *om.* et tant... lit; W *om.* il s'ala... lit.

§125, l. 10: A W mere; *leçon modifiée d'après* B R V D O.

§126, l. 1-14: *Depuis* Si l'en vont ambedui au pié... *jusqu'à...* aportoit, *leçon de* R B D V O; A W *om.* tout ce passage; W *écrit à la place :* Quant cil de la tere sorent ceo, s'en orent mut grant joie.

§127, l. 5-8: *leçon de* R B D V O; A W *om.* et vendroit... Gauvain.

l. 11-15: *leçon de* B R D V; A W *om.* se Diu plest... seürement : O *om.* Et... seürement.

§129, l. 21-24: *leçon de* D V B R O; A W *om.* car ele savoit... cuidier.

l. 30-36: *leçon de* R B D V O; A W *au lieu de* et lor fist jurer ... apertement *écrivent simplement :* et il si firent, si que li rois s'en repenti puis, si comme ceste estoire le devise apertement.

§130, l. 2 (Londres): *leçon de* W; A Logres; D R Longres; V dou roiaume de Logres; O tout maintenant de Logres. *J'adopte la leçon* Londres, *et non* Logres, *parce que tous les mss. s'accordent plus loin à nommer la tour où Guenièvre est assiégée par Mordret* « la tour de Londres ». *Sur une confusion possible, mais peu probable à mon avis, commise par l'auteur entre* la cité de Logres *et* la cité de Londres, *cf.* F. Lot, *Etude sur le Lancelot en prose,* p. 141.

l. 31-34: *leçon de* B R D V O; A *om.* Et quant... novel.

l. 44-48: *leçon de* B R V D O; A *om.* por coi... dedens.

l. 54-55: *leçon de* R B D V; A une damoisele; O une vielle dame; W une vedve dame auques de aage.

§131, l. 2-6: *texte établi d'après* R B D V O; *de* Saches *à* avras, A *écrit :* Saches que ja n'i avras enneur, car tu t'en repentiras sanz ce que ja n'i avras riens fet; W *écrit simplement :* Saches que ja n'i avras honeur.

l. 12-15: *leçon de* R B V D O W; A *om.* Si... laidure.

§132, l. 6-8: *leçon de* R B D V O; A W *om.* qui... rois.

l. 55-59: *leçon de* B R D V O W; A *om.* et il meïsmes... cité.

§136, l. 4-5: *leçon de* R B D V O; A *om.* si que... aportees.

§139, l. 3-17: *de* Dame, fet il, ainsi ne puet il estre... *à...* mal gré, *leçon de* R B D V O W; A *om. tout ce passage.*

l. 24-27: *leçon de* D V R B O; A *om.* nos ne savons... durement.

§141, l. 46-65: *de* Dame, fet Labor... *jusqu'à* et ainsint porroiz estre delivree de Mordret *omission de* A *et leçon de* R B D V O W.

§142, l. 9-10: la tour de Londres *leçon de tous les mss. utilisés pour l'établissement du texte, exception faite de* W *qui écrit :* ... tuit li avoient fet serement de loiaument defendre la tur de Mordret.

l. 82-95: *depuis* si veïssiez... *à...* si bien, *texte établi d'après* B R D V W; A *om. tout ce passage.*

l. 123-128: *depuis* car ele est si avironee... *à...* ces traïtors, *leçon de* R B V D O; A *om. ce passage.*

§144, l. 41-50: *depuis* Sire... *jusqu'à...* si apertement vostre mort *leçon de* B R V D O; A et dist a monseigneur Gauvain que cestui

message ne fera il ja, se Dieu plest, la ou il voie si apertement
sa mort; W *analogue à* B R V D O.

l. 53-74: *depuis* Tout ce que tu me dis, fet messire G... *à...*
creance, *texte établi d'après* R B D V O W; A *om. tout ce passage.*

§145, l. 24-29: *depuis* que jamais de ceste chose... *à...* apele, *leçon
de* B R D V O W; A *om. ce passage.*

l. 69-79: *depuis* car trop me samble prodom.... *à* venus, *leçon
de* B R D V O W; A *om. ce passage.*

147, l. 14 (Lancelos): *leçon de* D O W; R B V il; A li rois.

148, l. 9-10: *leçon de* R B V D O; A W *om.* certes si... dit.

l. 25-35: *leçon de* R B V D O; A *om.* Et il l'otroie... come rois.

l. 53-60: *depuis* et li dist... *à...* feïstes, *leçon de* B R D V O W;
A *om. ce passage.*

l. 81-83: *leçon de* R B D V O; A *om.* por ce que... tort.

§149, l. 1-10: *depuis* Trop font grant duel... *à...* oltrecuidiez, *leçon de*
R B D V O; A *om. ce passage*; W *analogue à* R B D V O.

§151, l. 31-38: *leçon de* B R D V O; *au lieu de* que li hauberc...
espaulles A *écrit simplement :* qu'il n'ont arme entiere.

§154, l. 46-56: *leçon de* R B D V O W; A *om.* Car quant il avenoit...
aprés ore de midi.

§156, l. 19-33: *depuis* Einsint dura la bataille... *jusqu'à...* soffert,
leçon de R B D V O W; A *om. tout ce passage ainsi que la phrase
suivante.*

l. 33-36: *leçon de* V D O; R B *om.* mais il ont... le meilleur.

§157, l. 50-54: *leçon de* B R D V O W; A *om.* Dont m'en irai je...
courtois.

§158, l. 11-17: *leçon de* R B D V O W; A *om.* Ja vos eüst il mort...
encore.

§159, l. 17-19: *leçon de* B R D V O; A *om.* Si plorent... plus.

l. 23-27: *leçon de* V D O; B R W *om.* Onques... fors que;
A *om.* Onques... durement.

l. 26-31: *leçon de* B R D V O W; A *om.* Ançois qu'il... ou non.

§160, l. 3-22: *depuis* Quant li rois ot grant piece sejourné... *jusqu'à...*
garis, *leçon de* B R D V O W; A *om.* tout ce passage.

l. 40-52: *depuis* Lors redemande... *jusqu'à...* estoient, *leçon
de* B R D V O W; A *om. tout ce passage.*

l. 69-77: *depuis* Je ne sai... *jusqu'à...* Romains, *leçon de* B R D V
O W; A *om. tout ce passage.*

§161, l. 26-52: *depuis* Lors lesse corre au neveu l'empereor... *jusqu'à...*

et jones hom, *leçon de* R B D V O W; A *condense ainsi tout ce passage :* Lors lesse corre a l'empereeur et le fiert si grant coup qu'il li abat l'espaule senestre; et cil se sent navré a mort, si se lesse cheoir a terre.

§166, l. 4 (par ma folie): *leçon de* R B V O W; A par vostre folie; D *om.* par ma folie.

l. 14-31: *depuis* Quant li rois Artus... *jusqu'à*... requerrai je pas, *leçon de* B R D V O W; A *om. tout ce passage.*

§168, l. 48-66: *depuis* et sachiez veraiement que si home... *jusqu'à* ... porter armes *leçon de* R B D V O W; A *om. tout ce passage.*

§170, l. 42: *leçon de* R B D V O W; A l'abeesse a la reïne.

§172, l. 8-9: *leçon de* B R O; D V A W *om.* lors commença... trop grant duel; *cette phrase, qui semble indispensable d'après le contexte, devait manquer dans l'archétype.*

§173, l. 6-17: *depuis* car tant comme il le verroit... *jusqu'à*... arsist *leçon de* B R D V O W; A *om. tout ce passage.*

§176, l. 31-37: *depuis* et se vos a cestui besoing... *jusquà*... a toz preudomes, *leçon de* R B D V O W; A *om. ce passage.*

l. 46-53: *depuis* Quant li rois ot ce dit... *jusqu'à*... a la bataille, *leçon de* B R D V O; A *om. ce passage.*

§178, l. 1-10: *depuis* Celui jor... *jusqu'à*... porent, *leçon de* R B D V W; A *om. tout ce passage*; O *om.* Einsi dist li preudons au roi Artu... porent.

l. 52-54: *texte établi d'après* V D R B O W; A *om.* Or li mande ... terre.

§179, l. 9-17: *depuis* Aprés ceste parole... *jusqu'à*... encontre lui, *leçon de* R B D V O; A *om. tout ce passage.*

§180, l. 12-15: *leçon de* R B D V O W; A *om.* et li avoient fet homage... aucune fois fet.

l. 26-30: *leçon de* R B D V O; A *om.* et en cele fu... sor aus.

§181, l. 40-43: *leçon de* R B D V O; A *om.* et adonques... oir.

§182, l. 23-26: *leçon de* R B D V O W; A *om.* car il n'i avoit... chose.

§183, l. 6-9: *leçon de* R B D O W; A *om.* si me merveil... esmai; V *om.* fors hui... esmai.

§186, l. 34-46: *leçon de* R B D V O; A *om.* car autrement serons nous mort... debonerement; W *analogue à* R B D V O;

§191, l. 30-31 (la Noire Chapele): V la Chapele Noire; W la Veire Chapele; D la Vraie Capiele. *Contrairement à ce que pense F. Lot (Etude sur le Lancelot en prose, p. 201, n. 3), la bonne leçon est bien*

Noire Chapele *et non* Veire Chapele; veire *est une corruption de* noire, *lu* voire *par certains scribes, par ex. celui du Ms.* 649 *du Musée Condé à Chantilly (f°* 70, *v°, col.* 2), *et ensuite* veire, veraie, vraie. *Il n'y a pas lieu de tenter un rapprochement entre* Veire Chapele *(Chapelle de verre?) et Glastonbury; cf. F. Lot, ib., p. 202, n. 4.*

§193, l. 24 (doucement): leçon de R B D V O W; A durement.

§196, l. 49-53: *de* et les assemblerent... à... homes, *leçon de* R B D V O W; A *om. ce passage.*

APPENDICE (Dernière entrevue de Lancelot et de Guenièvre), p. 264-266: *cette interpolation, particulière à* V (Palatinus Latinus 1967, folio 100, v° col. 1 et 2, folio 101, r° col. 1), *s'intercale dans le texte au* §200, *après* car il n'aloit nule foiz droit chemín (l. 3); l. 43: sont *manque; l. 84: ms.* cele; *l.* 87-88 (il tourne cele part son frein): cf. §200, l. 6-7.

NOTES

§1, l. 1-3. Sur Gautier Map et son œuvre, voir l'étude d'André Boutemy, *Gautier Map conteur anglais* (Bruxelles, 1945, Collection Lebègue, 6e série, N° 69). — Le roi Henri est Henri II Plantagenet, roi d'Angleterre de 1154 à 1189.

§3, l. 25-38. Baudemagus, roi de Gorre, père de Meleagant (voir le *Chevalier de la Charrette* de Chrétien de Troyes et l'épisode de la *Charrette en prose* dans le *Lancelot propre*) avait été admis au nombre des chevaliers de la Table Ronde dans l'*Agravain* (cf. éd. Sommer, V, p. 195). La *Queste del Saint Graal* ne rapporte pas dans quelles circonstances Gauvain a tué Baudemagus, mais Lancelot, retournant du Château du Graal à la cour, voit dans l'église d'une abbaye une tombe *fete novelement* et il lit l'épitaphe suivante: *Ci gist li rois Bademagus de Gorre, que Gauvains li niés le roi Artus ocist.* (*Queste*, éd. Pauphilet, p. 261-262).

§4, l. 21-25. La beauté de la reine Guenièvre est célébrée en termes analogues dans le *Lancelot propre*: « Car che fu la dame des dames et la fontaine de biauté » (éd. Sommer, III, p. 125, l. 32-33).

§§12, 13, 14. L'histoire de la demoiselle d'Escalot n'est pas sans offrir quelques similitudes, de peu d'importance, avec plusieurs passages du *Lancelot propre* (cf. J. Frappier, *Etude sur la Mort le Roi Artu*, p. 206-210) et avec un épisode du *Didot-Perceval*, le tournoi du Blanc Castel (éd. W. Roach, p. 222-236), pauvrement imité de l'épisode de la Pucelle aux petites manches dans le *Conte du Graal* de Chrétien de Troyes (éd. Hilka, v. 4816-5655). Peut-être un autre passage du *Didot-Perceval*, l'épisode d'Elainne, sœur de Gauvain (*ibid.*, p. 145-148), a-t-il exercé aussi quelque influence sur l'histoire de la demoiselle d'Escalot.

§24, l. 11. Allusion aux nombreuses quêtes de Lancelot par Gauvain et par d'autres chevaliers dans le *Lancelot propre*.

§30, l. 80-83. C'est dans le *Lancelot propre* et, plus exactement, dans l'*Agravain*, qu'il est raconté comment Lancelot, hôte du roi Pellés au château du Graal, devint providentiellement le père de Galaad. La fille du roi était éprise du héros, mais il avait fallu en réalité toute une machination pour que Lancelot abusé trahît Guenièvre malgré lui (cf. éd. Sommer, V, p. 105-112 et p. 251). L'affirmation de Gauvain n'est conforme qu'aux apparences.

§36, l. 83-84. Le royaume de Gaunes, royaume du roi Bohort de Gaunes, père de Bohort et de Lionel; le royaume de Benoïc (Banoïc), royaume du roi Ban de Benoïc, père de Lancelot. Ces deux royaumes, vaguement situés dans l'Ouest de la Gaule, sont conquis par Claudas au début du *Lancelot propre* (éd. Sommer, III, p. 3-104) et repris à l'usurpateur dans l'*Agravain* (*ibid.*, V, p. 336-377). — Sur ces noms de Gaunes et de Benoïc, voir F. Lot, *Etude sur le Lancelot en prose*, p. 147-148, note 8, et R. S. Loomis, *Arthurian Tradition and Chrétien de Troyes* (New York, Columbia University Press, 1949), p. 55 et note 70, p. 190, note 33.

§43, l. 2. Ces quatre royaumes sont ceux d'Ecosse, d'Irlande, de Gales et de Norgales, représentés aussi au tournoi de Wincestre (v. §16, l. 50-51).

§48, l. 9-11. L'auteur raccorde ici son roman à un épisode de l'*Agravain* : dans la Forêt perdue Lancelot tombe au pouvoir de Morgain qui le garde pendant deux hivers et un été; c'est à cette époque qu'il a peint sur les murs de la chambre où il était prisonnier l'histoire de ses exploits et de ses amours avec la reine Guenièvre. Un matin de mai Lancelot s'est enfui en brisant les barreaux d'une fenêtre. Cf. éd. Sommer, V, p. 214-218 et p. 222-223. — Voir §53, l. 36-49.

§52, l. 3-4: *l'acointement Galehot*, l'« acointement » que fit Galehaut; allusion au premier rendez-vous de Lancelot et de Guenièvre dans le *Lancelot propre* (éd. Sommer, III, p. 258-264): *Ensi fu li premiers acointemens de Lancelot et de la roïne par Galahot* (*ibid.*, p. 264, l. 13).

§52, l. 39-46. Allusion à un épisode du *Lancelot propre* (cf. éd. Sommer, III, p. 156-169). Morgain simplifie beaucoup la série assez compliquée des incidents et elle donne une entorse à la vérité, car Lancelot n'avait nullement songé à interdire au roi l'entrée de la Douloureuse Garde.

§53, l. 4-5. *Galeholt, le fil a la Jaiande*, « le fils de la Géante ». La mère de Galehaut n'est pas connue autrement que par cette appellation déjà donnée au héros dans le *Lancelot propre*.

§53, l. 5-7. Galehaut, dans le *Lancelot propre*, avait envahi le royaume d'Arthur, pour la seconde fois, à la tête d'une puissante armée; le deuxième jour des combats que se livrent les adversaires, Lancelot, revêtu d'une armure noire, accomplit, contre les envahisseurs, des exploits si prodigieux qu'il emporte l'admiration de Galehaut et qu'une amitié incomparable commence à unir les deux héros. Cf. éd. Sommer, III, p. 235-247.

§53, l. 7-9. Lancelot avait obtenu de Galehaut qu'il accordât généreusement la paix à Arthur, qui se trouvait en grand risque d'être vaincu, et même qu'il se mît à la merci du roi. Cf. éd. Sommer, III, p. 247-250.

§53, l. 9-20. Cf. éd. Sommer, III, p. 251-264.

§53, l. 24-35. Cet exploit de Lancelot est conté dans l'*Agravain* (éd. Sommer, V, p. 169-189).

§62, l. 16 et suiv. Sur les sources possibles de l'épisode du fruit empoisonné, voir J. Frappier, *Etude sur la Mort le Roi Artu*, p. 196-198.

§70. L'épisode de la nef funèbre semble avoir été inspiré en partie par le souvenir de la nef où la sœur de Perceval est couchée après sa mort dans la *Queste del Saint Graal* (éd. Pauphilet, p. 242 et p. 246-247), mais les différences restent très frappantes (cf. J. Frappier, *Etude sur la Mort le Roi Artu*, p. 212-214). Une autre réminiscence possible est celle d'un passage de la *Première Continuation de Perceval* : un « chaland », *encourtiné* d'étoffes précieuses et conduit sur la mer par un cygne, amène une nuit d'orage à la cour d'Arthur, à Carlion, un chevalier mort dont l'aumônière contient une lettre adressée au roi et demandant vengeance (v. éd. W. Roach, *The Continuations of the Old French* Perceval *of Chrétien de Troyes*, The First Continuation (Philadelphia), vol. I (1949), v. 14119-432; vol. II (1950), v. 18375-688; vol. III (1952), p. 528-549).

§72, l. 16-17, « cil qui autrefoiz m'a delivree de mort »: allusion à l'épisode de la Fausse Guenièvre dans le *Lancelot propre* (éd. Sommer, IV, p. 9-19, 44-82); abusé par les machinations et les enchantements d'une demoiselle qui se faisait passer pour la véritable Guenièvre, Arthur avait chassé la reine du trône et l'avait fait condamner à être tondue, à avoir la peau des mains « tranchée » et à être bannie; dans un combat judiciaire, Lancelot a soutenu victorieusement l'innocence de la reine contre trois champions adverses (*ibid.*, p. 61-67).

§§85-120. Sur l'influence exercée par le *Tristan* dans cette partie du roman, v. J. Frappier, *Etude sur la Mort le Roi Artu*, p. 188-195.

§93, l. 30-35. Sur le châtiment de la femme adultère par le feu, voir J. D. Bruce, *The Evolution of Arthurian Romance*, t. I, p. 437, note 201; J. Frappier, *Etude sur la Mort le Roi Artu*,

p. 191, note 4; J. R. Reinhard, *Burning at the Stake in Mediaeval Law and Literature*, dans *Speculum*, XVI (1941), p. 186-209; R. S. Loomis, *Arthurian Tradition and Chrétien de Troyes*, p. 317-319; J. Vendryes, *Les éléments celtiques de la légende du Graal*, dans *Etudes Celtiques*, V (1949), p. 19. L'idée de ce supplice, qui n'est pas tout à fait sans exemple dans la réalité historique du Moyen Age, vient-elle de la tradition biblique ou de la tradition celtique ? Les avis sont partagés; la seconde hypothèse paraît la plus probable: le supplice du feu « est le châtiment traditionnel de la femme adultère chez les Celtes » (J. Vendryes).

§96, l. 31-34. Le premier exploit de Lancelot, après son adoubement, a été la conquête du château de la Douloureuse Garde: c'est là qu'il a appris son nom en soulevant la dalle du tombeau où il doit reposer un jour (voir *Mort Artu*, §§202-203). Le château devient celui de la Joyeuse Garde, à partir du jour où Lancelot en a fait tomber les enchantements. (Cf. éd. Sommer, III, p. 143-153 et p. 189-192).

§104, l. 39-45. Cf. éd. Sommer, III, p. 158-170. Mador de la Porte fait allusion à un épisode qui s'est produit au moment où Lancelot venait de conquérir la Douloureuse Garde, ancien nom de la Joyeuse Garde, mais l'auteur de la *Mort Artu* a commis une confusion: en réalité Mador n'a pas été prisonnier, avec Gauvain et d'autres compagnons, à la *Douloureuse Garde*, mais à la *Douloureuse Chartre*, « un castelet petit, qui estoit en une ille dedens le Hombre sur une roche grande »; en partant à cheval de la Douloureuse Garde vers midi, Lancelot arrive dans le voisinage de la Douloureuse Chartre à la tombée de la nuit; il délivre les prisonniers après avoir abattu leur geôlier, Brandus des Iles. Mador de la Porte est cité dans la liste des prisonniers ainsi que son frère Gaheris de Karaheu (*ibid.*, p. 159, l. 34 et l. 37).

§110, l. 45-52. Rappel d'un épisode du *Lancelot propre* (cf. éd. Sommer, IV, p. 341-349). Gauvain a pénétré au château du Graal, à Corbenic, chez le Riche Roi Pêcheur, mais il n'a pu surmonter les épreuves nocturnes du Palais Aventureux: il a vu, sans rien y comprendre, le combat d'un serpent et d'un léopard, puis l'attaque du serpent par des serpenteaux sortis de sa gueule. Le matin, Gauvain se réveille dans une charrette d'infamie, au milieu de la cour du château, et il est promené ignominieusement à travers la ville. Un ermite lui explique ensuite le sens de son « avision »: elle annonce et symbolise une guerre qui se livrera entre Arthur et un chevalier que le roi ne pourra pas vaincre; Gauvain lui-même trouvera la mort dans cette guerre. « Et lors si avendra une aventure moult merveilleuse, car tout autressi com la lumiere de vostre veue fu estainte el palais aventureus ou vous veistes le lupart, en tel maniere sera estainte la lumiere de vostre proece. » (*Ibid.*, p. 348-349). L'ancien avertissement du destin est, dans la *Mort Artu*, rappelé deux fois à Gauvain acharné à poursuivre sa vengeance contre Lancelot: dans ce passage et au §131, l. 7-15.

§117, l. 6-16. Peut-être cette intervention pontificale, analogue à celle qui s'est déjà produite dans l'épisode de la Fausse Guenièvre (*Lancelot propre*, éd. Sommer, IV, p. 72-73), a-t-elle été suggérée par un événement réel, l'interdit que le pape Innocent III jeta en 1200 sur la France pour forcer Philippe-Auguste à reprendre Ingeborg de Danemark. Voir J. D. Bruce, *The Evolution of Arthurian Romance*, t. I, p. 437, note 203. Sur l'institution de l'interdit on pourra consulter l'article de H. Maisonneuve, *L'Interdit dans le droit classique de l'Eglise*, dans les *Mélanges d'Histoire du Moyen Age dédiés à la mémoire de Louis Halphen* (Paris, 1951), p. 465-481.

§119, l. 5-6: *Veés ci un anel...* C'est ce même anneau que Morgain avait demandé en vain à Lancelot de lui céder, alors qu'elle le tenait une première fois en prison;. Morgain elle-même avait reçu jadis de Guenièvre un anneau qui différait de celui de Lancelot seulement par l'image gravée dans la pierre: « ... si avoit en cascune pierre deus ymagenes qui s'entre-baisoient, et l'ymagenes Lancelot tenoit un cuer entre ses deus mains, et l'anel Morgain avoit les mains jointes... » (éd. Sommer, IV, p. 124, l. 19-21). Par ruse Morgain a substitué un anneau à l'autre, qu'elle a envoyé à la cour comme une preuve du péché des amants, en prétendant que Lancelot a avoué sa déloyauté et qu'il rend à la reine le gage de son amour. Celle-ci reconnaît devant toute la cour que l'anneau est sien, mais elle déclare hautainement qu'elle l'a donné à Lancelot par affection « comme loial dame a loial chevalier ». Cf. éd. Sommer, IV, p. 123-124 et p. 139-141.

§119, l. 95-101. Cf. ci-dessus la note du §53, l. 7-9. A la demande de Lancelot, Galehaut, sur le point d'être vainqueur, fait sa soumission au roi: « ... et de si loing comme Galahos le voit, il deschent del cheval a terre, si s'ajenoille et joint ses mains et dist: « Sire, je vous vieng faire droit de ce que je vous ai mesfait, si m'en repent et me met en vostre merci del tout outreement ... Sire, faites vostre plaisir de moi, et ne doutés mie, car je metrai mon cors en vostre saisine la ou il vous plaira. » (Ed. Sommer, III, p. 249, l. 16-19 et 24-25).

§119, l. 117-124. Allusion à un épisode du *Lancelot propre*; cf. éd. Sommer, IV, p. 132-137: Lancelot poursuit et tue Karados, sire de la Douloureuse Tour, et délivre Gauvain de la *chartre* pleine de reptiles où Karados l'avait jeté. Il ne faut pas confondre ce Karados (Carados, Karadoc) le Grant ou le Gaant avec Karados Briebras, roi d'Estrangore; celui-ci, compagnon d'Arthur, périra à la bataille de Salesbieres.

§125, l. 10: ... *vostre pere*. Il s'agit du roi Bohort de Gaunes, mort au début du *Lancelot propre* alors que ses deux fils, Bohort et Lionel, étaient encore en bas âge: cf. éd. Sommer, III, p. 16. Après avoir confié ses enfants à Pharien, un chevalier banni, la reine Evaine, veuve du roi Bohort de Gaunes, se réfugie et meurt à l'abbaye de Moutier-Royal (cf. *ibid.*, p. 17-19 et p. 106-107).

§125, l. 10-11: « De celui de Gaule, por ce que li rois Artus le me donna... » Cf. éd. Sommer, V, p. 376-377. Après la conquête de la Gaule sur Frolle et à la suite de la guerre contre Claudas et les Romains, vers la fin du *Lancelot propre*, Arthur avait voulu donner le royaume de Gaule à Lancelot; mais celui-ci avait refusé, en proposant au roi de donner le royaume de Benoïc à Hector, celui de Gaunes à Bohort, et la Gaule à Lionel; ils avaient refusé aussi tous les trois pour continuer à mener leur vie de chevaliers errants.

§§128-199. Sur la manière dont l'auteur de la *Mort Artu* a utilisé dans la dernière partie de son roman les données fournies par Geoffroy de Monmouth et par Wace, v. J. Frappier, *Etude sur la Mort le Roi Artu*, p. 151-183.

§131, l. 7-15. Cf. ci-dessus la note du §110, l. 45-52.

§135, l. 6-7: ... *Mordret que ge tenoie a neveu* ← *mes il ne l'est pas.* Mordret est en effet le fils incestueux d'Arthur; cf. l'épisode de l'*Agravain* où un religieux reproche sa naissance illégitime à Mordret (éd. Sommer, V, p. 284-285). Voir au §141, l. 32-33, les paroles de Guenièvre à son cousin Labor, et, §164, l. 5-16, la révélation faite par Arthur lui-même.

§154, l. 1-5. Le roi Loth, père de Gauvain, était gendre d'Uther Pendragon et beau-frère d'Arthur. Chez Geoffroy de Monmouth et chez Wace, il est appelé Loth de Lodonesia (*Historia Regum Britanniae*, éd. Faral, ch. 139, l. 10-11; chap. 152, l. 6-9) et Loth de Loenois chez Wace (*Brut*, éd. Arnold, v. 8819-22: *Emprés Artur fu Anna nee, Une fille, que fu dunee A un barun pruz e curteis, Loth aveit nun, de Loeneis*). Loth devient ensuite roi de Norwège (*Historia*, ch. 154-156; *Brut*, v. 9805-9864, 10308: *E Loth, ki ert reis des Norreis*). Il est mentionné comme roi d'Orcanie dans la *Première Continuation de Perceval* et dans le *Didot-Perceval*: c'est cette seconde tradition que suivent l'auteur de la *Mort Artu* et, déjà, celui du *Lancelot propre*. L'Orcanie désignait primitivement les îles Orcades: cf. Wace, *Brut*, v. 9708, *Gonvais, ki ert reis d'Orchenie* (ou *Orchanie*), vers qui traduit l'expression de Geoffroy de Monmouth, *Gunvasius, rex Orcadum*; mais il n'est pas certain que l'Orcanie, royaume de Loth, soit à identifier exactement avec les Orcades. Sur la manière dont un lien a pu s'établir entre le roi Loth et l'Orcanie, voir les remarques de R. S. Loomis (*Arthurian Tradition and Chrétien de Troyes* (New York, 1949), p. 71-73 et p. 488, au mot Orcanie).

§160, l. 58-60. Arthur a tué Frolle, comte d'Allemagne, dans un combat singulier, lors de son expédition en Gaule contre Claudas secouru par les Romains, à la fin de l'*Agravain*. Cf. éd. Sommer, V. p. 370-374.

§164, l. 5-8. Cette *avision* d'Arthur, dans un songe, est racontée dans l'*Agravain* par un religieux qui révèle à Mordret sa naissance illégitime. Cf. éd. Sommer, V, p. 284, l. 25-30.

§178, l. 12-13. La mention de cette « roche haute et dure » sur laquelle est gravée une prophétie de Merlin est peut-être due à une réminiscence des pierres géantes, des trilithes de Stonehenge, dans le voisinage de Salisbury; d'après Geoffroy de Monmouth (*Historia Regum Britanniae*, éd. Faral, chap. 127-130) et d'après Wace (*Brut*, éd. Arnold, v. 7993-8178) ces pierres avaient été transportées d'Irlande et dressées dans leur nouvel emplacement grâce à l'« engin » de Merlin.

§192, l. 29-32. Sur Escalibor, l'épée du roi Arthur, voir R. S. Loomis, *Arthurian Tradition and Chrétien de Troyes*, chap. LXXIII, p. 421-425. L'épée aux « Estranges Renges » est celle du roi David, transmise à Galaad dans la *Queste del Saint Graal* (cf. éd. Pauphilet, p. 202-210 et p. 226-228).

§200, l. 19-22. Il y a là un souvenir certain de l'épisode de la *Fausse Guenièvre* dans le *Lancelot propre*; mais il importe de noter que cet archevêque de Cantorbieres n'apparaît ni dans la version longue (éd. Sommer, IV, p. 5-85) ni dans la version courte (*ibid.*, p. 369-394) de cet épisode; c'est seulement dans une version particulière au Ms. Royal 19. C. XIII du British Museum (W), ou à un groupe de manuscrits dont il est le représentant, que l'archevêque de Cantorbieres est nommé parmi les négociateurs qui réussissent non sans peine (c'est ce que signifie l'expression « fu eschis lonc tens » que Sommer traduit à tort par « fut longtemps banni, exclu ») à ramener Guenièvre à Arthur: « ... et d'autre part il (Arthur) ne quida pas que la reïne revenist jamés a li por poine que

l'en i poïst mettre ne que ele vousist jamés amer sa compain-
gnie pur la grant honte qu'il li avoit fete. Mes li ercevesques
de Cantorbire et li evesques et li haut home de la tere firent
tant qu'il la li amenerent et Galeheud oveques, et Lancelot
i vint oveques Galeheud... » (*ibid.*, p. 398, l. 34-38).

§202, l. 3-7. C'est Lancelot lui-même qui jadis a fait transporter
le corps de Galehaut à la Joyeuse Garde (éd. Sommer, IV,
p. 279 et p. 295-296). Dès le tome I du *Lancelot propre*, il est dit
que Lancelot sera enseveli à la Joyeuse Garde: il soulève
dans ce château la « lame » du tombeau qu'il occupera un
jour (éd. Sommer, III, p. 152).

Appendice. — Sur ce récit d'une dernière entrevue de Lancelot
et de Guenièvre, interpolation particulière au Palatinus
Latinus 1967, voir mon article dans *Romania*, LVII (1931),
p. 214-222.

INDEX DES NOMS PROPRES [1]

[1] Les noms de personnages sont imprimés en PETITES CAPITALES, les noms de lieux et de peuples en *italique*.
Les chiffres en caractères gras indiquent les paragraphes, les chiffres en romain indiquent les lignes.

296 INDEX DES NOMS PROPRES

GLOSSAIRE

aama **38**, 39, 42, *aima avec passion*.

acesmés **48**, 95 ; **119**, 14, *parés*.

acheson **59**, 53 *(voir le mot suivant)*.

achoison **44**, 11, *etc., occasion, cause*.

acointance **23**, 27, etc., *amitié*.

acointement **52**, 3, *rencontre, relations, liaison*.

acointes de **41**, 80 ; **194**, 8, *lié d'amitié avec*.

acointier **23**, 30 ; **62**, 16 ; **144**, 65 ; **179**, 7, *unir d'amitié, faire connaître, avertir, connaître;* s'acointier de **21**, 4, etc., *faire la connaissance de, entrer en relations avec*.

aconsivre **23**, 7, 22 ; **112**, 37 ; **186**, 4, *atteindre en poursuivant, rejoindre*.

acoree **40**, 24, *dont le coeur est percé*.

acorer **60**, 51, *percer le coeur (au figuré), faire mourir de douleur*.

acreanter **117**, 26, *promettre, assurer*.

acueillir **23**, 35 ; **64**, 28, *poursuivre, attaquer;* **143**, 10, *prendre (son chemin)*.

adés **65**, 20 ; **188**, 28, *sans cesse, toujours*.

adeser **151**, 11, *toucher, atteindre, arrêter*.

adolez **66**, 47, *affligé*.

aduré **144**, 45 ; **146**, 63 ; **190**, 16 ; **195**, 9, *aguerri, courageux*.

afermer **36**, 36 ; **105**, 22 ; **119**, 84, *affirmer, assurer*.

aiese (estre) **128**, 2 ; **132**, 21 = a ese (estre), *être content, tranquille*.

ajorner **30**, 3, *etc., se lever (en parlant du jour)*.

alee **68**, 15 ; alé **98**, 34 ; alez, **84**, 51 ; **198**, 33, 37 *(part. passé de* aler), *perdu, mort*.

alosez **154**, 33, *loué*.

amanevi **17**, 10, *adroits, habiles* (voir sur ce mot l'étude de C. Brunel dans *Romania*, LXI, 1935, p. 216-218).

amati **74**, 62 ; **175**, 8, amatiz **126**, 11, *abattu, triste*.

amenteües **1**, 7, *part. passé de*

amentevoir, *rappeler, mentionner.*

angres **202**, 27, 35, *anges.*

anuitier, **9**, 1; **15**, 2; **143**, 1, *faire nuit.*

apartenir **142**, 30, *être apparenté.*

apelerres **119**, 74; **147**, 42, *celui qui appelle, accuse en justice.*

apert (en) **145**, 57, *ouvertement, loyalement.*

apertes **20**, 11, *remarquables, brillantes.*

apostoles **117**, 10, apostoiles, **117**, 7, 26, *pape.*

aresnier **59**, 92; **111**, 16; **139**, 15, *adresser la parole à.*

assenement **37**, 5, *indication, renseignement.*

assener, **44**, 48, *indiquer, renseigner;* assenés **38**, 73, *attribué, placé.*

atalente **111**, 56, *convient, plaît.*

ateriminer **107**, 2; **148**, 18, *fixer une date, un délai.*

audience (en) **104**, 22, *à voix haute, publiquement.*

autrier (l') **45**, 63, *l'autre jour.*

avant ier **45**, 39, *etc., naguère, récemment.*

aviser **70**, 45; **74**, 111; **200**, 16, *regarder, considérer.*

avision **202**, 16, *vision.*

baer a **30**, 92; beer a **5**, 7; beer en **29**, 5, *etc., aspirer à, avoir l'intention de; être amoureux, désirer ardemment.*

bandon **201**, 18, *pouvoir, autorité, libre disposition.*

baron **139**, 3, *mari.*

bataille **112**, 2, *etc., corps de bataille, formation de combat en masses compactes sur plusieurs rangs qui chargeaient la lance en avant.*

baudrai **44**, 88, *inf.* baudre, *donner.*

belement **165**, 4, *doucement, d'une voix faible;* **176**, 51, *au pas, à petite allure.*

bellic (de) **64**, 9; **75**, 59; **82**, 6, *en biais, obliquement (terme de blason).*

bien, estre bien de **34**, 32, *être en parfait accord avec quelqu'un, être dans ses bonnes grâces.*

bohordant **119**, 17, *de* bohorder, *jouter avec des* bohorts, *lances grosses et courtes sans fer.*

boschel **191**, 32, *bocage.*

boschet **112**, 12; **194**, 6, 7, *bocage.*

bouteillier **180**, 23, *etc., échanson.*

brise **94**, 27, *intr.*, *se brise.*
broce **201**, 33, broces (unes)
21, 21, *broussailles, hallier.*
brochier **182**, 30; **198**, 37,
*piquer des éperons, s'é-
lancer à cheval*
bu **198**, 18, *buste, tronc.*
buer **25**, 61, *heureusement.*

cendal **93**, 41; **147**, 5, *étoffe
légère de soie, sorte de
taffetas.*
cerchier **99**, 2; **182**, 50; **186**, 6,
parcourir en tous sens.
chambrelens **176**, 56, *cham-
bellans.*
champel **141**, 59, bataille
champel, *bataille en rase
campagne.*
chans **152**, 14, *combat singu-
lier.*
chapler **184**, 8, *frapper de
grands coups.*
charnel **50**, 56, charnel amour,
*affection entre personnes du
même sang.*
chastel, *cas-régime*, **10**, 2,
etc.; *le mot a le double sens
de « château » et de « ville
fortifiée », comme « burg »
en allemand.*
chevaleresce (biere) **164**, 23;
173, 20, *civière à longs
brancards pouvant être por-
tée par deux chevaux.*

choisir **100**, 5; **112**, 4, *aperce-
voir.*
circuitude **176**, 72, *circonfé-
rence, cercle.*
communs (li) **175**, 11, *le menu
peuple.*
conjoïr **76**, 7, *souhaiter la
bienvenue, faire bon accueil.*
connoissance **12**, 8, *ensemble
des partitions, pièces et
figures, peintes sur l'écu,
qui servaient à faire recon-
naître les chevaliers masqués
par la visière de leur heau-
me; armoiries.*
connoistre **53**, 13; **68**, 14,
reconnaître, avouer.
conqueilli **16**, 54, *ramassés de
tous côtés.*
conroi (prendre) **96**, 19, *pren-
dre des dispositions, des
mesures.*
conseilliez de **142**, 56 *décidé à.*
consonner **3**, 1, *dire, racon-
ter, répéter.*
contralier **127**, 17, *être hostile.*
contreprisier **67**, 13, *apprécier
assez, autant qu'il convient.*
contretenir **95**, 7, *résister.*
converser **50**, 77; **203**, 28,
vivre, demeurer.
corrouciez *pass., affligé, fâ-
ché.*
couvenant **14**, 26, *convention,*

promesse; avoir en couve-
nant, *promettre*.

couvent **69**, 12, *etc.*, par
couvent que, *à condition
que*.

couvertement **30**, 72, *etc.*,
*d'une manière déguisée ou
secrète*.

couvertures **12**, 16; **16**, 17;
28, 7, *housse armoriée de
cheval, caparaçon*.

creant **14**, 24, *promesse jurée*.

creanter *pass.*, *promettre, ga-
rantir*.

cuiverz **94**, 22, *vilain, lâche*.

dames **50**, 77; **193**, 39, *fées*.

debatre **141**, 7, *battre, frapper*.

debonereté **62**, 86; **85**, 1,
générosité, amabilité.

debouteïz **188**, 24, *mêlée*.

deffenderres **147**, 42, *celui qui
se défend d'une accusation*.

deffensable **106**, 8; **142**, 47, *en
état de défense*.

deservir **59**, 14, 30; **62**, 55,
mériter.

deshaitiez, deshetiez **5**, 9, *etc.*,
indisposé, malade, affligé.

desloiauter (se) **34**, 21; **74**, 76;
79, 23, 27, *se conduire d'une
façon déloyale, se déshono-
rer*.

desresnier **79**, 5; **119**, 77;
157, 17, *défendre, soutenir*
en justice, dans un combat
judiciaire, *décider*.

destrier **112**, 28, *etc.*, *cheval
de bataille*.

destroit, *n.*, **72**, 19, *etc.*, *dé-
tresse*.

destroit, *adj.*, **159**, 19; **190**, 67,
voir destroiz.

destroitement **53**, 12; **59**, 28,
dans l'angoisse, le tourment.

destroiz **64**, 41, *angoissé,
accablé; mal en point*.

desverie **41**, 91, *extravagance,
folie*.

deviez **202**, 30, *mort*.

devineor **178**, 5, *prophètes*.

don **14**, 3; **50**, 41; **88**, 7;
125, 2; **146**, 19, 23, *de-
mande qu'on accorde à
quelqu'un avant même d'en
connaître l'objet*.

droiture **175**, 14, *obsèques reli-
gieuses*, avoir sa droiture,
être enterré religieusement.

droituriers **67**, 50, *qui agit
suivant le droit, qui aime
la justice*.

duit **161**, 7; **180**, 9; **187**, 13,
exercés, entraînés, habiles à.

efforcieement **45**, 63, *vigou-
reusement*.

effors **104**, 29; efforz **104**, 52;
141, 55; **144**, 19, *force,
force armée*.

embatus **98**, 15, *de* s'embatre, *s'élancer, se jeter, s'enfoncer.*

embronchier (s') **87**, 16, *baisser la tête d'un air morne.*

empaindre **18**, 10, *etc., pousser violemment (avec la lance).*

empainte **115**, 73; **185**, 22, *attaque massive, choc de l'ennemi.*

emparlez **137**, 16, *habile à s'exprimer, éloquent.*

enbatre (s') **30**, 88; enbatu **20**, 24, *voir* embatus.

enbrons **10**, 6; **11**, 4, *baissé, penché, tête basse.*

enchauçant **198**, 23, *de* enchaucier, *poursuivre de près et vivement.*

encolpee **81**, 23, *inculpée, accusée.*

encorpee **75**, 27, *inculpée*; encorpez **109**, 29, 34, *inculpé.*

enferré **115**, 59; **184**, 42, *transpercés.*

enforesté **96**, 3, *mis sous le couvert de la forêt.*

engrant **25**, 3; **71**, 58; **75**, 7, *désireux.*

enjornement **149**, 18, *point du jour.*

ennemis (li) **202**, 21, *le diable.*

enseignes **185**, 32, *cris de guerre.*

enserre (s') **141**, 2, *s'enferme.*

ensuivre **74**, 84 *poursuivre (un « appel » en justice).*

ententif **201**, 45, *appliqués, occupés.*

enterinement **134**, 10, *entièrement, profondément.*

entraatissent (s') **168**, 67, *rivalisent, se vantent, se font fort.*

entretant *pass., pendant ce temps.*

entrevoies **41**, 56, *dans l'intervalle.*

envaïe **190**, 21, *attaque massive.*

enviz (a) **36**, 89, *à contre-coeur.*

envoisiee **71**, 13, *enjouée, aimable*; envoisier (s') **88**, 26, *se divertir.*

erranment *pass., aussitôt.*

errant **49**, 2, *adv., promptement, aussitôt.*

erre **84**, 19, grant erre, *en hâte, vite.*

erremens **4**, 15, *actions, conduite habituelle.*

errer *pass., aller, voyager, continuer son chemin*; **41**, 36; **74**, 103; **163**, 23, *agir, se conduire.*

eschantelé **151**, 34, *ébréchés, écornés.*

eschieles **185**, 42, *corps d'armée.*

eschis **200**, 22, *qui est dans la peine, l'embarras.*

escondire **13**, 9; **38**, 52, 55, 57, *v. tr., rebuter, refuser à*; escondire (s') **26**, 55; **35**, 31; **70**, 56, *s'excuser, refuser.*

escondires, *n.*, **139**, 18, *excuse, refus.*

escreü **103**, 27, *de* escroistre, *élever, enrichir.*

esforz **115**, 9; **130**, 43, *voir* efforts.

esgart **68**, 12, 13; **109**, 32, *jugement, procédure, juridiction.*

esleecier **126**, 9, *se réjouir.*

esleü **146**, 43, *d'élite, accompli.*

esmaier **65**, 33; **152**, 7, *troubler, inquiéter*, **132**, 52, *s'effrayer*; esmaier (s') **53**, 15, *etc., s'inquiéter, se tourmenter*; esmaiez (esmaié, esmaiee) **21**, 30, *etc., inquiet, effrayé.*

esmerent **168**, 77, *comptèrent.*

esmuete **59**, 40; **127**, 8, *instigation, initiative.*

espie, *n. f.*, **89**, 45; **181**, 14, *espion.*

espié **182**, 13; espiez **184**, 40, *lance (s).*

esploitier **65**, 3, *agir, obtenir un résultat.*

essilié, essillié **65**, 4; **85**, 66; **181**, 56, *détruit, sans ressources, dévasté.*

essillier **171**, 3, *faire périr, anéantir.*

essoine **61**, 11; **66**, 23, *empêchement.*

esteinst **194**, 21, *de* esteindre *étouffer, faire mourir.*

estorement **127**, 7, *équipement, approvisionnements.*

estort **90**, 47; **161**, 49; **197**, 44, *de* estordre; estordre son cop, *retirer, en pesant de côté sur elle, l'arme avec laquelle on vient de frapper*; estordre (l') **190**, 56, *cet arrachement de l'arme.*

estour **191**, 7, *assaut, bataille.*

estraié **181**, 48, *abandonné, sans maître.*

estraier **197**, 24, *errer en liberté, sans maître.*

estrangié **200**, 6, *écarté, éloigné.*

estrangier **69**, 9, *écarter, repousser.*

estrif **85**, 63; estris **157**, 1, *querelle, combat.*

estriver **104**, 36, *disputer, se quereller.*

eur **64**, 24, *bord.*

eür, a tel eür que **33**, 12; **57**, 40, *de sorte que.*

eure, en l'eure Dieu **147**, 66 *à la garde de Dieu, à la*

bonne heure; ne garder l'eure que **159**, 22, *s'attendre à tout instant à ce qu'une chose arrive, la considérer comme imminente*; *voir sur cette locution l'étude d'*A. JEANROY, *dans* Romania, XLIV, 1915-1917, p. 586-594.

fausser **26**, 34; **34**, 29; **60**, 38; **69**, 7, *manquer de loyauté, trahir, manquer à.*

fere (le) **38**, 16· **41**, 75; **45**, 39, *se porter,* ʳ *(en parlant de la su.* ⌡

fermetés **119**, 112, *forteresses.*

feruz **25**, 29, *de* ferir, *frapper*; ferir un tornoiement, *soutenir un tournoi.*

fervestuz **188**, 20, *combattants revêtus de leurs armures.*

fiance **144**, 74, *confiance, foi.*

fiancier **52**, 17, *promettre solennellement, en engageant sa foi.*

foiees **48**, 30, *fois.*

forsenerie **41**, 108, *folie.*

friente **112**, 16, *bruit du pas des chevaux, battue.*

fuerrè **86**, 13; **192**, 27, 48, 62, 65, 67, *fourreau.*

gaber **26**, 24; **184**, 43, *se moquer de, tourner en dérision.*

gastes **181**, 56, *dévastées, incultes.*

glaive *pass., lance.*

grevance **55**, 8, *dommage, souffrance.*

guerpir **53**, 30; **72**, 13, *quitter, abandonner, délaisser.*

guerredon **50**, ʾ42; **57**, 36, *récompense*; **12**, 14; **44**, 67, prier en guerredon, en touz guerredons, *demander comme une faveur, un octroi gracieux.*

guerredonerres **119**, 107, *celui qui distribue récompenses et dons.*

haitiez, hetiez *pass., bien portant.*

haster **53**, 13, *presser.*

heut **192**, 85, *poignée d'épée.*

ire **60**, 50, *chagrin, tristesse.*

iriez **60**, 20, *chagriné, triste*; **189**, 4, *irrité.*

isnel **149**, 32, *rapide, prompt.*

isnelement **112**, 55, *promptement.*

jornee **108**, 7, *voyage, chemin (que l'on parcourt en un jour).*

jornel **200**, 27, *journée.*

laidure **131**, 15, *affront, déshonneur.*

lame **63**, 15, *pierre tombale.*
lancié **109**, 8, *de* lancier, *envoyer des projectiles avec une perrière.*
leu **32**, 37; **44**, 75; **54**, 7; **115**, 43, *occasion*; veoir son leu, venir en leu, *trouver l'occasion de*; **29**, 5, 6; **38**, 71, 73; **39**, 6; **71**, 38, *condition haute ou basse de la personne qu'on aime*; *le mot désigne aussi, vaguement, cette personne.*
lez **65**, 13, *large.*
liepart **110**, 49, *léopard.*
loer **17**, 15; **30**, 101, *etc.*, *conseiller.*
los **59**, 50, *renommée, gloire*; **115**, 16, *conseil, approbation.*
lut **192**, 10, *de* loisir, *être permis, possible.*

mahaingnié **198**, 13, *blessé, mutilé.*
malbailli **186**, 35, *voir* maubailliz.
maleoiz **100**, 49, maleoite **66**, 48; **173**, 32, *maudit, maudite.*
malvestié **157**, 46, *lâcheté.*
mangoniax **168**, 4, *mangonneaux, machines de guerre.*
mar **24**, 34, *etc.*, *à la male heure, mal à propos.*

marine **196**, 36, *rivage de la mer.*
mariniers **98**, 36, maronier **130**, 17, *marins, matelots.*
matin (le) **5**, 15, *etc.*, *le lendemain matin.*
maubailliz, maubaillie **36**, 71, *etc.*, *en mauvaise situation.*
maz **47**, 4, *etc.*, mate **32**, 42, *etc.*, *triste, abattu, sans force, sans entrain.*
mes **145**, 31, *messager.*
mesaiesiez **41**, 106, *malade, faible.*
mescroire **62**, 12; **85**, 23, *refuser de croire, soupçonner, avoir en méfiance.*
mesprendre vers **59**, 58, *manquer à quelqu'un, avoir des torts, user de mauvais procédés envers quelqu'un.*
message, messaje **57**, 4, *etc.*, *messager.*
mestres **40**, 25, *médecin.*
mire **41**, 6, *etc.*, *médecin.*
mois (des) **118**, 80; **119**, 37, *de longtemps.*
mon, *adv.*, **50**, 34 (*particule affirmative après le verbe* savoir), *assurément, bien.*
mont **18**, 23, *tas.*
muser **193**, 4, *perdre son temps, attendre.*

navie **118**, 91, *navire, flotte.*

neanz **64,** 43 *(terme d'injure),* *homme de rien, misérable.*

nice, *adj. f.,* **85,** 20, *niaise, sotte.*

nouveliers **72,** 6, *inconstant, infidèle.*

nuisement **119,** 95, *dommage, désavantage.*

oan **144,** 62, *maintenant, cette fois.*

ocision **148,** 8, *meurtre.*

oeus **50,** 14, *besoin.*

oir **191,** 18; **192,** 42, *héritiers.*

oirre **107,** 46, *expédition, bagage;* grant oirre **23,** 6, *etc., grand train, à vive allure.*

oltrance **154,** 54, *voir* ou-trance.

oraille **91,** 20, *lisière.*

outrage **48,** 87, *abondance extraordinaire;* **159,** 11; **172,** 30; **178,** 36, *excès, démesure.*

outrance **152,** 5; **155,** 15, *fait d'être hors de combat;* mener jusqu'a outrance, *vaincre.*

outrer **146,** 12, 26; **155,** 16, *vaincre.*

outrés **153,** 11; outrez **84,** 50; **158,** 40, *vaincu, surpassé.*

palefroi **95,** 14; **96,** 1; **130,** 55; **170,** 4, *cheval de dame.*

palés **62,** 76; **67,** 3; **70,** 19; **71,** 48, 53, *etc., salle principale d'un château royal.*

panoncel **14,** 15, 28; **31,** 15, *morceau d'étoffe attaché au heaume; ainsi portée, la manche d'une dame signifiait le servage d'amour du chevalier.*

parages **86,** 51, *lignage.*

parenté, *n. m.,* **59,** 13, *etc., lignage, ensemble des parents qui se groupent autour d'un chef.*

parfornir **87,** 53, *achever, mener à bonne fin.*

paroïr **176,** 47, *entendre entièrement.*

parole **137,** 17, *discours, allocution;* a ces paroles **87,** 10; **98,** 17; **174,** 22, *dans le moment même.*

parra **46,** 14, *paraîtra (de* paroir).

pautonnier **65,** 23, *coquins.*

peçoient **185,** 38, *mettent en pièces.*

penser de **58,** 3; **158,** 29, *s'occuper de, soigner, panser.*

percent, *intr.,* **184,** 38, *sont percés.*

persone **23**, 38, *apparence, air.*

pert **45**, 51, *apparaît,* (*de* paroir).

plege **145**, 46; **146**, 10, *garant, répondant, caution.*

plenteïve **49**, 9, *pourvue en abondance, fournie.*

plet **90**, 20; **94**, 12, *affaire, difficultés.*

plevir **52**, 19; **146**, 25, *engager, garantir.*

poesté **60**, 18, *etc., pouvoir, puissance, possession.*

point **46**, 23, *chose en question*; **50**, 37, *etc., occasion, moment*; **83**, 14, *petite quantité, un peu.*

pointe **182**, 36, *charge de cavalerie.*

poitraus **19**, 52, *courroies de poitrail.*

ponmel **112**, 48, *pommeau de la tente, globe fixé au sommet de la tente.*

poroffrir (se) **68**, 1; **81**, 14, *se proposer, se présenter pour.*

porprendre la champaigne **185**, 44, *franchir rapidement la plaine, le terrain.*

porveü de **49**, 6, *préparés à.*

prael **26**, 2; **62**, 79, *petit pré.*

prendre (se) **85**, 8, *se comparer*; prendre prové **53**, 63, 74, *etc., prendre sur le fait, en flagrant délit.*

preuz, preu **85**, 52, *etc., profit, avantage*; preu, *adv.,* **71**, 40, *assez, beaucoup.*

prisons **113**, 26, *prisonniers.*

priveement **110**, 2, *secrètement.*

prou **118**, 15, *voir* preuz, preu.

prové, *voir* prendre.

rais **40**, 23, *jet*; **190**, 57, *rayon.*

ramenbrast **119**, 102, *de* ramenbrer, *v. impers.,* il m'en ramenbre, *il m'en souvient.*

ramentevoir **1**, 5, *rappeler à la mémoire, raconter.*

randon **24**, 27, a grant randon, *avec force, en abondance.*

recet **37**, 19; **48**, 22, *refuge, abri, retraite.*

reconnut **177**, 7, *fit connaître, révéla.*

recouvrer, recovrer **77**, 8, 13, *retrouver*; **198**, 20, *trouver secours, avoir recours*; recouvrer a **18**, 18, *parvenir à, arriver à*; recuevre **115**, 125; **174**, 44, *porte un nouveau coup.*

recroire **113**, 16; **198**, 42, *se lasser, devenir fourbu, tom-*

ber de fatigue; recreant
67, 99, etc., qui s'avoue
vaincu, à bout de force,
lâche.

refreindre **177**, 23, détourner
de, modérer.

remenbrance **120**, 18, mé-
moire.

rendre (se) **170**, 19, 44;
append. 64, entrer en reli-
gion; rendue **170**, 17; **ap-
pend**., 22, nonne, religieuse.

renges **192**, 31, attaches de
l'épée, formant ceinturon
ou baudrier.

reperier **16**, 36; **170**, 52,
revenir; **187**, 30, se retirer,
se replier; **200**, 8, habiter.

repont **192**,68 (indic.); repost
192, 54 (pass. s.); repost
87, 42 (p. pass.), de re-
pondre, cacher.

repost (en) **31**, 26, en cachette,
en secret.

resant **64**, 26, frais.

rescorre **91**, 28; **93**, 74; **107**,
11, secourir, sauver; res-
corrons **91**, 9 (fut.); res-
queust **116**, 1 (pass. s.);
rescousse **98**,14 (p.pass. f.).

reson **67**, 50, propos, discours.

respassez **55**, 5, guéri.

reüser **20**, 15, reculer.

roncin **41**, 78; **91**, 30; **143**, 9;
158, 3, fort cheval.

route **122**, 12, troupe, cortège.

saiete **64**, 53; **65**, 10, 13,
flèche.

salvement **129**, 11, en sécurité.

selt **88**, 20; **178**, 39; seut
99, 15; **100**, 55; **144**, 24
(ind. prés.), de soloir,
avoir coutume. (Dans tous
ces exemples, le présent
a une valeur de passé, que
soloir soit employé seul
comme suppléant d'un autre
verbe pour exprimer un fait
habituel, ou qu'il forme une
périphrase verbale avec un
infinitif).

semondre **7**, 5; **88**, 29, etc.,
inviter, mander, convoquer,
avertir; semoing **104**, 63
(ind. prés., 1re pers. sg.).

sempres **12**, 46, aussitôt.

serie **87**, 8, paisible, tranquille.

sesine **142**, 77, saisine, droit
et prise de possession.

seürance **142**, 58, assurance,
garantie.

seurdire **71**, 34, 69, calomnier,
dire du mal de.

seut, voir selt.

soffrir, soufrir (se) de **36**,
86; **60**, 54; **88**, 35, se
passer, se priver de.

somiers **121**, 2; **170**, 6, che-
vaux de charge.

soufrete **78**, 17; **165**, 28; **186**, 37, *manque, privation.*

soufreteuses. **181**, 56, *privées, dépourvues.*

soupeçonneuse **62**, 15, *suspecte, soupçonnée..*

synople **82**, 6, *couleur rouge (terme de blason); le mot a pris le sens de « couleur verte » vers le XIVe siècle.*

taint **61**, 14, *couleur, peinture.*

tenir cort (e) **13**, 6; **35**, 35; **42**, 5; **139**, 22; **156**, 30, *tenir de court, de près, presser de questions.*

test **190**, 63, 64, *crâne.*

tormente, *n. f.*, **87**, 25, *tourment, désastre.*

tortiz **27**, 7, *torches, flambeaux.*

torz **154**, 8, *gens tortus, bancals.*

trait **109**, 8, *de* traire, *tirer à l'arc.*

travaillier, traveillier, *tr.*, **84**, 40, *etc.*, *tourmenter, torturer; intr.*, **57**, 19, *etc.*, *être tourmenté, torturé, se mettre en peine;* se traveillier **37**, 11, *etc.*, *se mettre en peine, se fatiguer, se lasser;* traveilliez, *p. pass.*, **50**, 16, *etc.*, *fatigué, épuisé.*

trebuschier **112**, 35, *renverser.*

tref **110**, 6, *etc.*, *grande tente.*

trespas **11**, 5, *passage.*

trespassement **2**, 6, *trépas.*

tressuez **19**, 37, *baigné de sueur.*

trestorner **59**, 23, *détourner.*

trichier **32**, 24, *tromper, trahir.*

treü **160**, 63; **162**, 12, 13, *tribut.*

ués **176**, 13, a ués, *au profit de, pour.*

vavasor **12**, 3, *etc.*, *vavasseur, arrière-vassal, vassal de petite noblesse.*

veer **34**, 34; **59**, 98; **67**, 56; **68**, 16, *interdire, refuser.*

venchement **86**, 46, *vengeance.*

venir mielz, *imp.*, **48**, 20, *etc.*, *valoir mieux, être préférable.*

vergoignier **30**, 58, vergonder **90**, 91, *couvrir de honte, déshonorer.*

veu **190**, 48 *(ind. prés. 1re pers. sg.), de* voer, *faire voeu, promettre.*

viaire **141**, 7, *visage.*

voile (li) **130**, 16, *n. m.*, *voiles de navire.*

voirdisanz **36**, 38, *véridique, sincère.*

yrois **183**, 15, *irlandais.*

TABLE DES MATIÈRES